经典教材系列
CLASSIC TEXTBOOK SERIES

Public Utilities: Management
Challenges for the 21st Century

中国人民大学出版社
·北京·

公共行政与公共管理经典译丛
Public Administration and Public Management Classics

公用事业管理：
面对21世纪的挑战

[美] 戴维·E·麦克纳博 著
David E. McNabb

常健 符晓薇 郭薇 翟秋阳 等 译
常健 校

《公共行政与公共管理经典译丛》
编辑委员会

《公共行政与公共管理经典译丛》
总　　序

　　在当今社会，政府行政体系与市场体系成为控制社会、影响社会的最大的两股力量。理论研究和实践经验表明，政府公共行政与公共管理体系在创造和提升国家竞争优势方面具有不可替代的作用。一个民主的、负责任的、有能力的、高效率的、透明的政府行政管理体系，无论是对经济的发展还是对整个社会的可持续发展都是不可缺少的。

　　公共行政与公共管理作为一门学科，诞生于20世纪初发达的资本主义国家，现已有上百年的历史。在中国，公共行政与公共管理仍是一个正在发展中的新兴学科。公共行政和公共管理的教育也处在探索和发展阶段。因此，广大教师、学生、公务员急需贴近实践、具有实际操作性、能系统培养学生思考和解决实际问题能力的教材。我国公共行政与公共管理科学研究和教育的发展与繁荣，固然取决于多方面的努力，但一个重要的方面在于我们要以开放的态度，了解、研究、学习和借鉴国外发达国家研究和实践的成果；另一方面，我国正在进行大规模的政府行政改革，致力于建立与社会主义市场经济相适应的公共行政与公共管理体制，这同样需要了解、学习和借鉴发达国家在公共行政与公共管理方面的经验和教训。因此无论从我国公共行政与公共管理的教育发展和学科建设的需要，还是从我国政府改革的实践层面，全面系统地引进公共行政与公共管理经典著作都是时代赋予我们的职责。

　　出于上述几方面的考虑，我们组织翻译出版了这套《公共行政与公共管理经典译丛》。为了较为全面、系统地反映当代公共行政与公共管理理论与实践的发展，本套丛书分为四个系列：(1)经典教材系列。引进这一系列图书的主要目的是适应国内公共行政与公共管理教育对教学参考及资料的需求。这个系列所选教材，内容全面系统、简明通俗，涵盖了公共行政与公共管理的主要知识领域，内容涉及公共行政与公共管理的一般理论、公共组织理论与管理、公共政策、公共财政与预算、公共部门人力资源管理、公共行政的伦理学等。这些教材都是国外大学通用的公共行政与公共管理教科书，多次再版，其作者皆为该领域最著名的教授，他们在自己的研究领域多次获奖，享有极高的声誉。(2)公共管理实务系列。这一系列图书主要是针对实践中的公共管理者，目的是使公共管理者了解国外公共管理的知识、技术、方法，提高管理的能力和水平，内容涉及如何成为一个有效的公共管理者、如何开发管理技能、政府全面质量管理、政府标杆管理、绩效管理等。(3) 政府治理与改革系列。自 20 世纪 80 年代以来，世界各国均开展了大规模的政府再造运动，政府再造或改革成为公共行政与公共管理的热点和核心问题。这一系列选择了在这一领域极具影响的专家的著作，这些著作分析了政府再造的战略，向人们展示了政府治理的前景。(4) 学术前沿系列。本系列选择了当代公共行政与公共管理领域有影响的学术流派，如新公共行政、批判主义的行政学、后现代行政学、公共行政的民主理论学派等的著作，以期国内公共行政与公共管理专业领域的学者和学生了解公共行政理论研究的最新发展。

总的来看，这套译丛体现了以下特点：(1) 系统性。基本上涵盖了公共行政与公共管理的主要领域。(2) 权威性。所选著作均是国外公共行政与公共管理的大师，或极具影响力的作者的著作。(3) 前沿性。反映了公共行政与公共管理研究领域最新的理论和学术主张。

在半个多世纪以前，公共行政大师罗伯特·达尔（Robert Dahl）在《行政学的三个问题》中曾这样讲道："从某一个国家的行政环境归纳出来的概论，不能够立刻予以普遍化，或被应用到另一个不同环境的行政管理上去。一个理论是否适用于另一个不同的场合，必须先把那个特殊场合加以研究之后才可以判定。"的确，在公共行政与公共管理领域，事实上并不存在放之四海而皆准的行政准则。按照建设有中国特色的社会主义的要求，立足于对中国特殊行政生态的了解，以开放的思想对待国际的经验，通过比较、鉴别、有选择的吸收，发展中国自己的公共行政与公共管理理论，并积极致力于实践，探索具有中国特色的公共行政体制及公共管理模式，是中国公共行政与公共管理发展的现实选择。

本套译丛于 1999 年底由中国人民大学出版社开始策划和组织出版工作，并成立了由该领域很多专家、学者组成的编辑委员会。中国人民大学政府管理与改革研究中心、国务院发展研究中心东方公共管理综合研究所给予了大力的支持和帮助。我国的一些留美学者和国内外有关方面的专家教授参与了原著的推荐工作。中国人民大学、北京大学、清华大学、厦门大学、复旦大学、中山大学、武汉大学等许多该领域的中青年专家学者参与了本译丛的翻译工作。在此，谨向他们表示敬意和衷心的感谢。

《公共行政与公共管理经典译丛》编辑委员会

2001 年 8 月

前 言

  《公用事业管理：面对 21 世纪的挑战》一书的形成，是基于我作为公民委员会的成员监管市政所有的和投资者所有的公用企业所获得的知识，来自我为市政产业发展工作期间所获得的经验，也源自我对组织发展所作的学术研究。这些经历使我意识到，需要写出一本纵览性的著作，向新的咨询委员会成员、董事、员工和学生们概要地介绍该产业以及公用事业管理当前所面临的一些问题。像大多数产业一样，公用事业部门已经发展出了一些不同的应用领域，包括电力、天然气、供水、污水处理、电信以及有线电视。在一些地区，公用事业部门也包括公共交通、民用燃料油配送、公共仓储以及其他公用服务。每一个领域都有一些文献来研究这些领域所面临的特定问题。但是，现在还没有什么文献来研究这些产业所面临的共同问题和挑战。本书的写作就是为了满足这一需求。它包括了电力、天然气能源部门以及供水与污水处理部门所面临的个别和共同的问题。

本书中所谈到的管理问题，是从为公共和私人的营利与非营利组织进行的一系列组织发展团队项目中产生的。我对公用事业管理所面临的各项挑战的兴趣，起始于我在加利福尼亚的橙县与投资者所有的公用企业管理者和地方政府官员一起为促进经济发展而工作的时期。这段经历促使我去研究该产业发展的历史，以便写出一篇有关公有的公用企业的支持者与投资者所有的公用企业的支持者之间争论的论文。

从太平洋路德教会大学管理学院提前退休，使我有时间继续对公用事业的研究。在离开了太平洋路德教会大学之后，我应位于华盛顿州奥林匹亚市的常青州立学院之邀，从事公共管理研究生项目的访问教师工作近三年的时间。我的一些学生受雇于地方或州的各种公用事业管理部门，包括公用企业。后来，我有幸在位于拉脱维亚里加的斯德哥尔摩经济学院作了三年的访问学者。在那里，我得以研究了新民主化社会发展地方政府体制的道路。有关这一研究的一些合作完成的文章被提交到一些公共管理会议，并发表在几个刊物上。

本书的范围

这项对于公用事业管理的研究有两个主题。第一个主题涉及新公共管理运动（NPM）对公共服务管理的理解，以及这一概念对公有的和投资者所有的公用企业所提出的挑战。与新公共管理运动相关的基本管理范式的转变，是将原有的一度被绝大多数公有的和投资者所有的公共服务产业共同采用的官僚制方式替换为新的"变革的"的方式，它由四个主要部分构成。这四个主要部分包括：（1）限制行政部门的自主性，以便使政府更积极地回应政治要求；（2）从私人部门引入基于绩效的管理原则和做法，以改善管理效率、效能和责任承担；（3）在运作上更加透明，让个人、消费者团体和地方社区更多地参与设计和输送所有的公共服务；（4）更广泛地放松对投资者所有的公用企业的管制。当我们进入这个新世纪时，这四项中的每一项都在公用事业管理方面发挥着重要的作用。

与其他的产业不同，公用事业的经济部门既包括公有的组织，也包括投资者所有的组织，其中一些还相互竞争。尽管在大萧条时期公有电力产权取得了一些胜利，但在美国，超过 3/4 的电力工业仍然属于私人部门。然而，大多数欧洲国家的情况正好相反：在那里，国家的、地区的和地方的政府拥有和经营着所有的电力网络、输水系统、电话，甚至无线电和电视广播。但是，从 20 世纪 70 年代开始，欧洲的公用事业开始发生转变。20 世纪 80 年代和 90 年代，世界上大部分地区，包括新西兰、英国、挪威、瑞典、澳大利亚、加拿大、巴西、智利等国家，许多国有的公用企业开始被私有化，对私人部门开始放松管制。在美国也出现了同样的情况。

私有化和放松管制运动是公共行政领域中更广泛的新公共管理运动的一部分。新公共管理运动的关键内容，是卖掉许多国有产业，放松相关的国家经济结构一度实施的许多严格管制，从总体上缩小国家政府的规模和管辖范围。它对于投资者所有的公用企业的管理方式也有着很大的影响，因为该运动逐渐打破了垂直一体化的公用企业结构，并将市场竞争引入那些曾经被严格管制的产业。尽管许多公用企业仍然控制在私人投资者手中，但实行新公共管理的公共部门所强调的那些概念与所有的公共服务组织都是相关的，而不论其所有制如何。因此，讨论新公共管理运动在公共部门所带来的基本管理任务的改变，对投资者所有的公用企业也是适用的。

第二个主题是战略管理的概念以及它所包括的所有具体内容。战略管理是指为实现组织目标而制定和实施计划而进行的决策和行动。这一过程涉及确认组织的长期目标、提出适合这些目标的战略以及选择用于各种相互联系的任务（策略）的各种资源。前两项任务是密切相关的：第一项任务讲的是公司要做什么，第二项任务讲的是组织是什么。

对管理的战略研究涉及一些相关的行动，它引导管理者确认战略机遇和环境威胁，评价组织的优势和劣势，制定工作目标、策略、绩效标准和调整方式。战略管理方法包括环境分析、政策分析、机会分析、使命和愿景制定、项目的整合计划以及其他的管理活动。

本书的结构

本书由三个部分组成。第一编 **"公用事业管理的基本问题"**，为后来讨论公用事业组织的管理方式建立分析框架。这一部分包括四章，提出了在本书其余部分所涉及的基本概念。第 1 章 "充满挑战与冲突的公用事业"，向读者介绍公用事业的规模和范围。该章简要地回顾了该产业在美国的成长历史，并进一步就公用事业如何及为何发展成为一种力图服务于公众利益的具有 "自然垄断" 特征的部门发表观点。第 2 章 "公用事业面临的政策挑战"，概述了公共政策的职能，追踪了近 100 年来一些重大的公用事业政策所发生的变化。该章简要介绍了在电力、天然气、饮用水和污水处理方面的政府政策。第 3 章 "公用事业道德的挑战"，简要介绍了当组织无法提出、员工不能遵循道德标准时会出现什么状况。之后概述了员工和组织领导者道德行为的一些基础。第 4 章 "公用事业监管的挑战"，先谈了公用事业管制的合理性，接着讨论了在电力、天然气、供水与污水处理产业进行管制的一些重要问题。最后，该章概述了在公用事业放松管制和（或）重组方面的一些相互冲突的观点。

本书的第二编，**"公用事业管理的各项挑战"**，包括八章，它们聚焦于当今在公用事业职能和行为管理方面一些突出的主要问题。开始的第 5 章 "迎接公用事业规划的挑战"，先回顾了战略规划过程所强调的各个重要概念。除了给出战略规划的定义之外，又带着读者简要回顾了实施战略规划的各个步骤，并对如何导致了对战略管理的应用进行了讨论。该章最后讨论了公用企业如何应用联邦政府推荐的 "资源整合规划"，这是与公用事业紧密相关的一种战略计划。第 6 章 "公用事业管理和领导的挑战"，先简要地回顾了管理的一些基本原则，然后转向讨论与公用事业管理者特别相关的一些问题。第 7 章 "公用事业确定价格和费率的挑战"，涉及在公用事业管理中人们理解得最不深刻的一个问题：在一个管制与非管制混杂在一起的产业中确定批发和零售价格。这一章所包含的内容是非常基本的，它向读者介绍了在制定费率方面的关键概念。如果读者希望更深入地钻研这部分的经济学内容，可以在许多专门研究费率确定问题的经济学著作中去寻求进一步的阐释。

第 8 章"公用事业营销的挑战",也许可以加一个副标题"需求的分析与管理"。如今,绝大多数公用企业更关心对现存需求的管理,而不太关心如何增加对其产品的需求。在这种情况下,对需求的管理可以意味着放缓增长,也可以意味着引导更多的消费。放缓增长要减少安装更多生产设施的需求,减少增加新的配送能力的需求,或减少寻找新的供应来源的需求。它也有助于管理者们努力拉平更多的供应期之间的需求差别。该过程的一个重要组成部分,是联邦政府下达的关于制定和坚持实施成本高昂的资源保护、安全保障和环境保护项目的强制性要求。

第 9 章"公用事业管理者面临的信息挑战",讨论的是信息技术,包括实时计量以及其他重要的交流和管理信息系统的概念。第 10 章"公用事业财务与会计的各种挑战",讨论公用事业管理者当今在为替换磨损和报废的旧系统所需要的大量投资寻求财政资金时所面临的一些主要挑战。近来,由于加利福尼亚重组过程的破裂所导致的危机,以及其后出现的该产业某些部门的破产,使资本的成本提高,它更直接地反映了人们对公用事业证券风险的感知。第 11 章"公用事业人力资源管理的各种挑战",聚焦于公用事业在接替许多已接近退休年龄的熟练和专业员工方面所面临的问题;它还讨论了由于美国人口在文化和种族上的多样化而导致的劳动力性质的改变。第 12 章,也是这一编的最后一章,涵盖了"公用事业治理的各种挑战"。这一章既讨论了监管治理与公司治理,也讨论了由于该产业的重组给治理带来的各种挑战。

第三编"公用事业系统的挑战",用一些章节来讨论该产业三个特殊部门所面临的关键性挑战,它讨论了该产业投资者所有的和公有的一些部门的所有管理者都面临的一些正在出现的挑战。第 13 章讨论"电力产业中的挑战"。第 14 章涵盖"天然气产业中的挑战"。第 15 章聚焦于"供水与污水处理产业中的挑战"。第 16 章"公用产业管理者面临的未来挑战"中所涉及的课题,包括全球化、安全、放松管制的间断以及新公共管理的各种问题,如私有化和外包、对技术引进和创新的管理。

致　谢

　　没有许多作者和研究者的贡献，本书不可能写成，尽管他们的名字并没有在封面上出现。公用事业是一个经济学家、企业管理者和公共行政者100多年来都相当感兴趣的课题。在这段时间产生了大量这方面的研究文献，其中既有来自学术方面的，也有来自职业方面的。所有在我之前的作者们对我撰写这部著作都作出了重要的贡献，对此我深表感激。但与此同时，我还要声明，这部著作中出现的任何错误，无论是无意疏漏还是错误理解，都完全属于我自己。在这里所得出的结论以及对问题的选择，都完全是我自己做出的。这本书中没有任何内容可以被视为对其他作者意见的照抄，无论是在世的还是已经辞世的作者。

　　我有幸在欧洲的马里兰大学的大学学院为美军官兵教授一年的研究生和本科生的工商和公共管理课程。在这段时间，我开始了对本书的认真研究。我要感谢在学术界的许多同事，他们针对本书所提出的许多不同的管理问题给了我不断的支持、建议和指导。尽管我得到过许多帮助，但有几位人士的重要帮助是非常突出的：管理学教授F·托马斯·塞皮克博士和李重辛博士以及财政学教授布鲁斯·芬尼博士。塞皮克教授与我在组织发展和组织文化领域进行了15年富有成果的合作研究并发表著述。李教授在信息技术、创新和公共政策方面是一位备受敬重的学者；在这部著作的准备过程中，他的指导在一些方面是很有帮助的。芬尼教授主动与我分享了他作为电力产业的经济学家而积累的多年的经验。

　　我想表达我对琼·M·格莱福斯的感谢，她多年来在贝特斯技术学院担任英语教师。在准备最终书稿的过程中，格莱福斯女士提供了宝贵的协助。她主动在编辑技术方面提供专业的帮助，使本书得到了极大的改善。

　　下列人员对本书和早先的学术研究也提供了慷慨的帮助，对此我要深表感谢：太平洋路德教会大学商学院名誉院长关达尔·金博士，太平洋路德教会大学商学院临时院长、管理学教授撒德斯·巴诺维博士，位于里加（拉脱维亚）的斯德哥尔摩经济学院院长安德尔斯·帕兹罗博士，常青州立学院公共行政学院的谢里尔·S·金博士和拉里·格利博士。还要特别感谢太平洋路德教会大学商学院院长詹姆斯·M·克拉培尔博士,感谢他对本书及其他项目的支持和鼓励。

我还非常感谢就职于华盛顿公用事业和交通委员会的知识经理杰夫里·肖曼先生和数据中心经理丽莎·劳埃德。在本书的研究期间,他们提供了重要的支持。此外,执行主任瓦拉·伍德和马森县第三公用事业区的工作人员无私地提供了我所要求的所有帮助。华盛顿州希尔顿市的公用事业主任米歇尔·高拉特先生也为我提供了重要的信息和指导。

最后,我还要感谢爱德华·埃尔加出版公司的编辑阿兰·斯图尔默先生在本书的计划和写作过程中给予的坚定的支持和鼓励。

太平洋路德教会大学工商管理教授
戴维·E·麦克纳博博士
于华盛顿州塔科马市

目　　录

经典教材系列
公共行政与公共管理经典译丛

第三编　公用事业系统的挑战

* 索引请参见 http://www.crup.com.cn/gggl。

插图索引

经典教材系列
公共行政与公共管理经典译丛

表格索引

专栏索引

第一编

公用事业管理的基本问题

大停电、轮流限电、饮用水污染所传播的疾病和死亡、老化的基础设施、更严厉的环境控制、破产、批发与零售的竞争、不断扩大的多样化经营、高龄的劳动力、政府强制的结构调整与放松管制：这些只是公用产业的管理者和监管者们所面临的许多管理挑战中的几个。本编将介绍公用产业，先对公用系统的发展作出简要的历史回顾，然后更为深入地讨论因环境所引起的若干挑战。讨论将涉及下列重要的环境约束：公共政策、道德和责任以及整体的监管环境。

第 1 章

充满挑战与冲突的公用事业

公用事业的管理、监管和治理方式正在出现范式转换。由马克斯·韦伯（Max Weber）提出并由伍德罗·威尔逊（Woodrow Wilson）补充的官僚制的公共行政模式受到攻击。传统的官僚行政让位于市场驱动的管理式领导。政府将公用事业作为"自然垄断行业"来加以管制的传统方式，正快速转向放松管制。在世界的许多地方，受管制的公用企业面临着提高经济效益的更高要求，而这种动力来自于市场的自由竞争。公用事业中有很大一部分公共组织已经被私有的、投资者所有的商业公司取代。然而，管制体系的这种改变并非都是成功的。一些放松管制的和私有化的公用企业垮掉了，在电力部门出现了越来越多的降压限电和大停电现象，天然气与水的短缺见证了公用事业结构调整所面临的困境。

在这个公共服务产业变迁时代的背后，存在着各种复杂的力量，它们推动着这种从传统的官僚制行政模式向新的管理模式的转变。这种行政范式的转变首先出现在新西兰。20 世纪 70 年代，在玛格丽特·撒切尔首相的领导下，这种新的治理方式在英国被采纳；此后不久，在罗纳德·里根总统的领导下，美国也采纳了这种方式。在 20 世纪的最后 20 年，市场取向的管理体制取代了原有的命令式的行政管制体制，其特点是私有化、对公共服务实行用户付费制、公共和私人部门的伙伴合作关系、战略规划、项目评估和问责以及行政结构的扁平化。

在西方民主社会中，在商业的和公共的公用事业服务职能方面，这并不是第一次重大的范式转换。第一次重大的改变是在 20 世纪初，联邦和州的立法控制取代了自由放任的经济原则。为了理解今天变革的作用，就要先简要回顾一下公用事业是如何从国家早年的商业体制中产生出来的。

早期经营的问题

在 16 世纪、17 世纪和 18 世纪，那些勇敢地经过艰难的海上之旅到达北美定居的欧洲人，带来了他们所通晓和了解的文化传统。营利的动机成为发现和发展这个殖民世界的主要驱动力；许多早年的殖民地所获得的资助，都明确地是为了利用商业的机会并从中谋利。

在这段历史的前 200 年，在政府很少干预和指导的自由放任的经济模式下，商业经营在这个新大陆蓬勃发展。由于早年的企业是营利的，殖民地的行政长官们认为他们最好不要插手去管那些在他们辖区内经营的商业机构。即使某些控制手段被认为是明智可取的，实际的控制仍存在着许多问题。遥远的距离、早年殖民地几乎没有什么基础设施以及在边疆定居区无法实施管理规定和法令，这些都使得殖民地政府或多或少地缺乏权力去管理控制企业家的这些琐事。在一些镇和早年的城市之外，的确存在着少量的商业审判，但那很可能是民间自发的治安维持会（vigilante）的审判。直到 19 世纪后期，情况才开始出现改变。这一政策转变起始于英国试图让殖民地来负担更大部分的治理费用，最后以成功推翻英国统治而告终。

对殖民地来说，最紧迫的需求是发展交通基础设施，这是从事国内外贸易所必需的条件。在殖民地的体制下,工业产品要被运送到殖民地,来换取原材料和农产品。那时的公共工作,一般只限于修建边界护栏以及修建土路,以便向沿树林边界守卫原木要塞(crude log fortresses)的小型驻军供应食品和军需品。这些驻军只提供有限的保护来防止法国人和印第安人对孤立的农田和小的定居点发动袭击。

为了获得私人收益,个人和小团体承担了几乎所有早期的基础设施的改善工作。收费的道路、渡船和桥梁,就是这种私人建立的基础设施的实例。大量的商业运输,或是依靠在崎岖的林间道路上运货的骡车队,或是依靠沿海货轮或内河船走水路。正是几乎被人们普遍认识到的改善交通工具的需求,促成了国家在基础设施发展方面早年的集体行动(包括修建运河)。这种集体行动最终使人们认识到,还需要某种手段来控制殖民地之间的商业运输并为之提供便利。人们还认识到,需要中央政府在某种程度上参与这种有益于所有公众的改进工作。

早期经营的形式

在北美殖民地时期,流行着四种商业经营形式:小规模的私人农场,大型的棉花和烟草种植园,小型的农村酒馆、客栈和商店,以及欧洲贸易公司的分支机构。在殖民地时期,最重要的经济机构是宗主国在这个新大陆为发现、利用机会而建立的合资公司的分支机构。在这种合资公司中,宗主国的所有者或经营者负责作出所有重大决策。在他们的经营领域中,他们大都享有垄断地位。

各种殖民机构被建立起来,用来保证向大英帝国的生产加工业持续不断地供应原材料和农产品。像边境贸易站(frontier trading posts)这样的早期商业经营形式被建立起来,以便为英国的投资者提供快捷的营利。有两个实例,一是 1606 年特许批准的弗吉尼亚公司(Virginia Company),一是 1629 年特许批准的马萨诸塞湾公司(Massachusetts Bay Company)。随后特许的私人土地占有(chartered proprietary holdings),是由英国国王授予业主大面积土地,作为对其政治支持的回报,同时还包括皇室分享一份利润的相关规定。加拿大的哈得逊湾殖民地(Hudson's Bay

Colony）就是一个例子。

在这个早期土地占有的阶段，自由的英国公民很少有人愿意移民到殖民地去做公务员或雇员，这限制了成功的皇家殖民地（Crown Colonies）的数量。然而，另外的一些因素则有助于鼓励许多其他人长途跋涉来到这片新的土地；这些因素包括改善生活命运的动机和对宗教自由的渴望。新教的倡导者们帮助创建了两个最成功的殖民地：巴尔的摩勋爵（Lord Baltimore）1634 年建立的马里兰殖民地（Maryland Colony），以及威廉·潘恩在宾夕法尼亚建立的自由贸易者协会（Free Society of Traders），它在 1681 年获得皇家特许证（royal charter）。马里兰殖民地要建成英国和爱尔兰天主教徒的天堂，但最终有更多的新教徒和天主教徒移民到这个殖民地。宾夕法尼亚要建成欧洲受迫害的教友派信徒（Quakers）的天堂。这两个殖民地免费或以可长期付款的低价向定居者提供较大的良田（Morison 1965）。

美国商业经营体制的第二个发展阶段，以权力当局的崩溃为标志，这起初是由英国的内战所导致的。曾有的商业政策转向对内，用于殖民地投资的资金枯竭了。这一时期的移民，对于从这个新大陆的荒野中分得农田失去了兴趣，而更关心如何能够尽快地发财致富。这个时期的许多移民大多是被强迫的，是被判刑的囚犯或奴隶。囚犯可能希望有朝一日能恢复自由，而奴隶却注定终生要做种植园中的苦力。也有一小部分人是殖民地的投机者，包括早期独立的皮毛商、边境贸易站的经营者，或是用他们自己在当地造的船作沿海贸易的商人。这一时期从英国进口的制造品是有限的，这导致人们开始进行一些早期的工业品生产，包括建立用很容易收集到的矿石来炼铁的小型冶炼厂（铁矿石是从更高海拔的地区冲刷下来的，它们在沼泽地区凝结成块）。这些早期的制造厂绝大部分是由个体家庭拥有并经营的小型企业。

美国商业经营体制发展的一个新阶段开始于 18 世纪早期。这时，由于权力紧紧地掌握在由皇室任命的总督手中，绝大多数沿东海岸的定居区都保持着一定程度的稳定和秩序。当地的商人大部分是由在早前家庭作坊经营阶段占主导地位的农民、劳工和工匠阶层合法转换而来。在北方，特别是在马萨诸塞和宾夕法尼亚，企业家经常是那些从宗主国移民来的商人，他们与在英国和欧洲其他地区那些早期建立的知名商业公司保持着密切的亲属关系和商务联系。

这一时期的北美贸易商汇集了大量殖民地的产品以运往欧洲特别是英国。产品包括皮毛、鱼、木材和其他木制品、烟草、面粉、稻米、靛青等。商人们进口工业制造品，如铁制品、纺织品（主要是毛织品）、咖啡、茶、纸、糖、糖蜜、葡萄酒、玻璃、陶器，这些商品会被转手倒卖以赚取佣金。这些商人要依靠英国的出口公司来贷款、获得资本、运输以及在欧洲及欧洲以外的地区进一步销售他们的货物。

在18世纪快要临近时，许多人都认识到需要采取某些措施来保证商品和人员在不同殖民地之间自由流动。在争取从英国独立的战争中，这一需要变得更为紧迫。要求国家政策转向发展和维护基础设施的两个实例，是收费公路和水路。政府对公共设施的管制可以说是从这两个重要的交通系统发展而来的。管制起始于1787年为控制和治理西北领地而制定的法令，当时的西北领土包括了现今的俄亥俄、印第安纳、伊利诺伊、密歇根、威斯康星和明尼苏达的一部分（Hull and Hull 1967）。该法案的关键章节确定建立免费、开放的货物和人员水路运输——不收取任何关税——它适用于所有通过水路驶往密西西比河和圣劳伦斯河水域的美国公民。

二元经济的出现

到19世纪的最后十年，美国商业经营体系的快速增长、合并和范围的扩大，共同导致了二元经济的产生。在顶端的是数量相对较少的大型的成长中的公司。在最主要的产业中，几个大型公司以寡头垄断的方式进行经营，经常是以某个有钱有势的个人来领导的托拉斯的方式来经营。在那个时期，在产业增长方面居于领先地位的是：铁路、煤矿和钢铁。在另一端的是大量小型的由家庭所有和经营的创业公司。

三个环境因素相结合强化了国家经济结构的这种转变。首先是快速转变的国家人口构成结构。人口的增长和向城市的集中最终会使新大陆第一个真正的大众市场成为可能。第二个因素是美国主要产业的合并。合并是通过兼并及卡特尔和托拉斯的组织产生的；这些反过来使得有可能集聚起发展大众化生产方式所需要的巨大资本，以满足日益增长的产品和服务需求。

第三个因素是交通、通信和商业化方面的革命。当时这些改变的出现，使得有可能对新的全国性大众市场的产品和服务进行大众化分销。国家铁路的增加和发展，以及蒸汽动力在内陆和航海中的应用，导致了交通的革命。通信的革命起始于电报，并被铁路的发展强化。到了世纪之交，电话被发明出来并被广泛使用。大量零售商的出现，使得大众化的商业成为可能，它们通过高效的国家邮政系统进行全国范围的分销。要不了多久，政府便会在控制与监管交通和通信产业方面逐渐发挥重要作用。

美国人口在增长，人口从农村向城市迁移，并且这种迁移越来越与铁路紧密相连。这些情况在 19 世纪的大部分时期一直处于持续状态。美国的人口从 1860 年的 3 100 万增加到 1890 年的 6 300 万，到 1920 年增加到 1.06 亿。这种增长主要是由来自东欧和南欧的移民潮造成的。这些移民大都定居在城市，并在新工厂和煤矿找工作。这一过程使得国家从殖民地时期一直保持的农业社会形态转变为工业社会形态。在 1860 年，只有 16% 的人口居住在人口超过 5 000 人的城镇。而到了 1900 年，该比例增长到 33%。

公共服务需求的出现

当城市中充满了新移民，一些重要的社会问题便凸显出来。城市变得越来越昏暗、潮湿，并挤满了穷人。犯罪猖獗，疾病滋生。在许多新来的美国人所住的贫民窟中，既没有卫生设施，也没有自来水。要使城市继续成长和繁荣，就需要有安全和经济的水源、卫生系统、街道和室内照明、交通，以及可靠和低价的能源。在世纪之交，满足这些需求的机制——马匹与人力、煤气照明、以煤和木头为燃料的蒸汽发动机——无法跟上由新国家前所未有的城市发展所推动的需求增长。

城市居民在当时的最大需求，就是提供充分的净水供应系统以及污水处理手段。在拥挤和肮脏的城市中，不能充分满足这些需求，是导致疾病和死亡的主要原因。一直到 19 世纪，城镇居民仍然是从浅水井中汲取他们的用水，并将他们的生活污水直接倒入小溪和河流中。在 1800 年至 1900 年间，市民供水系统缓慢但持续地扩大。在 19 世纪初，在人口超过 5 000 人的城市中，只有 16 个供水系统；比它们小的城市则没有自来水，只能凑合着过。在这些供水系统中，只有一个是市政所有的，其余 15 个都是投资者所有。25 年之后，供水系统的数量只增加了一倍，达到 32 个；其中有 5 个是市政供水系统，有 27 个是私有的供水系统。直到南北战争结束后，供水系统的数量才出现了快速的增长，从 1850 年的 83 个，增长到 1875 年的 422 个，到 1896 年增加到 3 179 个。到 1875 年，出现了向市政所有制的转变，当时，近 54％ 的供水系统是公有的。在 1896 年，这一比例出现了小幅下降；有 1 690 个供水系统是公有的，占总供水系统的 53.2％（Barnes 1942）。

公用产业在规模和范围上的扩大，是由于南北战争后出现的管理思想和决策方式的革命（Chandler 1990）。这一变化的出现，首先是因为原有的非正式的管理方式无法应付该业务在规模和范围上的增长。第二，在 1890 年至 1910 年的 20 年间，在世界各地到处都出现了前所未有的大规模兼并浪潮，它导致了广泛的业务合并。第三，管理者的决策方式也发生了转变。例如，定价和生产决策，先前只是对亚当·斯密所谓的市场"看不见的手"的回应，这时逐渐转变为内部决策，以便影响市场需求，而不是回应市场需求。

这一时期在公共服务部门出现的管理转变起始于欧洲，这次改革是由马克斯·韦伯倡导的（Christensen and Lægreid 2002）。韦伯呼吁在政府雇佣方面，用职业的公务员队伍来取代传统的政党分肥制（spoils system），公务员是根据绩效选取的，以官僚制的方式来组织的，并且用公共服务的精神来激励。在政党分肥的体制下，选举中的获胜者会很快用自己指定的人来取代许多以前的官员。这是获胜者偿付政治支持的方式。它对于新的被任命者经常是极为有利的——安德鲁·杰克逊总统的一位政治支持者被任命为纽约港的关税稽征官之后，在 10 年之间贪污了 100 多万美元。政党分肥制成为了美国政治体制的一个根深蒂固的顽疾。政党分肥制不仅早就成为纽约、宾夕法尼亚和其他北方各州的城市和州一级政治中的长期传统，而且还被杰克逊在 1829 年竞选后引入联邦政府。当杰克逊坐上总统宝座后，他将 612 名政务官（political appointees）中的 252 位替换为他自己的人（Morison 1965）。

职业化的公务员体制最终取代了美国的政党分肥制，它是由以规则为基础的公务员法规明确规定的技能范畴来组织的。在公共行政方面的这些变化，在第一次世界大战开始时几乎已经完成了。

公用产业的诞生

在 19 世纪的最后 20 年和 20 世纪的最初 10 年间，公有的公用产业诞生、成长并蓬勃发展。幸运的是，在该产业发展的同时，职业化的政府官员正在接受培训，以便承担职责去管理为公共利益而提供的产品和服务。与此同时，公众舆论——被像农民保护者协会运动（Grange movement）这样的改革组织激发——转向支持政府对各种私人企业进行管制，其中包括对私人拥有的公用企业的管制。

美国联邦政府对不正当经营的控制，经常被追溯到 1877 年最高法院的判决，该判决支持伊利诺伊州立法机构控制升降机谷仓（grain elevators，有大型储存设备的谷仓）收费价格的做法。在 19 世纪 70 年代，一个名为"农民保护者协会"（Patrons of Husbandry）的农民慈善组织［更为人们熟知的名字是"格兰其协会"（the Grange）］成为中西部一些州的政治力量，它们取得了对一些州立法机构的控制权。以这种方式，它们成功地通过了一些价格管制的法律，并制定了控制私人企业的一些措施，特别是控制铁路及其相关产业。到 1875 年，大约有 22 000 多个"农民协进会"组织的地方分支机构，它们大多数集中在美国中部七个农业州。许多受到这些法律影响的产业的人士都认为，这些被称为"农场主法"的法律是违宪的，他们上诉到联邦法院要求纠正；一些上诉在最高法院受到了听证。在最高法院审判的这些案件中，最重要的案例之一是 1877 年的穆恩诉伊利诺伊案（Munn v. Illinois）。

在 1871 年，伊利诺伊州立法机构通过了一项法律，宣布私人所有的升降机谷仓将成为公用设施，因此要受到价格管制。穆恩和斯科特在芝加哥附近拥有一个升降机谷仓。他们拒绝遵守新的法律，认为这剥夺了他们的私有财产。他们拒绝按要求取得执照和交纳保证金，并继续以高于法律所允许的费率收取谷物存储费。他们对下级法院支持该法律的判决提出上诉。1877 年，美国最高法院支持下级法院的判决，因此确立了这样的原则：当私人企业提供的是公共服务时，它们要受到公共监管（Farris and

Sampson 1973，p. 23）。在法院的判决意见中，首席法官怀特（Morrison
R. Waite）将谷仓描述为"事关公共利益"（affected with the public inter-
est）的业务。因此，它需要受到管制。不久，其他产业也被确定为涉及
"公共利益"，并被纳入联邦或州的管制之下。

　　然而，早在 1877 年最高法院的那个里程碑式的判例之前许多年，管
制的理念就已经播下了种子。美国根据公共利益来作出的最早裁定，可以
被追溯到 1787 年的法令，它规定在国家的水道上免费航行（Hull and
Hull 1967）。但是，远在此之前，市政当局提供与分配人们的消费用水，
就是神权的城邦国家的特征，它帮助在美索不达米亚、埃及和印度次大陆
的印度河谷的土地上创建文明。为远距离输水而建立的水渠系统（system
of aqueducts），以及为市政分配用水而手工制作的导管，也是罗马帝国的
主要特征之一。

　　在北美，第一个供水系统是 1654 年在波士顿建造的。它包括一个简
单的水库，从五个山泉会聚的水被储存起来作为公用。更复杂的系统是
1762 年在宾夕法尼亚的伯利恒（Bethlehem）建造的，它包括一个木制
泵、一个水库以及用挖空的木头做成的导管。罗得岛的普罗威登斯
（Providence）在 1772 年建立了自己的系统。这三个系统是北美最早记录
的供水系统。

　　人造煤气的生产和配送开始于 19 世纪初，然而它的高昂价格使它的
使用主要限于街道和公共场所的照明，直到有了新的电灯的竞争，以及
1876 年发明的新生产程序，才迫使价格降了下来。第一个商业煤气厂是
1816 年在马里兰的巴尔的摩建造的。1822 年在波士顿的煤气厂，1823 年
在纽约的煤气厂，1835 年在布鲁克林的煤气厂，以及不久之后在布里斯
托、罗得岛和新奥尔良的煤气厂，也纷纷开张。1870 年，天然气首次被
用于工业目的，布隆菲尔德和罗切斯特天然气照明公司（Bloomfield and
Rochester Natural Gas Light Company）将天然气用木管传送到纽约的罗
切斯特（Rochester）。

　　将电力用于照明的目的最先是在 1858 年开始实验的，一个弧光灯被
安装在英国靠近多佛（Dover）的一个灯塔中。弧光灯远比煤气街灯明
亮。不久，市政领导者就认识到使用弧光灯来照亮他们的小路和街道的好
处，并与新的企业家签订了装配和运营市政照明系统的合同。美国第一批

电气设备制造商是从建造弧光灯设备开始的；他们也组建运营新系统的公司。很快，安装在临街发电站中的小型发电机开始为城市街灯系统提供电力。私人公司获得了经营执照，被允许在公共路段树立的电线杆上架设电线；这成为在城市内配送电力的标准方式（Bryant and Dethloff 1990）。

公用产业的形成

"公用事业"（public utility）一词，描述了由公共的和私人的组织提供的一组特定的服务，并指明了构成该产业的各种组织机构。由公用产业（public utility industry）所提供的产品或服务包括电力、天然气、水、卫生设施、垃圾清理、通信、公共铁路和汽车交通，以及某些仓储设施，包括公共仓库、粮食仓库以及其他仓库。

不论其所有制的形式如何，要被认作一个公用企业，提供该服务的实体必须被视为"事关公共利益"的组织，就像怀特法官在 1977 年所确认的那样（Farris and Sampson 1973）。公用企业为一个社会中的每个个人和每个其他机构提供所需的基本服务。在该产业中经营的组织有责任意识到它们应当在公众需要的时间和地点向他们提供所需的服务。总体来说，这些服务被认为是一个社会的"社会资本"（social capital）。没有它们，就不可能有该社会的经济发展。耶鲁的经济学家艾尔斯顿·巴恩斯（Irston Barnes）为公用事业作出了如下定义：

> 公用事业是那些被要求以合理的和无歧视的价格向所有申请者提供服务的产业。为了保证以合理价格提供普遍服务而必须采取的管制措施，随着产业的不同而存在诸多的差异，但它的特征是以规定的服务和价格标准作为它的出发点（Barnes 1942，p. 1）。

因此，"公用企业"（public utilities）一词描述了一大群经济组织，它们的存在是为了确定、生产或采集、运送、分配和（或）加工及储藏各种对现代生活来说至关重要的产品和服务。这些产品和服务是普遍存在的。它们包括能照亮我们的工作场所，并启动我们的计算机、电器和办公室、商店、工厂和家里的电机的电力。这些服务也包括天然气，我们用它在家中取暖和做饭。在许多工业生产中，天然气也是重要的原材料。公用企业还向我们输送饮用水，处理污水和家庭与商业垃圾。公用企业还包括那些收集、处理、储存固体和液体废料的组织，这些废料包括有毒的材料和化学品。虽然经常被遗忘，但许多提供一种或多种交通和（或）仓储的经营组织也是公用企业。正是政府对公共水路和铁路交通做出的管制，使它们成为公用产业中最先出现的一类公共服务。

公用事业"与众不同"吗？

公用事业不同于其他产业，有如下几个理由（Glaeser 1957, Farris and Sampson 1973）。第一，与其他商业经营不同，法律要求公用企业服务于该市场领域的所有客户，并不得歧视；它们执行这一要求的唯一限度，是它们的产能；如果需求合理，可能会要求它们扩大产能。

第二，它们一般来说既非都是营利的，也非都是不营利的；存在着两种类型组织的混合体；它们经常携手并进，在同一生产、收集、配送或加工链中发挥作用。第三，公用事业的收入经常包括以下三者的混合：向客户收费的收入、股票和证券以及（或者）税收。征税的方式是多样的。例如，向公用事业的拨款（付账）可能来自于非定向基金（general fund），如对公有的大型水电工程的拨款；或以特殊的财产评估形式（一次性的、单一目标的征税）向那些受益于公用事业的财产所有者征税，如在修建下水道时，向会获得下水道服务的房产所有者征税。

第四，公用事业是经济组织。这是因为存在着生产的经济成本和产品供应的价格，不论参与该产业的那些组织的所有制和治理方式如何。第五，公用事业经常采用依法批准的歧视价格。公用事业要为每个阶层的使用者提供共同的福利，但用户们并不总是从公用事业产品中享受到同样的福利。例如，住宅所有者经常要比工业使用者交更高的服务费。这经常被看作是由某些付费者和（或）普通纳税人向诸如商业企业这样的组织提供的一种不公平补助。这种差异长期以来一直在引发激烈的争辩。尽管有这种由法律规定的价格歧视，公用事业向所有客户征收的费用必须被监管者和普通公众看作是"合理的"。

第六，产品或服务的价格经常并不反映市场的供需因素。相反，对许多公用事业来说，价格的确定或多或少是由政府的监管机构在进行了一系列的公众听证和供应商的论证之后任意决定的。对公有的公用企业来说，价格经常为了政治目的而人为地保持在较低水平，并不考虑其服务的真实成本。真实成本（true costs）会更多地考虑折旧损耗和保持应急储备（emergency reserves）的成本，这种应急储备是监管机构强制要求的。对投资者所有的公用企业来说，收费要考虑由公司提供的所有成本数据，据此来确定其费率的合理性。此外，受管制的公用企业还可以在其被接受的成本之上再加上立法机构所认可的最低回报率。

自然的或人为的垄断

公用企业区别于所有其他经济组织形式的一个根本的经济原则：即"自然垄断"。在经济学中，可以存在两种垄断：自然垄断和人为垄断。自然垄断（natural monopoly）是当单一公司供应单一市场，而且其供应的成本和价格能够远低于多家公司服务于该市场时的可能价格。这一优势通常是通过规模经济产生的，尽管也有其他因素的贡献，包括专利和地点限制。地点限制（site limitations）指的是适合于水电坝、水库、煤气和风轮机坐落地点的数量是有限的，适合于处置固体废物的地点数量是有限的，以及能够发现和（或）储存天然气的地方是有限的。地点限制问题有时是指"别在我家后院"（not in my back yard，简称 NIMBY）的现象。那些在他们所希望的时间和地点需要公用事业产品的公民，赞成必须建立新的设施——但只要别建立在我生活或运动场所的附近就行。这意味着将负担推给其他人承担。

另一方面，人为垄断（artificial monopoly）的发生，是因为法律禁止竞争者进入。当今最常见的例子，是市政当局将专享的特权授予一个或几个公用企业。例如，在华盛顿州的西雅图，在城市的某一特定区域收集固体废物的特权被授予那些在该服务的竞标中出价最低的私人公司。另一方面，转运站（transfer station）和垃圾处置场所可能被该县拥有和经营，或由市县联合共同拥有。在社区建立和经营有线电视系统的特权也通常被授予单一公司。

"自然垄断"概念的历史

公用事业是一种自然垄断，这一概念在进步时代（Progressive Era）的改革运动中逐渐被普遍采用。当时，为了控制那些巨型商业公司、卡特尔、托拉斯和早期公用企业的无节制扩张，联邦政府开始对控制方式进行首次实验（Helgesson 1999）。美国经济学家理查德·T·伊利（Richard T. Ely）被认为是使用"自然垄断"这一概念的第一人。在他的著作《垄断与托拉斯》（*Monopolies and Trusts*，1910）中，伊利将自然垄断定义为这样的商业经营：在其经营的情境中，垄断的出现不仅是自然的和不可避免的，而且是社会所需要的——但条件是它们要为公共管制或公共所有制所控制。简言之：

> 自然垄断概念出现于美国，并在 1910 年在美国经济学中获得了它的位置。它产生于人们关于法律应当对大型商业企业、公用企业和垄断企业做出怎样的回应的热烈讨论，其背景是反托拉斯立法和地方政府试图促进在被特许的公用企业之间展开竞争（Helgesson 1999，p. 121）。

经济学家、政治学家和各种改革团体都愿意接受这样的观点：如果公用企业在严格的管制约束条件下保持其作为垄断组织——公有的和私有的——权利，才能免受反托拉斯法的约束，那么它们将能够更好地为公众服务。当然，最严格的管制形式一直是公共所有制。虽然这种观点在一些国家有短时期的流行，但它从未在美国的政治学中占据充分的主导地位。商业游说者、已有的卡特尔，还有快速发展起来的工业和商业部门，都将公共所有制的观点视为一种恶咒。然而，在美国的许多地方——特别是中部和西部各州——也有相当多的人支持公用事业的公共所有制，以便使其获得坚实的基础。

随着 1929 年股市的崩盘，许多投资者所有的公用企业托拉斯垮塌了，这进一步刺激了公共所有制运动。这些公司的垮塌，导致了当时影响最为深远的管制性立法获得通过，即 1935 年的《公用事业控股公司法案》

（PUHCA）。这项立法的重要性，以及它对公用产业的影响，是怎么评价都不过分的。在大萧条时代，大型控股公司所组成的金字塔形的金融结构随着 1929 年 10 月股市的崩盘而垮塌，此后这项法律便开始生效实施。对该法律的具体细节，将会在稍后的章节中予以更具体的讨论。

公用事业管理的新范式

在对公用事业进行管制的问题上，联邦政府和地方政府的权力分享，受到在治理和规制改革方面一系列更大变革的极大影响。20 世纪 70 年代和 80 年代，英国在玛格丽特·撒切尔夫人领导的保守党政府执政时期，开始了公共部门改革运动。该运动一直到工党领导政府时仍在马不停蹄地继续着（Hughes 2003）。

公用事业改革运动包括四项主要内容：（1）限制行政部门的自主性，以增强政府对民众政治要求的回应；（2）引入私人部门以绩效为基础的管理原则和做法，以改善运行的效率、有效性和可靠性；（3）增加运行的透明度，扩大个人、消费者团体和地方社区在设计和提供公共服务方面的参与程度；（4）广泛放松对投资者所有的公用企业的管制。从总体上看，这四项内容构成了现在所说的"新公共管理"的基础；它们不仅与公共部门中经营的公用企业有关，而且也同样关系到投资者所有的公用企业的管理。

许多欧洲国家的政府，包括瑞典、意大利、法国和德国等国家，都吸取了新公共管理的某些观点。其他西方国家，如新西兰、加拿大、巴西和澳大利亚，也都实行了新公共管理的政策。采取新公共管理的国家在这样做时有几个相似的目的，这些目的包括减少公共开支和公共部门的雇佣人员、减少赤字和债息支付、满足政府服务管理现代化和改善政府服务管理的需要以及转变公民对政府不信任的全球化倾向。

像世界银行和欧盟（EU）这样的组织，正鼓励它们那些欠发达的客户国采纳新公共管理的政策，这些政策旨在将公共部门的运作从其传统的等级制的、以规则为基础的、过程导向的科层制结构，转向更扁平化的、以绩效为基础的组织模式，在这种组织模式中，公共管理者愿意承担各种风险，包括与私营企业就提供公用事业服务而签约。此外，公共服务的提供者——公有的和私有的——在满足需求时不仅要事半功倍，同时还要保持高质量的服务。全球追求新公共管理所要获得的回报，是发展出有道德的、有积极性的公务人员，他们在经济全球化所要求的风险承担、公私部门的合作伙伴关系、稀有资源管理、战略规划和持续学习的技能方面得到了培训。新公共管理要实现的最终目标，是一个复兴的、现代化的公共服务和公用企业治理体系，它能够对所有利益相关者的需求负责并做出回应。

小　结

　　"公用事业"一词被用来描述多种多样的公有的和投资者所有的组织，它们向居民消费者、工业和商业客户以及各种政府组织提供某种特定的基本服务。美国最高法院对由公用事业提供的服务所做出的裁决，导致这些服务被认为"事关公共利益"，并因此需要政府管制。

　　公用事业与其他商业组织至少在六个方面存在不同。（1）公用事业被依法要求服务于其市场区域的所有客户，并不得歧视；（2）它们一般来说既非专门营利的，也非完全不营利的，存在着这两种类型组织的混合体，并经常携手并进；（3）公用事业的收入经常包括来自向客户收取的费用、股票和债券以及（或）税收等收入的混合；（4）公用事业是经济组织，因为存在着生产的经济成本和产品供应的价格，无论参与该产业的组织具有何种所有制形式或治理形式；（5）公用事业经常采用依法批准的歧视价格；（6）公用事业产品的价格或服务经常并不反映市场的供需因素。

　　公用企业被要求向每一类用户提供同样的福利，但用户们并不总是从公用企业的产品中享受到同样的福利；例如，私房业主经常被收取比工业用户更高的服务费。尽管有这种依法批准的价格歧视，但由公用企业向其所有客户收取的费用必须被监管者和普通公众视为"合理"。对公有的公用企业来说，价格经常为了政治目的而被人为地保持在较低水平，并不考虑其服务的真实成本。对投资者所有的公用企业来说，各种公共委员会要综合考虑所有由该公司提供的成本数据来证明其收费标准的正当性。被管制的公用企业被允许在被其接受的运行成本之上加上法律所确认的最低限度的利润。

公用企业区别于所有其他形式的经济组织的一个根本的经济原则，是自然垄断原则。在经济学中，存在着两种类型的垄断：自然垄断和人为垄断。当某家单一公司能够以比多家公司服务于同一市场时所可能有的更低的成本和价格供应该市场时，就出现了自然垄断。公用事业是一种自然垄断这一概念，是在进步时代的改革运动中被普遍采用的，当时，联邦政府开始对如何控制大型的商业企业、卡特尔、托拉斯和早期的公用企业的过分扩张进行实验。

公用事业改革运动包括四项主要内容：(1) 限制行政部门的自主性，以增强政府对民众政治要求的回应；(2) 引入以绩效为基础的管理原则和做法，以改善运行的效率、有效性和可靠性；(3) 增加运行的透明度，扩大个人的公共参与；(4) 广泛放松管制。从总体上看，这四项内容构成了现在所说的"新公共管理"的基础；它们不仅影响着公有的公用企业的管理者，而且影响着投资者所有的公用企业的管理者。

进一步阅读的文献

Chandler，Alfred O. Jr. (1994)，*Scale and Scope：The Dynamics of Industrial Capitalism*，Cambridge，MA：Harvard University Press.

Colburn，David R. and George E. Pozzetta. (eds.)，(1983)，*Reform and Reformers in the Progressive Era*，Westport，CT：Greenwood Press.

Ely，Richard T. (1910)，*Monopolies and Trusts*，New York：Macmillan.

Glaeser，Martin G. (1957)，*Public Utilities in American Capitalism*，New York：Macmillan.

Morison，Samuel Eliot (1965)，*The Oxford History of the American People*，New York：Oxford University Press.

第 2 章

公用事业面临的政策挑战

　　对公用企业的管理者来说，决策可选方案的范围是由必须作出决策时的各种现存政策来限定的。公共政策被定义为"政府机构或官员为解决公众所关心的事项而遵循的一个有目的的行动过程"（Cochran et al. 1996, p. 1）。有两个层次的政策指导着公用企业管理者们的日常组织行为：内部的政策和外部的政策。内部的政策包括影响着经营性企业的那些常规层次的组织和管理政策与程序。高级管理层和董事会的愿景、组织的使命、组织的资源，以及现存的组织氛围和文化，形成了内部政策。外部政策是对周围环境的反映，这种环境形成并限制了管理政策的可选范围。外部政策的形成主要受到当时的政治环境和公众态度环境的影响。例如，税收政策、投资政策、反托拉斯政策，等等。

　　公共政策并不是一个静态的概念。政府和公民在那些影响社会或社会特定领域的态度、意向和行为上的改变，不断地生成和修正着公共政策。有许多类型的公共政策，例如国家的产业、教育、福利、公共安全、环境、能源、水务政策，等等。公共政策也影响着由联邦、州和地方政府所通过的各种类型的法律。它也为负责实施法律的政府机构提出各种规章和规制提供了框架，而且也为实施法律过程中经常伴随的法庭判决提供了框架。对所有层次的政策的研究，被称为政策分析。

公共政策受到公众舆论的很大影响。例如，在公用事业发展的早期阶段，正好遇到了要求对所有公共服务和自然资源实行公共控制的声势浩大的热潮。与此同时，公共政策也倾向于支持政府取得公用企业所有权的观点。在进步主义时代改革的浪潮之后，公众对经营的负面态度消退了，这导致在公用事业所有权问题上的公共政策也逐渐软化。公共政策还影响着管制内容和程序的数量与形式、选址和公共事业的税收，以及其他公共服务的运作事项。

另外，组织的或企业的政策指的是这些运营方针，它们设定了组织的使命和基本运营方式。例如，治理政策、组织经营产业的选择、资产与负债的财务偏好，以及内部和外部的发展方针，等等。这一层次的政策，是由组织的董事们决定的，也受到首席执行官的态度和偏好的影响。

组织政策通常会在领导者的愿景和组织使命的陈述中明确表达出来。组织的使命经常是通过自下而上的过程产生的，在这一过程中，组织的所有机构都被鼓励参与。管理政策指的是具体的规章、规定、程序和做法，它指导管理者和员工的人际间和组织间的行为；例如组织的雇佣和升迁政策，与工会谈判的政策，以及对歧视和骚扰问题的政策，等等。

管理政策之间冲突的挑战

由于政策不止在组织的一个层次存在，因此，当指导方针发生冲突时，管理者经常面临决策上的困境。在所有的政策层次上，不同政策的提倡者们为接受和采纳政策而相互角力。例如，在解决居民不付公共事业费的问题上，可以发现四种不同的政策（Hyman et al. 2001）。传统的政策——收取模式——采取"不付费，不服务"（no pay, no service）的市场化路径。采用收取模式的公用公司在对付那些不付费的客户时，采用的办法是发出过期通知，威胁终止服务，以及最终停止服务。

第二种公共政策路径被称为分期偿还模式，它是基于这样的假定，即不付费问题的存在是由于一些预先存在的社会环境。该模式允许公用企业采用适当的过程程序来通知和终止服务。没有要求对客户进行付费帮助，监管机构允许在不付费的情况下终止服务。

第三种政策路径是转移支付/财政援助模式，它是基于这样的社会理论：公用事业服务是生活的必需品，其提供与否不应仅仅基于客户支付该服务的能力。相反，所有的公民对基本的公用事业服务都享有基本的权利，而不论他们的收入如何。根据这一方式，政策、非营利组织和私人捐助可以一起来为贫困客户支付最低限度的服务提供补充收入。通常并不要求公用企业本身支付该服务的所有成本。这一模式还通过促进减少或限制对公用服务的消费，来进行资源保护。

海曼（Drew Hyman）等人确认了第四种政策路径：物理环境模式（physical environment model）。这一路径依靠增强房屋的隔热保温能力、环境保护和减少使用，与公用企业一起来努力减少其成本。采用这种共同努力的做法，旨在使人们更有能力来支付账单。

公用事业管理者的问题是：这些模式中的任何一个都可能在任何时间存在于给定的服务领域。此外，随着新董事会的选举或具有不同政策和经济偏好的管理者的任命，现存的政策可能会一夜之间发生改变。在一些不同领域服务于客户的公用企业可能发现自己不得不在运营中采取不止一种模式。

公共政策的重要性

显然，对于那些参与提供公用产品或服务的组织来说，认识到并理解公共政策，具有特别重要的意义。由于公用事业对社会是极其重要的，它们通常要比其他行为受到更多的公众监督，只有大规模杀伤性武器的生产可能是例外。这种公众监督的公开实施，是与公共政策的制定和实施结合在一起的。本章集中讨论公共政策以及政府采取的公开行动，这些行动体现了在该行动时期具有效力的公共政策。

关于公用事业的公共政策的结果，表现为那些生效的法律、采取的监管行动、宣布的法庭判决以及立法机构和公众就公用事业的运营和事项所表现的行为和态度。特别要注意的是，公共政策很少会保持不变，它们总是在变化。政策变化的出现，经常是由于某些灾难性的事件，诸如2000—2001 年冬天加利福尼亚的能源危机，1966 年和 2003 年美国东北部和加拿大的停电，以及 1929 年 10 月股票市场的崩盘以及其后出现的大萧条。

放松管制的浪潮和强制实行的公用产业各部门的结构调整，代表了20 世纪最后 20 年的特点。它们是由外部事件偶然导致的公共政策转变方向的例证。20 世纪 70 年代的关键性事件，是中东石油供应的中断，以及原油价格的四倍增长。由于这些事件给经济体系带来的震撼，能源政策被确定为旨在减少国家对外国石油的依赖。

变化的公用事业政策

在美国 200 多年的历史中，对公用事业的公共政策经历了许多变化。在 19 世纪末之前，联邦制定的公用事业政策并不具有重要的意义。从南北战争到 19 世纪末，美国不再以农业为基础，而逐步转变为城市化的工业国家，就像它在 20 世纪初的那个样子。在这个转变的过程中，这个年轻国家的经济在越来越大的程度上被少数几个大的工业、交通和金融巨头控制（Chandler and Tedlow 1985）。在这些巨头中，包括那些将要成为为公用产业提供能源的部门。

从 19 世纪 80 年代开始直到 19 世纪末，公用产业很少受到公众的关注。政府和法院采取的主张是：公用事业是提供基本公共服务的自然垄断行业。只要这种服务一直保持不断，并且基本上能够承受得起，政府就倾向于采取对所有经营行业都一样的不干涉政策。这是一个全美国都在进行城市建设的时期，城市的发展要求可靠的能源、电力和卫生设施的充分供应。

在 19 世纪后半叶，驱动经济的主导产业是铁路、钢铁和煤。不受约束的资本主义是这一国度的法则（Parrington 1963）。到 1900 年，美国发展出了二元经济，以居于中心的大经济产业为主导，在其周围环绕着各种小生意。这些巨头产业的领导者们对权力的掌控是显而易见的。例如，在 1883 年，正是全国的铁路确立了国家的四个时区，从而使其时刻表有了统一标准。联邦政府只是默许了这一决定。三年后，当铁路管理者们聚集在一起达成关于标准规格铁轨的协议时，政府同样采取了默许的方式。然而，铁路及其背后的那些金融机构的一些做法，最终被认为有害于国家的整体经济，因而要求政府进行干预和控制。法庭的裁决认为，铁路及其相关的服务，如升降机谷仓，"事关公共利益"，基于此，联邦政府认可了早期的国家管制行为。铁路是第一个被州和联邦同时管制的产业。

传统的公用产业——电力、煤气和天然气、水和卫生设施以及电话通信——形成托拉斯的第一次高潮开始于 1866 年，当时国家的三大电话公司合并成西联合公司（Western Union）。电话、煤气制造、油和电力工业几年后也如法炮制。在这些领域的早期创业者们建立产业来投资于他们的发明创造。例如，查尔斯·F·布拉什（Charles F. Brush）发明了弧光系统，并于 19 世纪 70 年代建立了布拉什电气公司（Brush Electric Company）。高中科学教师埃利胡·汤姆逊（Elihu Thomson）和 E. H. 休斯顿（E. H. Houston）对布拉什系统进行了改进，并于 1883 年建立了汤姆逊-休斯顿电气公司（Thomson-Houston Electric Company）来生产电气设备。汤姆逊-休斯顿公司很快吸收兼并了许多小型的制造商，并迅速在该产业取得了主导地位。

托马斯·爱迪生（Thomas Edison）1879 年发明了白炽灯，获得了 50 万美元的投资资本，建立了生产和销售电灯泡的爱迪生电灯公司（Edison Electric Lamp Company），以及安装发电机和照明系统的爱迪生电气公司（Edison Electric Light Company）。1892 年，这两家爱迪生公司合并成爱迪生电气总公司（Edison General Electric）。该公司于 1882 年在纽约开了一家蒸汽发电厂，为街道、商业和一些居民客户提供直流电照明。汤姆逊-休斯顿电气公司最终于 1892 年与爱迪生电气总公司合并。1889 年，爱迪生从该公司撤出，他的名字也从公司名称中划去。

不受约束的发展和各种技术问题，最终迫使国家、州和地方政府对公用事业提出并实施了标准的政策。对电力产业来说，主要的问题是电力不能有效地被储存。发电厂建设的发电量必须比所需的发电量至少多出 15％才行。在该产业的早期阶段，爱迪生的直流电系统与乔治·威斯汀豪斯（George Westinghouse）的交流电系统进行竞争。煤气的价格十分昂贵，只有商业、政府和一些富有的私人公民能够承担得起。

只有很少的管线将天然气从其发现地输送到其所需地。在安全的供水系统能够获得保证之前，从浅井中泵出的水经常传播疾病。最终，市民领袖（civic leaders）和改革者迫使联邦政府、州立法者和市政会承认它们对提供安全、可靠和稳定供应的公用服务所承担的责任。公用事业政策成为了此后政府主要关注的事项之一。

公用事业政策的推进

政府最初对公用事业的政策，是在政府转变对一般商业的态度这个更大的框架之中具体形成的，这种态度转变发生于 19 世纪的最后十年。一些州对铁路运营所采取的一些管制措施，迫使联邦政府不得不审视其对商业经营所采取的自由放任的传统政策。州立法机构通过了相关法律，旨在纠正所发现的贸易限制、不公平的和歧视性的价格，以及托拉斯的反竞争行为。

这些以及其他相似的政策变化，整体上被融入进步主义时代改革的旗帜之下。这导致中西部以北各州通过了《格兰其法》（the Granger Laws），该法是以其支持者组织全国农民保护者协会（the National Grange of the Patrons of Husbandry，也译"格兰其协会"）来命名的。这些法律创建了管制铁路价格和终止歧视性商业行为的州委员会（Bryant and Dethloff 1990）。美国最高法院随后在 1877 年的穆恩诉伊利诺伊案中支持早先的州法。但是，到 1886 年，各州管制铁路的权力被各种上诉以及随后的法庭裁决严重削弱。在 1887 年，联邦政策回应公众对增加管制的要求，通过了《州际贸易法案》（Interstate Commerce Act），它建立了州际商业委员会（Interstate Commerce Commission，简称 ICC）。该委员会被授予管制铁路系统的职责。

早期私人投资铁路和公用事业服务的那些发展商，受到了市民领袖们的热情支持。他们中许多人发现，这些基本的服务也提供了一种个人致富的方式。特许经营权被出售给那些出价最高的竞标者，而回扣、好处费和行贿被认为是做这种生意的正常代价。普通市民在设计和建设网络系统方面没有什么发言权。客户们被告知，根据他们所住的区域，有哪些水、电、气组织会向他们提供服务，以及他们要为这种服务付多少钱。

美国公用事业服务体制采取了三种主要的所有制形式：私有制（后面称为"投资者所有制"）、公有制（通常是市政所有）和合作所有制。大多数供水和卫生服务都采取了市政所有制（municipal ownership）的形式，而煤气和天然气系统、电信系统以及电力能源网络，包括动力和街道照明，倾向于由私人个人或公司来建设，尽管在一些城市中，特别是在西部和中西部以北，所有公用事业都一律采用市政所有制。第三种组织形式——合作所有制（cooperative ownership）——出现于一些小的市场，由于利润微薄，很难吸引商家的兴趣，地方政府又缺乏财政能力或规模来保证市政所有制。合作所有制现在仍然存在，但主要是在那些小型供水和卫生系统中。

公用企业的董事们和经理们对下述这样的事项通过秘密会议作出决定：（1）所有制的形式（控股公司或子公司）；（2）出售证券的数量、种类和时机；（3）如何做出服务（即是自己做出还是购买后再出售）；（4）是否以及何时建造新的设施；（5）如果需要新的生产能力，应当将其设置在什么地方；（6）新的传输线、管道和配送网络设施的类型和坐落地点；（7）对每一类型的客户应当收取多少费用。这些几乎不存在什么竞争，因为政策制定者认为，在同一服务区域建立重合的系统是没有效率的。既没有州公用事业委员会也没有公众听证会来提供监察服务。

根据联邦储备银行经济学家理查德·马顿（Richard Mattoon，2002）的观点，有充分的理由来维持这种结构。一般来说，公用事业一直是一个资本密集型的产业。勘探、钻取、泵出和储存天然气需要大量资金；修建水库、水处理厂、导水管和输送管线需要大量资金；建造发电厂、输电线路、街道的交通和照明系统也需要大量资金。一旦配送网络建立起来并开始运行，对它们的适当维护也需要很高的成本。公用事业的基础设施是昂贵的，需要长期的投资。为了满足它们的强制性要求，以便在它们运行的区域内提供及时和周到的服务，就需要保证公用企业有能力分期偿付它们长期的大额投资。

电力政策

在 20 世纪的前 25 年，公用事业迅速成长。在来自欧洲的低收入移民潮的推动下，美国工业在该时期成为世界的领导者。工业需要不间断的能源和原材料供应；工人需要可靠的公用事业服务，包括照明、供水和交通。公用事业的发展满足了这些要求。

人们要求以可承受的价格提供不间断的服务，政府政策对此的回应是承认公用企业的垄断地位，为它们分配明确的服务地理区域，保证它们的投资得到合理的回报。然而，由于垄断本身具有被滥用的可能性，公用企业最终还要服从严格的监管，以防止它们滥用垄断定价的权力。同样的理性原则最终被用于所有网络化产业，包括供水、煤气与天然气，以及电信。在大多数情况下，这导致了一种有利于监管的环境，在这种环境下，公用事业被赋予了垄断地位，反过来，其定价结构要基于"公正与合理"（just and reasonable）的费率。协议的价格反映了公用企业的生产和输送成本，并为所投资的资产提供公平的回报率（Mattoon 2002）。

随着 1929 年股票市场崩盘以及随后而来的经济大萧条，对公用事业的公共政策也随之发生了转变。经济崩溃的牺牲者之一，是由塞缪尔·英苏尔（Samuel Insull）组建的以芝加哥为大本营的电力和燃气控股公司王国。英苏尔早年强烈支持州将公用事业作为自然垄断行业加以管制。在其巅峰时期，英苏尔的公用事业控股公司王国所控制的公用运营和服务公司大约有 60 万投资者和 50 万公司债持有人。到 1930 年，他的公司净值超过了 30 亿美元，服务的客户遍布 32 个州的 5 000 个城镇。该王国于 1932 年倒闭，使成千上万投资者的财务遭遇灭顶之灾。1935 年颁布的《公用事业控股公司法案》有效地终止了公用事业控股公司，使联邦政府能够对公用产业实行更大程度的监管和控制。在接下来的 10 年中，政府提高了它对所有类型的商业企业的控制力度；在这一时期，政府在公用产业中扮演了一个特别重要的角色。

在富兰克林·罗斯福执政时期，联邦政府更深地卷入公用产业，建立了巨大的公用项目和网络，包括田纳西流域管理局（Tennessee Valley

Authority，简称 TVA）和波纳维尔电力管理局（Bonneville Power Authority，简称 BPA）。它们是政府的公司，而不是政府的机构。1936 年《乡村电气化法案》（Rural Electrification Act）的通过，给全国偏远的农场、乡村和小城镇送去了电力；有电的农场从 1935 年的不足 10％增加到 1955 年的接近 94％（Farris and Sampson 1973）。

天然气政策

对天然气进行管制的第一个重要法案，出现于美国参加第二次世界大战的前几年。1938 年的《国家燃气法》（National Gas Act，简称 NGA）建立了联邦能源委员会（Federal Power Commission，简称 FPC）来管理天然气输送管线，但天然气的井口价格（price of gas at the wellhead）仍然不在管制之列。战后的经济增长，导致了扩大天然气管道输送能力的需求，它反过来使得 20 世纪 40 年代后期和 50 年代的大部分时间出现了零售价格的过快上涨和燃气短缺。联邦能源委员会拒绝建立最高限价，认为它无权参与定价。公众对缓解价格和供应问题的要求，导致 1954 年最高法院作出判决〔菲利普斯石油公司诉威斯康星州案（Phillips Petroleum v. Wisconsin），347 U. S. 672〕：《国家燃气法》可以被用来管制燃气管道和井口价格。该判决解决了价格问题，却没有解决供应问题。为了改善燃气供应的可靠性，菲利普斯判决导致联邦能源监管委员会（FERC）对天然气生产商生产的所有商品实行管制。最初的结果是监管上的困难和价格上的扭曲，它持续了 20 年，并最终导致燃气短缺。1978 年的《天然气政策法案》（Natural Gas Policy Act，简称 NGPA）试图解决这些问题。然而，规制改革是分步进行的，它使得对一些燃气供应放松了管制，但其他方面仍在联邦的价格控制之下。该产业回应以"照付不议"（take-or-pay）合同，它导致燃气管道公司有超过 200 亿美元的已付款合同责任，但却无法以反映其成本的价格销售给分销商或其他客户（Showman 2004）。

新的政策转变

对公用产业的另一个重要的政策转变开始于 20 世纪 70 年代，天然气产业成为受到这一新政策影响的第一个产业。1978 年通过的《天然气政策法案》建立了一个新的管制机构，联邦能源监管委员会，取代了原来的联邦能源委员会。当《天然气政策法案》所具有的权力改变了 1954 年的菲利普斯判决时，对天然气井口价格的管制被解除了。结果，燃气生产迅速增长，价格下降，到 1985 年，天然气的生产过剩取代了长达数十年的短缺。

1978 年通过的影响天然气产业的第二个立法，是《外大陆架土地法案》（Outer Continental Shelf Lands Act，简称 OCSLA）。该法要求输气管必须对所有的运输者提供开放的、无歧视的供气机会，而不论他们是否对该管道拥有任何所有权。这使得燃气管道开始竞争。

开放输气管道的趋势在 1985 年被进一步扩展，联邦能源监管委员会颁布了第 436 号令，要求输气管道向其他公司生产的燃气开放运输。它使得天然气的供应与燃气的运输分开，允许燃气的买家与生产商直接谈判价格，然后与管道公司再订立单独的燃气运输合同（*Platts Global Energy* 2004）。联邦能源监管委员会 1987 年发布的第 500 号令确认了供应商与客户之间的照付不议合同。由于照付不议合同要求买方即使在得不到燃气供应的情况下也要照付一部分成本，因而现在被视为为双方提供了长期的稳定关系。这些发展导致了各种燃气营销公司的建立。营销公司通常与任何燃气公司都没有关系，它们在燃气的买方与其他生产部门之间提供中介服务。

20 世纪 80 年代出台的最后一个关于天然气的政策文件，是 1989 年的《天然气井口价格解除管制法案》（Natural Gas Wellhead Decontrol Act）。这一法案导致了对所有井口价格管制的逐渐取消；它要求到 1993 年的 1 月 1 日取消所有的价格控制。燃气价格从那时就开始在市场上自由定价了。

在 20 世纪 90 年代早期，出现了两个重要的进展。第一个是 1991 年的《建议规章制定的通告》（Mega-Notice of Proposed Rulemaking，简称 MegaNOPR）。联邦能源监管委员会用这个通知正式要求燃气消费者和燃气产业提交促进燃气管道运输建设的建议和评论。该通知发布的下一年，联邦能源监管委员会又发布了第 636 号令——《结构调整规章》（Restructuring Rule）。这一法令更全面地解除了对该产业燃气供应和运输部门的约束；它导致了州际管道产业的重大结构调整，将销售服务与运输服务分离开来。顾客现在可以在任何竞争者中选择供气服务和运输服务，并且可以选择任何数量并以任何方式来组合这些服务。这从根本上消除了对照付不议合同的需求。第 636 号令最重要的副产品就是大幅度地增加了燃气的勘探和输气管道的建设，使得价格大幅度下降，并使该产业的参与者能够获得更大的利润。

2000 年，联邦能源监管委员会发布了第 637 号令，它通过解决产能销售市场（capacity release market）缺乏效率的问题，来解决该产业结构调整中的一些矛盾。客户现在可以在就供货和输送合同进行谈判的同时，在其他市场上为获得更优惠的条件而进行谈判，以此作为一种价格避险的手段（price hedge）。天然气商品市场现在是在纽约商品交易所（New York Mercantile Exchange，简称 NYMEX）进行交易。

美国天然气市场的放松管制，被认为是成功的，并被作为其他公用企业进行结构调整的政策典范。在 2004 年，该产业包括大约 8 000 个独立的生产商，160 个管道运营商经营着 28.5 万英里的管道，1 500 个地方公用分销企业经营着 83.3 万英里的管道（ABS Energy Research 2004）。

联邦水务政策

目前美国在公用水务产业方面采用的公共政策，比能源和燃气产业中正在进行的放松管制计划受到了更少的打扰。目前，没有任何联邦机构在公用水务产业推行对服务的结构调整、放松管制或解除约束。然而，在那些产业中的结构调整压力，很容易给公用水务产业的管理者和员工带来更大的压力，迫使他们提高效率（Rubin 1998；Beecher 2003）。这并不是要说公用水务产业并不需要政府管制，实际上正好相反。公用水务产业要在三个不同的层面接受管制措施：水的质量、数量和价格。关键在于，政府对公用水务产业的管制完全不同于对电力和天然气的管制。造成这种差别的主要原因之一是所有制方面的不同。大约 75% 的电力产业和 80% 的燃气产业是投资者所有的，而在全国 53 400 个供水设施中，只有不到 10% 是投资者所有的；大多数供水系统是市政经营的。

能源产业的结构调整被视为降低电力生产成本的一种方式，它用低成本的生产过程，取代了陈旧的、高成本的、大产能的发电设备，在这些发电设备中，许多已经接近其使用年限，因而需要被替换、增加或大面积地修补。此外，较小的发电厂能够比水力发电厂、核电厂或燃煤发电厂更迅速地投入生产。公用水务产业面临的问题与此不同。建造一个新的水厂所花费的成本要大于它们所要替代的水厂。造成这种情况的一个主要原因，是由于 1974 年通过的《安全饮用水法案》（Safe Drinking Water Act）所导致的公共政策转变对水处理提出了更高的要求。由于这些原因和其他潜在的技术原因，水务产业从结构调整中享受不到电力和天然气产业所享受到的同样好处。在水务产业中，竞争的不断升级不会导致消费者费用的节省。

电力产业能够节约成本，是因为新的、更小型的能源的建造成本可以低于现存能源的平均成本。燃气产业的节约是可以实现的，是因为在许多独立的生产商之间生产成本可能存在着极大的差异。如果燃气用户从低成本生产商那里买来的燃气能够获得输送，就能使他们大幅度降低获取燃气的费用。另一方面，联邦有关卫生和防止恐怖主义的立法，使得建造新的收集、储存和净化水的设施变得非常昂贵。此外，使成本增加的还有对更大水厂的需求；净化和储存设施必须尽可能集中化，以便控制供水成本。城市化使得实现这一切变得更加困难和昂贵，因为在靠近服务区域的地方为新水厂购买土地的成本很高。斯科特·鲁宾（Scott Rubin）用下述话语总结了这些差异所带来的影响：

> 总而言之，水生产的技术和水本身的特征，使得很难以能源产业结构调整的同样方式对水务产业进行结构调整。多个不同的供水商服务于同一市场并相互竞争客户，这样的局面很难出现（Rubin 1998, p.10）。

与能源产业不同，水务产业的结构调整更容易的构成方式是：将水厂的所有权与水的输送和分销相分离。这已经在一些地方出现了，那些独立于分销商的公司已经建设了新的水处理厂。然后，水处理服务工作被卖给分销商，而分销商不需要考虑为满足不断增长的需求而建设新的设施。在另一些地方，城市将供水系统承包给私人公司，而供水系统的所有权仍掌握在城市手中。

推进公用产业的结构调整

在吉米·卡特执政时期，美国的公用事业政策开启了一个新的篇章，制定了三个重要的公用事业立法：（1）《发电厂和工业燃料使用法案》（Power Plant and Industrial Fuel Use Act，简称 PPIFU）；（2）《天然气政策法案》；以及（3）《公用事业监管政策法案》（Public Utility Regulatory Policies Act，简称 PURPA）。《发电厂和工业燃料使用法案》禁止使用油或天然气作为任何新发电厂的能源；其意图是保存天然气，将其用于取暖和其他具有更高价值的使用方式。《天然气政策法案》解除了对新开发的天然气的价格管制。1978 年通过的《公用事业监管政策法案》向非公用发电公司开放了电力批发市场。《公用事业监管政策法案》的目的是帮助减少美国对外国石油的依赖，为供应电力生产的新能源提供支持，并由此降低电价。电力生产供应方式的不断多样化，也被认为是减少国家依赖外国石油的一种方式（Smeloff and Asmus 1997）。

《公用事业监管政策法案》还呼吁对传统上被完全管制的一体化电力和燃气体系进行结构调整。结构调整的支持者们引用了其他网络化产业结构调整的成功案例，包括天然气、航空和电信业，以此来论证在公用电力产业引入竞争的正确性。他们要求公用企业购买那些使用非传统发电方法的非公用产业生产的电能。这为投资于像风力发电、地热和生物蒸汽涡轮发电机、燃料电池和燃气涡轮这样的非传统方法提供了财政上的激励。在电力生产中引入竞争的好处，据说包括改善发电的效率、使供应多元化、促进创新，甚至还包括降低价格。支持者们主张，开放批发市场的成功，最终将被扩大到零售市场，使得零售市场上的所有消费者都有机会选择他们的供应商，挑选最适合他们个人需求的供电服务。

在 1998 年，非公用企业的发电量已经占据全国总发电量的 11％，为电力系统输送了 4 060 亿千瓦时电力。在《公用事业监管政策法案》之后，1992 年又通过了《能源政策法案》（Energy Policy Act，简称 EPAct）。《能源政策法案》一方面要进一步推进批发管制的解除，对非公用企业开放传输的途径。反过来，被管制的公用企业也被允许在其服务区域之外建立新的商业电厂。

公用产业结构调整的另一个里程碑，是联邦能源监管委员会发布的第888 号和第 889 号令。这两个法令都是在 1996 年发布的，它们通过消除地方公用企业对传输的垄断控制，为增加非公用企业的参与铺平道路，以促进批发竞争。这些法令所产生的综合效应：要求控制传输的公用企业建立开放的传输路径、无歧视的传输价格，并向现存的和潜在的用户提供平等享有的传输信息渠道。这些法令也开始了"拆分"现有公用企业职能的过程，它们将电力传输作为一项单独的服务，与电力的生产与分销分离开来。传输线路的开放是公用产业结构调整具有重要意义的一步。

到 1999 年，联邦能源监管委员会通过了第 2000 号令，将开放高压输电线路网的事项向前又推进了一步。这一法令鼓励各州建立区域性输电组织（regional transmission organizations，简称 RTOs）来改善多州域的高压输电网运作。区域性输电组织是作为一种独立的多州域组织来经营特定地区的高压输电网的运营。这一法令为有关区域性输电组织必须能够发挥的八个基本职能提供了具体的（且自愿接受的）指导，但该法令仍然让各州和各公用企业来建立地域性的要求（区域性输电组织可以服务多大的区域）和区域性输电组织的治理结构。在 2001 年，联邦能源监管委员会明确地表达了它的目标，要求只建立四个非常大型的区域性输电组织来覆盖整个国家的高压输电网。它提出的八项基本职能是：

1. 负责价格的管理和设计
2. 压缩管理层
3. 平行的路径流程
4. 辅助性服务
5. 总输电能力和可用的输电能力
6. 市场监管
7. 计划和扩建
8. 区域间合作

在理论上，将公用企业传统的一体化职能——电力的生产、传输和分销——分割为分立的职能，会面临交叉补贴（cross-subsidies）和效率低下的问题，并且发电厂商之间的竞争会使所有类别的客户都能获得更低的价格。结构调整要求的是仅在电力生产方面引入公开的市场竞争，输电和分销服务仍然要受到不同程度的管制。到 2000 年，近一半的州推行了某种形式的结构调整。然而，最近发生的几个事件减弱了人们放弃传统的严格管制和一体化的公用企业系统的热情。在这些事件中，最突出的一个就是加利福尼亚电力危机。该州由于一系列的事件而成为了每天的头条新闻，其中包括有问题的结构调整方案，它使加利福尼亚面临大幅度的涨价、大停电的潜在危险和公用企业的破产。

喜忧参半的结构调整结果

无论公用事业的产品和服务是怎样的类型，它们的服务都包括三个相似的成分：生产、传输和配送。对于电力来说，生产意味着发电。发电要靠水力发电系统中的落水，靠使用矿石燃料、地热能源或核能源的汽轮发电机，靠风力发电机，还靠使用天然气或丙烷燃料、太阳能收集器、燃料电池和其他燃料的燃气涡轮发电机，等等。天然气来自于油气井，它经常是石油生产的副产品。到目前为止，在美国消费的淡水，或是来自用大坝拦起的水库，或是取自河流，或是来自井中的地下水。尽管饮用水源在任何地方都变得日益重要，但在 2004 年前，美国的海水淡化还不是非常普遍。少量带有很高盐分的井水，或是仅限于农业使用，或是被进行化学处理，并与低盐水混合在一起，然后分配给居民或商业用户。

对于所有三个公用产业来说，传输是相似的。电力靠高压输电线路来传输；燃气靠大容量的输气管道来传输；水靠水管或沟渠来传输。配送也是相似的。电力靠高架的低压输电线或地下的电线来配送；燃气和水通过地下的管网来配送。

传统的公用网络倾向于由垂直一体化的公司来提供所有这三种服务：生产、传输和配送。一些观察家和政策制定者感到，这种体系导致了对居民用户收取更高的费率来补贴为大型工业用户的生产和（或）传输产品的成本。居民用户被认为受到了价格歧视，因为公用产品的商业和工业用户价格低于居民用户价格。而且，一体化的公用企业能够阻止竞争者使用其私有的传输和配送设施。这被认为导致了规模无效率（scale inefficiencies），并进一步推高了公用产品的价格。

在 20 世纪 80 年代和 90 年代出现的公用产业结构调整行动，其实施是为了解决人们所感受到的价格歧视，降低公用服务非必要的高价格。这一政策转变导致了产业的结构调整，而这种政策转变的驱动力来自于缩小政府规模、问责以及公共服务管理中的市场效率这些因素结合形成的全球趋势。这种多层面的运动体现为全球性的放松管制和市场竞争趋势，它就是持续至今的所谓新公共管理运动。

今天，公用事业的结构调整政策看上去似乎有点像一场噩梦。在 2002 年加利福尼亚遭遇那些问题之后，一些州将它们的结构调整计划暂停了。美国国会没能通过 2003 年的《能源政策法案》。《能源政策法案》除了具有大量其他特点之外，还要建立"国有电力传输通道"（national interest electric transmission corridors），并授权能源部（DOE）发放在该通道上建立传输线的许可证。

为了方便建设任何所需的新传输线路，在该法案中包括了政府为公共用途征用私人土地——予以公平的补偿——的法律权利［征用权（the right of eminent domain）］。公用企业或传输经营者以外的各方将被允许资助能源部所有的新的传输线建设。回报将来自于向用户的收费。此外，为了保证传输费率的条款和条件不带有歧视性，联邦能源监管委员会将被授权监管那些不受管制的公用传输企业。不受管制的公用传输企业是公有的，它包括像波纳维尔电力管理局这样的组织。如果 2003 年的法案被通过，它就会要求不受管制的公用传输企业提供与受管制的公用企业同样的传输费率、期限和条件，这样便消除了这二者之间的任何竞争。

有待继续的工作

要使结构调整得以继续，政策制定者们需要回答下列几个问题（Mattoon 2002）：

● 生产和传输的物质性基础设施是否充分支持新的市场进入者和一个竞争性的市场？

● 是否存在对投资于新的公用设施的激励因素？如果存在，它们是否充分？如果不充分，如何能够改善这些激励因素？

● 是否必须建立新的机构，使得新的结构能够输送其服务？这些新机构应该是联邦的、地区的或州的机构，还是准公共机构？现有的管理机构的角色是什么？

● 结构调整是否应当使消费者承受公用事业价格的变化，甚至承受这些价格的急剧变化？

● 在满足环境目标与生产更多的电力、天然气和清洁水之间具有何种关系？二者能否成功共存？

此外，政策制定者需要考虑公用消费者在所有结构调整计划中的角色。要使结构调整成功，消费者需要知晓以市场为基础的合法的价格变化，并能够对价格的差异作出反应。在生产、传输和配送成本方面要进行根本的变革，需要将表明其结果的各种价格信号传达给消费者，使其有机会据此表达他们的意见。

公用企业治理与公共政策

在美国，公用企业的治理体系是支离破碎的。其最主要的组成部分，是大型的、垂直一体化的（vertically integrated）、由投资者所有的公用企业，它们负责为用户生产、传输和配送电力。然而，结构调整正在快速改变这种图景。大型的垂直一体化的电力公司正在变成过去。越来越多的国家电力是由独立的非公用事业组织来生产的。其中一些生产商的规模相当小。

该产业的最大改变出现在传输部门。大部分电能由地区传输组织来传输，它们是独立的组织，并被联邦能源监管委员会要求传输所有发电者生产的电能。在这个过程最末端的是配送和营销公司，在结构调整瓦解了先前垂直一体化的投资者所有的电力公司之后，它们仍然存在。然而，其他形式的公用电力所有制也在这种环境下发挥着作用，包括市政所有制、合作所有制，甚至还包括像田纳西流域管理局和波纳维尔电力管理局这样的联邦公用电力机构。

在公用燃气产业，大量的独立生产商在井口收集天然气。在配送的一端，将燃气分销给用户的方式与电力领域非常相似：是由投资者所有的当地分销公司来配送。该领域最大的不同之处在于传输系统。用户可以自由地直接从任何给出最优惠价格的生产商那里购买燃气；同时，为数不多的独立管道公司被要求提供开放的服务，将用户所购买的燃气运送（传输）到用户的交货地点。燃气产业的参与者几乎都是私人投资者所有的组织，只有很少几个市政所有的配送系统。

公用水和公用卫生设施网络系统在传统上是公共所有的、相对小型的系统，由市政来建设和经营。由于水是维持生命所必需，因此水的质量是该产业长期以来关心的主要问题。这导致在水的生产—传输—分销链中又多插入了一个环节：水处理。美国水务产业的结构调整比能源领域的结构调整缓慢得多。该领域的趋势并不是拆分各种服务，而似乎是整个系统的私有化。私有化模式当下在欧洲的绝大部分地区占有主导地位。一个典型的例子是在英国的剑桥，先前由市政所有的水务系统，其所有权已经归西班牙市政公司将近十年了。同样的模式不仅存在于欧盟、澳大利亚、新西兰和加拿大，而且存在于拉丁美洲和亚洲。

治理方式上的这些差异，对管制的结果具有重要的影响。由投资者所有的大型公用企业要受州公用事业委员会的监督，许多公共的电力局却可以免除这些要求。这种分裂的结构使得电力产业成为这样一个政策领域：它有许多参与者，却几乎没有集中计划或监督的权威机构，只有在那些割据的地区有所例外，在那里公共当局提供服务和监管。

未来公用事业政策的各项议题

电、气、水和卫生设施公用企业的全国协会和一些国际协会，是研究所有公用企业共同面临的以及每个产业独立面临的重大政策问题的论坛。这些协会每年年初召开会议，确认它们感到对它们的经营具有最重要影响的那些更紧迫的问题。全国公用事业监管者协会（National Association of Regulatory Utility Commissioners，简称 NARUC）于 2003 年 1 月 20—21 日举行的峰会就是一个例证。监管者们聚集在一起讨论他们面临的重大监管政策问题，考虑应对 在 2003 年及之后对各州最有影响的那些问题的可行方案。在全国监管研究所（National Regulatory Research Institute，简称 NRRI）作出的关于该次会议的报告中，确认了五个关键性的关注事项（NRRI 2003b）；其他公用事业协会也提出了相似的政策问题大纲。例如：

1. 联邦能源监管委员会提出建立一种"标准市场设计"（standard market design，简称 SMD），特别是这一概念的司法含义；

2. 各州对政府电信政策的见解；

3. 公用事业供应链的竞争对消费者保护和服务质量监管将会产生的影响；

4. 1935 年的《公用事业控股公司法案》的改革，导致了对各关联组织之间交易的监察，这种监察所具有的意义；

5. 能源和环境政策的实施与改变对州监管委员会将会产生的影响。

小　结

公用事业管理者的行为受到公共政策、公司政策以及企业或组织政策的影响。公共政策反映的是那些影响社会的政策制定者们的特定态度、意向和行动。公共政策的实例包括产业的、教育的、福利的、公共安全的、环境的、能源的、水务的政策，等等。公共政策影响着联邦、州和地方政府所通过的各类法律，并为实施这些法律的各种政府机构所提出的规章和规制提供了框架。

公共政策（public policy）本身又受到公众舆论的影响。公共政策也影响着监管内容和程序、选址决定、公用事业税收和其他公共服务职能及运作的数量和形式。

公司政策（corporate policy）指的是那些形成和规定一个组织的共同使命和基本运作的操作性指南。公司政策是由一个组织的董事们和首席执行官的行动来形成的。公司政策体现为领导者愿景和组织使命的表达。

企业政策（company policy）指的是指导管理者和员工人际间以及组

织间行动的具体规章、限定、程序和做法。由于政策在所有组织中存在于不止一个层面，当指导政策间出现相互冲突时，管理者经常面临决策选择的困难。

有关公用事业的公共政策的结果，体现在所通过的法律、所采取的监管行动、法院作出的判决，以及立法者和公众关于公用事业运作及其问题所表现出的行为和态度的特征上。此外，公共政策很少保持不变，它们总是处于变化之中。政策经常由于某些灾难性的事件而发生改变。

公用产业自 19 世纪 80 年代开始出现以来，在头 20 年很少受到公众的关注。政府和法院认为，公用事业是提供基本公共服务的自然垄断行业。只要这种服务持续不衰，并且总体来说还购买得起，政府就倾向于像在所有工商业中那样奉行不干预政策。

政府对公用事业的政策框架的最初形成，出现于 19 世纪最后 10 年政府对工商业总体态度的转变。这些政策转变是我们现在称为进步时代改革的一个部分。几个州监管铁路的做法，迫使联邦政府不得不审查其对工商业的传统的自由放任政策。各州立法机构通过的法律，旨在解决所面临的贸易限制、不公平的和歧视性的价格和托拉斯的反竞争行为等问题。

有关公用事业的公共政策的第二次转变浪潮，出现于 1929 年的股票市场崩盘之后。1933 年的《证券法案》（Securities Act）、1934 年的《证券交易法案》（Securities and Exchange Act）以及 1935 年的《公用事业控股公司法案》（Pubic Utility Holding Company Act），严格限制了公用事业控股公司的权力和行动范围。这些法律也使得联邦政府对公用产业采取了更严格的监管控制。在富兰克林·罗斯福总统执政时期，联邦政府第一次深度介入公用产业，发展了大型的公用项目和网络，包括田纳西流域管理局和波纳维尔电力管理局。

美国公用事业政策的第三次改革浪潮始于 20 世纪 70 年代晚期。三个重要的公用事业立法法案由吉米·卡特总统签署：（1）《发电厂和工业燃料使用法案》；（2）《天然气政策法案》；（3）《公用事业监管政策法案》。

20 世纪 80 年代和 90 年代所实施的公用产业结构调整行动，是要解决所感受到的价格歧视，降低被认为是非必要的高价格。这一导致结构调整的政策转变在很大程度上是由结合了各种因素的全球趋势所推动的，这些因素包括公共服务管理中的缩小政府规模、公众问责、绩效评估和市场效率。

进一步阅读的文献

Brown, Matthew H. and Richard P. Sedano (2003), *A Comprehensive View of U. S. Electric Restructuring with Policy Options for the Future*, Washington, DC: National Council on Electricity Policy.

Cochran, Clark E. , Lawrence C. Mayer, T. R. Carr and N. Joseph Cayer (1996), *American Public Policy*, 5th edn, New York: St. Martin's Press.

Jacobson, Charles David (2000), *Ties that Bind: Economic and Political Dilemmas of Urban Utility Networks, 1800—1990*, Pittsburgh: University of Pittsburgh Press.

Robinson, Colin (ed.) (2002), *Utility Regulation and Competitive Policy*, Cheltenham, UK and Northampton, MA, USA: Edward Elgar.

第 3 章

经典教材系列
公共行政与公共管理经典译丛

公用事业道德的挑战

研究者们在调查倒闭的能源贸易公司安然（En-ron）是否存在非道德交易行为时发现，在 2000 年到 2001 年的能源危机期间录制的录音带中，在长达 2 600 小时的录音谈话中存在一些犯罪性的陈述。这些录音表明，该公司的交易员在加利福尼亚和其他西部各州的能源危机期间，经常向用户收取过高的费用（Said 2004）。安然公司经常将他们交易员的讨论记录下来，以便在快节奏的、不择手段的交易中留下记录，作为交易纠纷时的证据。这些录音带记录了交易员吹嘘如何制造人为的传输管线拥堵，将能源运离那些需要的地区，谎称能源短缺和能源竞争以便抬升现货价格，以及将从能源的高价格中获利开玩笑式地说成是从"加利福尼亚那些穷老太太们"的口袋中偷钱。这种贪婪和操纵市场的证据，表明了在公用产业这个重要的领域中，广泛存在着道德准则的失灵。

随着这些和其他类似的道德沦丧现象的披露，公共和私人组织均受到了越来越多的监管和控制。对解除管理以及私有化的推动在全国的许多地方都被搁置——这一结果对整个产业都产生了重要的影响。公用产业管理者在道德准则上的这一危机，只是决定该产业好坏的诸种因素之一。此外，各地的公用事业管理者还受到外部因素的影响，这些因素源自全球的经济、政治、环保和社会环境。

政府机构的行政人员和投资者所有的公用企业的管理者们经常面临道德变革的要求，这些要求来自大众出版物、普通公众以及数量日益增多的支持改革的社会科学家。人们要求立法机构通过越来越严厉的道德法律和规范。所有类型的组织都被要求或被强烈敦促制定和采纳全面的发展教育方案，对管理者和员工的行为进行道德培训。道德改革的呼声直指各级政府，从美国总统办公室到最小的地方特殊服务区。

在公有和私有的公用企业中，道德问题包罗万象，从性骚扰到滥用公款或直接盗用几百万乃至上亿的美元。道德沦丧被媒体高调指责为公务人员总体素质低下的例证。这些例证包括报纸的新闻报道揭露出售总统赦免和外交护照（New York Times，June 17，2001；A1）；指控伊利诺伊的一个小镇的市长和其他 9 人盗用纳税人 1 000 万美元的税款；新泽西州的一名前市长因洗毒钱（laundering drug money）和从敲诈钱财者那里收受贿赂而被判有罪（San Francisco Chronicle，June 16，2001；A2 and A5，respectively）。公用企业和服务于公用产业的其他工商企业也免除不了在道德上行为不端的指控，安然之例就是一个明证。一些与安然公司有联系的能源公司也因在加利福尼亚能源危机中的欺诈交易而受到调查。

安然公司前副总裁谢伦·沃特金斯（Sherron Watkins）因向这个倒闭的能源交易公司的高级管理者发出警告而赢得声誉：用她的话说，这是一个"精心策划的账目欺诈"，是"我所见过的最恶劣的财务欺诈"。在 2001年该公司破产倒闭后，美国国会的调查人员发现了她那被埋在文件堆中的警告，并让她到华盛顿的美国参议院作证。安然公司首席财务官被指控在受雇于安然的同时，在一个投资合作公司 LJM 中成为主要合伙人。他在有限合伙基金中筹集了六亿美元，然后转过来从事为有限合伙人带来最大回报的经营业务，而不是为安然公司股东的最大利益进行经营活动。这种利益冲突在于：LJM 存在的唯一原因是专门与安然做生意。几乎所有的交易往来都不具有实质的经济意义，但账面上却记录着利润。沃特金斯 2003 年 8 月 3 日在管理科学院的发言中，以这样的方式来描述安然公司的作账方法：

> 安然的账务从创新转变为贪婪，再转变为欺诈，就像一壶水从凉变成温热，再变为滚开；那些参与创新交易的人们，很快就发现他们正在从事贪婪的交易，并最终处于欺诈性交易的令人不安的工作情境中……现在都清楚了，问题出在安然的管理层，出在被指控进行欺诈活动的其他公司，但所有那些在业务经营中保护投资者的监管组织都干什么去了？在安然，所有的系统都失灵了。安然的外部审计人也都不起作用了。安然所收到的法律顾问意见是可疑的。投资银行家和传统的银行家似乎已经"熟悉内情"。亚瑟·安德森（Arthur Anderson）现在因为安然而失业（Watkins 2003，p. 119）。

日益升级的道德挑战

报纸《今日美国》（USA Today）的记者凯伦·彼得森（Karen Peterson 2001）援引盖勒普调查（Gallup Poll）的数据时写到，半个世纪以来，在人们所认为的国家面临的最主要问题中，伦理和道德第二次接近榜首。盖勒普的报告指出，78% 的公众感到，国家的道德价值有些弱化或非常软弱。沃特金斯援引了 2002 年 7 月的盖勒普调查，该调查向公众提问：在名单上所列的 20 个团体的成员是否值得信任。商界领袖只得到了 20% 的信任票，这是几十年来得到的最低的票数。它排在汽车推销员所得到的信任票数之后。

对不端行为的公开讨论通常开始于一个告发者公开指控雇主或员工同事行为不端。报纸头条刊登该新闻，并质询那些否认指控的管理者的诚信和那些负责监督公用企业运作的政府监督机构的否定性意见。国会开始就公用企业和（或）监管机构的不端行为举行立法监察听证。在过去，除了媒体对涉案的每个人给予的揭露批评之外，几乎不会发生任何具体的改变，受质询的公用企业或组织经常继续其经营而没有什么变化（LaFollette 1994）。一些州通过了新的法律来制止过去那种轻描淡写（slap-onthe-wrist）地处理不端行为的方式。例如，在华盛顿州，立法机关就通过了一项法律，给予州牌照部（State Department of Licensing）强制实施其规定的处罚权力，包括有权发布停止不端行为的命令。该法律于 2003 年1 月生效（Lewis 2003）。在一项早期的行动中，该部命令一个代理房主和财产管理者收取公用事业费的第三方公司停止收费，因为这家以得克萨斯为总部的公司没有收费机构的许可证。

公共管理领域有着长期的学术研究历史和各种旨在促进公共服务管理者道德行为的项目措施（Rohr 1998）。公用事业及相关产业管理者的非道德行为问题，在 2001 年的国会上成为一个特别重要的政治议题，此时国会正面临着加利福尼亚电力产业的困境，以及普遍过高收费和人为制造短缺以推升能源批发价格的指责。

根据迈克尔·T·波尔（Michael Burr 2003）的分析，加利福尼亚能源危机和安然倒闭之后的一系列丑闻，导致监管者和研究者们提出这样的要求：公用事业要表明它们是"从里到外都非常干净。从美国电力能源公司（American Electric Power Co.）到缅因公共服务公司（Maine Public Service），全国的能源和公用企业都再次表达了它们对道德和善治的承诺"。专栏 3.1 描述了加利福尼亚州的监管者如何对关于人为制造的短缺和批发价格的上升的指责作出回应，以及他们如何避免那些在 2000 年至2001 年能源危机中所遭遇过的类似问题。

专栏 3.1　　　　　　加利福尼亚采取措施扭转夏季用电短缺

2000 年至 2001 年间，加利福尼亚用电户遭遇了比通常更多的电厂停产检修。它们导致了能源的短缺，这又反过来迫使价格上升，并造成轮流停电。其中一些停产检修被指责为故意。独立的发电公司被指控造成人为的短缺。调查人员确定，一些公司假称维修和存在机械故障，为的是夺回推升电力批发价格——和利润——的主动权。一家公司被指控停运了其在加利福尼亚五个发电厂中的四个，使供应更加紧张，价格飙升。该公司对这一指控的回应是：它们的行为在当时是合法的。在能源短缺和批发价格上升的时期，州监管机构采取了限制零售价格的政策。这使得一些电力分销公司宣布倒闭。

从那以后，加利福尼亚的立法者们就给予公用事业委员会的监管者们一些新的监管工具，以确保人为的短缺和哄抬价格的情况不再出现。所有的电厂经营者必须遵守有关维修、运转和保持记录的新规定。发电公司在电厂停产前必须得到公用事业委员会的批准。州公用事业委员会的监管者可以进行审计、调查和突然访查，以使这些新规定得以实施。

> "独立能源生产者协会"（Independent Energy Producers）代表的是在加利福尼亚的私人发电厂商，其执行董事曾这样说：他的成员认为，加利福尼亚公用事业委员会没有权力通过和实施这些新的标准。
>
> 资料来源：Elizabeth Douglass, *Los Angeles Times*, May 7, 2004, p. C2.

立法者们在收到来自选民的有关不正当行为的指控时，经常在调查和监督公用企业行政人员与管理者的管理做法方面行动迟缓。国会在履行其监管职责时，有权在下述事项上批准进行调查和举行听证会：（1）有关公用企业过度收费的指控；（2）负责制定和监管公用企业收费价格的州公用事业委员会的资格；（3）指导和影响这种过程的组织政策。国会以三种方式进行这些监督行动：（1）直接与负责的机构人员交换意见；（2）举行听证会；（3）由适当的监管和监督机构及组织提出调查报告。

特里·库珀（Terry Cooper 1998）在这一问题上的著述被广泛引用。根据他的观点，在商业和政府伦理中，公共利益问题日渐突出。这种利益导致需要更多的在职培训，发表更多的伦理文章，召开专门探讨公有和投资者所有的公用企业、产业监管者和其他政府部门伦理问题的专业会议。

什么是伦理学？

伦理学（ethics）是哲学的一个分支，它研究人们作为个人的道德行为和在社会中的道德行为。它被进一步定义为制约一个人或一群人的行为的一套原则。简言之，它研究的是道德和道德行为。

一些读者可能不熟悉在伦理学讨论中遇到的那些专门词汇。因此，在这里作出几个区分，以便为下面的讨论提供一个框架。也许这些区分显而易见，使这种解释成为多余。道德（morality）指的是人们所具有的关于什么是正确、什么是错误、什么是善或什么是恶的一些准则；这些准则是一个社会的行为规范。道德行为是遵循社会中存在的那些道德准则来进行的行为。一个社会中个人和群体的行为，以及他们以特定方式行为的倾向，被认为是该群体的特质（ethos）。道德准则是一个社会据以运行的规则。

道德准则（moral standards）的一个例子就是十诫：不要杀人，不要偷盗，不要撒谎，等等。准则涉及的是在一个社会中什么是可接受的，什么是"对的"和什么是"好的"，当然还包括它们的对立面。尽管道德准则在不同时期有所不同，但至少在一两代人的时间内，它们保持相对不变。当它们发生变化时，其变化也总是非常缓慢。

既然我们有了关于伦理学的定义，我们接着需要确定什么是我们所说的"不道德行为"（behavior that is unethical）。在公用事业管理这一特定意义上，我们所说的"不道德行为"指的是公共服务中不正当行为（misconduct）这一广义的概念。不正当行为用福克斯与布拉克顿的话来说就是，（Fox and Braxton 1994，p. 374）"包括欺骗行为——篡改数据或资料，冒用作者或原创之名，以及歪曲事实以利己或伤害他人的事业与地位"。

关于什么构成了不道德行为以及什么是应当遵循的道德准则，在不同的社会中有不同的主张，甚至在同一个社会中的不同组织之间经常也有不同的主张。在伦理学中，很少有绝对的原则，当在提供相似服务方面存在着相互冲突的特质时，就像在公有的和投资者所有的公用事业组织之间所存在的那种情况，这种分裂便更加明显。然而，在全世界所有的工业化国家中，基本的行为准则还是非常相似的。之所以如此，是因为如果在行为准则上存在着巨大的差异，各国在诸如国际关系、商业和其他全球性活动这样的与价值高度相关的领域中进行合作就会相当困难。

道德准则与不道德的标准之间有什么区别？威拉斯奎兹（Manuel Velasquez 1998）指出了道德行为的五个特征来做出这种区别（图 3—1）。第一，道德行为涉及那些人们认为会严重伤及或有益于人类的事项。第二，大多数人在其幼年形成了其最初的道德准则。在他们成熟时，他们经常会修正这些道德观点；其中一些修正出现于他们进入职业生涯时对所接触的组织文化作出的回应。

人们的道德准则很难被权威组织的决策完全改变，尽管并非不可能；道德行为很少能够被成功地制定为法律，美国在戒酒令方面的失败经历以及在销售与消费非法毒品方面的现状，就是很好的证明。第三，道德准则作为一个社会中基本的行为规范，与自私自利等其他的价值相比，它们更容易被选择遵行。第四，道德准则是基于公正无偏的考虑；它们同等地适用于社会中的所有个人。最后，道德行为会激发出特殊的情感，包括内疚

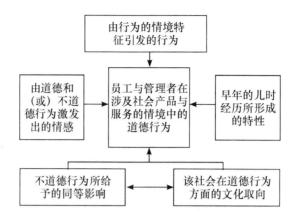

图 3—1   影响公用企业员工和管理者道德行为的主要因素

感与羞愧感；它们会与一些特殊的词汇相联系，诸如好与坏、诚实、贪婪、正义和不正义这样的词。西方的道德准则发源于一些不同的哲学传统，其中一些可以追溯到有文字记载的古老时代。

管理者道德准则的来源

今天，一些通往道德情境的不同方式，是从这些指导公共服务领域员工的道德行为的最早期的准则中发展而来的。图 3—1 的模型表明了不同的先前经历如何影响和指导一位管理者的道德行为。在这个模型的中心，是在所有公共情境中的员工和管理者的道德行为。一个个人的行为是由情境的特征引发的。例如，如果一位管理者认为他或她的地位完全依赖于一个特别的决定，这种信念就会影响该决定。

研究者们提出，大多数人的道德特性在其达到七岁的年龄时就已经基本成形了。从那时开始，与这些标准相契合的行为强化着个人的信念和态度。与这些标准相冲突的行为会带来压力和其他情绪。然而，一些因素可能会减轻这些对个人的负面压力。其中占首位的是个人在组织内因有问题的行为而受到并感受到的同等对待。其他员工和管理层是以同样方式被处理吗？奖励和惩罚是平等给予的吗？占据第二位的是组织文化。工作氛围是否鼓励道德行为呢？

影响道德的不同伦理准则

　　许多世纪以来关于这一问题的哲学思考，发展出了描述道德行为的一些不同方式。最流行的方式包括被称为功利主义伦理学（utilitarian ethics）的目的论方式（teleological approach），以及以普遍规则为基础的义务论伦理学（deontological theory of ethics）[被称为规则伦理学（rules ethics）]。其他的还有各种权利理论、正义伦理学、关怀伦理学（caring ethics），以及美德伦理学（virtue ethics）（Velasquez 1998；Garofalo and Geuras 1999）。商务伦理学家一般都同意唐纳森（Thomas Donaldson）和邓非（Thomas W. Dunfee）的下述结论（Donaldson and Dunfee 1999, p. 12）：

　　　　在已有的理论中，没有任何一个单一理论能够对商务伦理学（business ethics）事项所遇到的全部挑战提供完全的指导，这些商务伦理事项被记录在商务伦理学的案例书中，并考验着商务从业人员。

　　其结果是，学术界在描述职业道德的问题时，倾向于引用传统的伦理学理论。下面将先从功利主义开始讨论几种主要的传统理论。

功利主义伦理学

　　功利主义伦理学是基于这样的观点，即认为"正当的"行动或政策是那种将给社会带来最大收益（或最低成本）的行动或政策。因此，关于行动或政策的决定，必须根据其净收益和成本来加以评价。它关注的是一个行为的结果，而不是取得该结果的手段。现今的成本—收益分析，就是基于这一原则。由于功利主义支持的是效率价值，因此它经常被用于解决政治的困境。功利主义的一个关键性特征，就是所说的收益不需要平等地分配；一些人可能没有享受任何收益，而其他人甚至可能受到负面影响——其所失大于所得。在最终分析中起关键作用的就是对所有相关者来说的最大好处。功利主义面临的最大道德困境，就是确定由谁来决定"好处"意味着什么（Malhotra 1999）。

康德的绝对命令（规则伦理学）

规则伦理学的基础来自于哲学家伊曼努尔·康德（Immanuel Kant，1724—1804）的哲学著作。康德认为，所有人类都具有某些权利和责任，这些权利和责任的存在与他们可能对社会中其他人带来的任何功利性收益或损失无关。在这个意义上，康德将他提出的道德原则称为"绝对命令"（categorical imperatives）。康德的第一个绝对命令指出，一个行为在道德上是正当的，当且仅当从事这一行为的理由是该人愿意每个人在相似情境下都依其而行为。

康德的绝对命令概念包括两个部分：（1）普适性概念——即该原则必须适用于每一个人；（2）反向适用——人们必须愿意让所有其他人以第一个行为者对待其他人的同样方式使用同一原则。康德的第二个绝对命令要求，一个行为在道德上是正当的，当且仅当在施行该行为时，行为者不将其他人用作改善他或她自己利益的工具。因此，当作出一个道德决策时，管理者必须尊重其他人自由地为他们自己作出选择的权利。当安然公司的能源交易员选择以能源产业参与者和消费者为代价来获得巨额利润时，显然就违背了这一原则。在西方的经济体系中，营利显然是道德上允许的；然而，利用其他那些无力捍卫自身利益的人作为手段来获取超额的个人利润，却是道德上所不允许的。

权利伦理学

一种"权利"经常被定义为一个人对某物的享有资格（entitlement）。由于它聚焦于个人，因而不同于那种专注于社会更大好处的功利主义观点。有几种不同的权利分类方式。在一种分类体系中，包括并区分了伦理学中的两类权利，即法律权利和人权。法律权利（legal rights）是基于法律的；消费者保护权利和合同权利就是这样的例子。另一方面，人权（human rights）是基于文化的；它们为人们提供了一种证明自己行为正当性的方式；它们也与义务（duties）相联系。

第二种权利分类是根据它们是第一代还是第二代权利来确定的（Joseph et al. 2000，pp. 3-4）。第一代权利包括公民权利（civil rights）和政治权利（political rights）。公民权利是适用于公民的人身安全的权利、正当处理的程序权利以及不受歧视的权利。政治权利使公民能够参与其社会的政治生活。它们包括像言论自由、集会和结社自由这样的权利，以及投票权。公民和政治权利被称为第一代权利，是因为它们是在 18、19 世纪被写入权利法案的主要内容。从总体上说，它们被认为是免受政府影响的权利。

第二代权利包括经济、社会和文化权利（economic，social，and cultural rights）。其中包括适当生活标准的权利、受教育的权利和健康的权利。总体而言，第二代权利被认为是要求政府积极作为的权利。在这两类权利中，第二代权利不如第一代公民权利和政治权利发展得成熟。

政治科学中的一些关键性概念，是建立在康德基于规则的权利理论的基础上的。其中包括：所有人都有工作、穿衣、住房和接受医疗的积极权利（positive rights）；每个人都有免受伤害或欺诈的消极权利（negative right）；以及人们享有签订合约的权利。

正义伦理学

基于正义（justice）理念的道德准则包含公平（fairness）的概念。总体来说，这些理念为道德行为提供了三个根本基础：分配正义、惩罚正义和补偿正义。分配正义（distributive justice）涉及对社会的收益和负担的"公平"分配。基于一个人对社会的贡献而公正分配的理念，是资本主义制度背后的价值；基于需求和能力的分配正义是社会主义的基本原则；而自由地按他或她的选择去行事的正义，则是自由主义背后的理念。

惩罚正义（retributive justice）涉及所提供的惩罚和刑罚的"正当性"。因此，一个人在无知或无能的情况下不应当被认为负有道德上的责任。在调查研究中要求在明了情况的前提下同意参与，就是基于这一原则。补偿正义（compensatory justice）支持这样的理念，即当人们受到他人或社会（包括政府）的不公正对待时，有权因他们的损失而受到补偿。

要求在 2000 年至 2001 年非法操纵能源批发市场的能源贸易公司对受害者给予补偿，就是补偿正义的一个实例。

关怀伦理学

关怀伦理学意味着当面对道德困境时，要基于对另一个人的最大利益的真正关怀来做出决定。关怀人的管理者所具有的主要美德包括友好、善良、关心人，以及对人类同胞的爱。如同人们可能预料到的，这些伦理准则经常被用于描述在社会福利机构和社会福利行动中做出的决策。

关怀伦理学强调两种道德要求。首先，由于我们都生活在我们自己的关系网络中，我们应该保护和培育我们与其他人之间的宝贵关系。其次，我们必须关怀那些我们与之相联系的人，关注他们的特殊需求、价值、渴望和具体的福利，就像从他们的视角所关注的那样。这也意味着要对那些弱势的、依赖于我们关怀的人们的需求、价值、渴望和幸福做出回应。在社会情境中，有三种不同的关怀伦理学在发挥作用：关心某物（caring about something）、照顾某人（caring after someone）、关怀某人（caring for someone）。在政治学领域，适用的伦理是关怀某人。它专注于人和他们的幸福，而不是物（Velasquez 1998）。

美德伦理学

美德伦理学是以亚里士多德等人的著作为基础的，它指的是这样一种观点，即将社会美德作为伦理决策的基础。亚里士多德确定了四种主要的美德：勇敢、节制、正义和谨慎。圣托马斯·阿奎那（St. Thomas Aquinas）补充了下列"基督徒"美德：信仰、希望和仁慈。在当今社会中，被认为最重要的美德包括诚实、勇气、节制、正直、怜悯和自我约束——这些词汇经常被用于描述"理想的"公务员。恶习是美德的对立面；它们包括这样一些"坏"行为的例子：不诚实、残忍、贪婪、言行不一和怯懦。由于这些恶习会破坏人类关系，因此它们被认为是不良的。威拉斯奎兹（Manuel Velasquez）以下面的方式描述了用美德理论来形成决策的思考：

如果一个行为在被实施时，其实施者运用、展现或发展出一种道德上的美德特征，该行为就是道德上正确的；如果在实施时，其实施者运用、展现或发展出一种道德上恶劣的特征，该行为就是道德上错误的（Velasquez 1998，p. 137）。

如果这些伦理原则中有某一个可以为公用事业员工的管理行为提供指导的话，那么它应当是哪一个原则？对许多人来说，这个问题是没有实际意义的；没有必要作出任何选择，更没有可能作出任何选择。公共服务伦理学是"折中的、多中心的、缺乏严格限定的"，因而是"交织形成的一种单一的道德情结"（Garofalo and Geuras，1999，pp. 45 and 97）。从这些刻画公共服务伦理学的方向各异的基本原则出发，产生出了许多具体确定公用事业管理者和行政人员能够做什么、不能做什么的法律（规定）。禁止歧视和性骚扰的法律，确定费率以及什么样的用户能够享受服务或不能享受服务的管理规定和程序，就是实例。然而，只做那些合法的事情是不够的；公用事业的行政人员所负有的道德责任，要远远超过仅仅坚持遵守法律条文。例如，存在这样的道德问题：在严冬季节，是否因为穷人或老人没有及时交纳公用事业费就掐断对他们的供电服务？或是否由于同样的理由就中止对有小孩的家庭的供水服务？

公用事业管理者面临的伦理困境

公用事业管理者们所面临的主要伦理问题，经常被概括为这样的问题：如何平衡对公用系统更大利益的需求和对那些将他们的储蓄用于投资的股东们所给予的承诺，与在一个文明社会中对所有公民那种为生活所需的各项基本服务的权利。由于没有一种全面的道德理论能够精确地说明何时一种功利性考虑应当优先于一个权利、一个正义准则或关爱的需求，公用事业的行政人员或管理者在面临这些伦理困境时，不得不凭借他或她的良知。造成公用事业最严重困难的困境，不是那些与奥兰斯（Harold Orlans 1967）描述为完全的"无赖行为（knavery）——撒谎、无信、为了金钱而故意造谣、故意违背公认的条款"相联系的困境。这些都是具有法律性质的实际问题，而不是伦理问题。相反，困难的问题可能是那些与组织的长期利益和公共利益原则之间冲突相联系的问题。在任何一个社会中，谁来决定什么是对绝大多数人的最大利益？为了获得利益可以允许付出何种程度的痛苦？这是公用事业管理层的伦理困境。对公共服务的特质的进一步考察，会帮助读者在这些问题上找到自己可以接受的结论。

公共服务的特质

　　大多数专业人士都容易认为他们的专业具有某种独特性，具有一种属于它自己的伦理学或道德，并且其伦理学要优先于普通人的伦理学（Goss 1996）。可以合乎逻辑地假定，公用事业的行政人员、管理者和员工对其专业会有同样的感受。因此，像所有的专业一样，由公众委托的人所做出的不正当行为或贪婪的要求和其他不当行为，会伤害公用事业和公共服务行业。

　　从长期来看，每一个在公共服务行业工作的人都要受到社会、经济和政治的约束（Fox and Braxton 1994）。这一论点得到了高斯（Robert P. Goss）在 1996 年所作出的研究报告的支持。高斯将 100 名民选的州级官员的态度与 378 名公共行政人员及随机挑选的 250 名选民的态度进行了比较。所测量的态度分为两类，每类六项，共计 12 个维度。一类涉及服务或民主特质（service or democratic ethos）；第二类涉及专业或官僚特质（professional or bureaucratic ethos）。公共行政人员对"专业能力"的打分要高于所有其他 11 项价值特性，而将"做公共利益的维护者"作为最不重要的特性。显然，做实际工作的行政人员更关心他们的专业技能，而不是他们对公众的服务。

　　如果我们愿意将这个一州案例研究作为我们预测其他地方情况的代表，公众对民选的和任命的公共服务管理者和行政人员的信任显然是成问题的。在高斯的研究中，许多公共服务组织的管理者和行政人员所报告的优先选择，都不是他们所服务的公众和约束他们行为的立法者。尽管民选的立法机构的监督者与普通公众都最关心管理者的可信赖性，但管理者自己最关心的是保持他们的专业能力。

　　任命的行政人员将他们的技能用于自己所做工作的方式，不同于公众

和民选的立法者让他们做的方式。从这一点出发，高斯发现，任命的行政
人员对公众利益和个人权利不如普通公众直接或通过他们选举的代表希望
他们的那样敏感。

　　"特质"一词指的是一个特定的个人或群体与众不同的特性、思想和
行为。公共服务中的伦理规范体现在两个主导层次：专业的或官僚的特质
与服务的或民主的特质（Garofalo and Geuras 1999；Woller and Patterson
1997；Goss 1996；Denhardt 1989）。图 3—2 显示了这两部分特质。

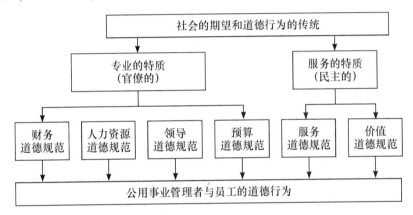

图 3—2　公用事业管理道德规范的影响因素

　　在这一模型中，公共服务组织中的员工必须首先应对专业的或官僚的
特质。这影响着人们履行其职责的方式。在私人的和投资者所有的公用企
业中的行政人员都会面对这种专业服务的特质。根据加洛法罗和格拉斯
（Charles Garofalo and Dean Geuras 1999，p. 48）的观点，官僚的特质是
基于"科层控制和对上级政治领导者的服从"。公有的公用企业的道德规
范与任何私人企业专业的道德规范在某些方面没有多少差别；主要的区别
是缺乏在私人部门中那种用于激励行为的利润因素。

　　塑造管理者道德行为的第二个标准，是对公共服务的基本信念和承
诺。这是民主的特质（这个名词的选择可能是不够恰当的，因为它也可以
在非民主社会中存在；一个更好的选择可能是服务的特质）。这种观念涉
及的是这样的一些价值：自由、正义、人权和平等（Garofalo and Geuras
1999）。记住这一点非常重要：道德准则会因机构而异，因公司而异，在
一个组织起作用的方法，可能在其他组织中不是恰当方法（Donaldson

and Dunfee 1999）。

在政府组织中的公共服务工作者在这两个道德领域都面临着伦理问题。例如，行政人员在其主要的行政活动领域中保持财务责任感和专业能力的同时，还被期望体现一些独特的服务精神特质，以便保持公众的信任。这些额外的特质包括：（1）避免利益冲突；（2）在具有冲突利益的公众与股东之间保持公正无偏；（3）避免任何不当的举止表现；（4）定期向公众公开披露有关他们生存的每一种具体情况（Petrick and Quinn 1997）。

小　　结

不道德行为的潜在威胁是一个全球性问题，它既影响着私人部门的业务，也同样影响着联邦、州和地方的公共机构以及非政府、非营利组织。政治家、民选官员、公共行政人员、公民、社会监督机构以及大众传媒都在呼吁道德改革，通过道德法律法规，以及对每一个参与公共服务的人员进行更有力的道德行为方面的教育和培训。

伦理学是哲学的一个分支，它研究人们在社会中的道德行为。道德指的是人们关于什么是对、什么是错、什么是善或什么是恶的标准。道德行为是以遵循社会中现行道德准则的方式来进行的行为。道德准则是社会赖以运行的那些规则。道德准则源于一些不同的哲学传统。当今，至少有五种不同的处理道德情境的方式，它们是从那些最早的道德行为指导原则中发展而来。它们包括：功利主义伦理学、权利伦理学、正义伦理学、关怀伦理学和美德伦理学。人们在面临伦理困境时，就会从这些传统中汲取教诲。没有任何一种方式比其他的方式更正确。例如，由于没有任何一个全面综合的道德理论能够精确地说明何时一种功利主义的考虑应当优先于比如说一项权利、一个正义准则或对关怀的需要，管理者在决定所采取的行动时不得不凭借他或她的良知。

特质一词指的是某个特定个人或群体的独特的特性、思想和行为。在公共服务领域，道德规范体现在两个主导层次或特质：专业的或官僚的特质，以及服务的或民主的特质。

从长期来看，每一个在公共服务行业工作的人都要受到社会的、经济的和政治的约束。在一项对 100 名民选的州级官员的态度与 378 名公共行政人员及随机挑选的 250 名选民态度的比较研究中，所测量的态度分为两类，每类六项，共计 12 个维度。一类涉及服务或民主特质；第二类涉及专业或官僚特质。公共行政人员对"专业能力"的打分要高于所有其他 11 项价值特性，而将"做公共利益的维护者"作为最不重要的特性。民选的立法者与普通公众都将"可信赖性"作为公共服务工作者最重要的行为特征。

任命的行政人员将他们的技能用于自己所做工作的方式，不同于公众和民选的立法者让他们做的方式。高斯发现，任命的行政人员对公众利益和个人权利不如普通公众直接或通过他们选举的代表希望他们的那样敏感。

进一步阅读的文献

Cooper，Terry L. (1998)，*The Responsible Administrator. An Approach to Ethics for the Administrative Role*，4th edn，San Francisco：Jossey-Bass.

Donaldson，Thomas and Thomas W. Dunfee (1999)，*Ties That Bind：A Social Contracts Approach to Business Ethics*，Boston，MA：Harvard Business School Press.

Garofalo，Charles and Dean Geuras (1999)，*Ethics in the Public Service：The Moral Mind at Work*，Washington，DC：Georgetown University Press.

Joseph，Sarah，Jenny Schultz and Melissa Castan (2000)，*The International Covenant on Civil and Political Rights*，Oxford：Oxford University Press.

Rohr，John A. (1998)，*Public Service，Ethics and Constitutional Practice*，Lawrence，KS：University Press of Kansas.

第 4 章

经典教材系列
公共行政与公共管理经典译丛

公用事业监管的挑战

公用事业要受到来自地方、州和联邦政府的广泛且形式多样的监管。这些监管开始于 19 世纪 70 年代早期控制铁路和谷仓托拉斯的尝试。在 20 世纪前 20 年，公用事业监管的范围被广泛拓展，通过了反托拉斯法。从 1929 年开始并持续到整个 20 世纪 30 年代的全球性衰退，严重震撼了世界经济体系，并导致通过了许多监管法律，包括对公司所有权和治理方式的监管，对筹集资本的方式和时限的规定，对分立的公司单位之间交易的限制，以及对公用企业生产和分配其产品和服务的批准方式的控制。最近的监管又包括了限制任何可能对环境产生负面影响的行为，提升保障公众和员工安全的标准，以及防止对公用设施实施恐怖袭击的各种规定。作为"自然垄断"行业，公用事业被认为承载着特殊的公众信任，因此理应受到政府的监督。本章讨论联邦对公用企业运营的一些更重要的监管方式。

监管商业经营活动的理由在于我们有赖于市场竞争来确定和控制价格（Brennan et al. 2002）。商业经营经常利用价格竞争来击败竞争对手。在消费者的付费中，包括生产和分配产品的成本以及供应商的利润，而利润又受到这些商业竞争行为的限制。此外，市场竞争有助于为消费者提供越来越多的选择如何花钱的可能性。使这种系统运转起来的关键，就是存在充分的竞争，从而推动价格水平接近生产成本。如果缺乏充分竞争，生产者就可以自由提价，而不必担心消费者会去找其他卖家，也不必担忧新的销售商会进入市场来分享可以获得的高利润。如果只存在着一个销售商，该公司就会享受对该市场的垄断权利。当这样的垄断情况发展起来，政府就会介入，利用各种规制来取代市场力量，以限制该公司对市场权力的运用。

公用产业的各部分在垄断的条件下运行；单一供应商是服务消费者的最有效率的方式。经济学家将这种状况称为自然垄断。当单一公司能够向所有购买者提供产品或服务，而其价格又比两家或两家以上的销售商服务于该市场的情况下更低时，就出现了自然垄断。在自然垄断的情况下，生产的平均成本会由于公司从规模经济中的收益而下降（Chandler 1994）。

美国最高法院的判决，承认了在自然垄断情境下单一供应商经营的有益结果。然而，他们还认识到，没有政府的监督，一个处于垄断地位的公司可能试图提高价格，使其高于在非垄断情境下经营时可能收取的费用水平。为了确保不会发生过高收费的情况，最高法院准许联邦、州和地方政府对公用事业的运营予以强制性控制。尽管这些控制手段的初衷是确保价格欺诈不会发生，但它们也要保证公用产品的供应应源源不断，并且使公用事业的投资者有合理的或"公平的"回报率。但当要求联邦和州公用事业监管者与工作人员去确定作为回报基础的投资水平，并确定什么是"公平的"回报率时，问题便产生了。这些问题将在第 7 章有关价格的部分予以更细致的讨论。

公用事业监管的开始

对公用事业的监管是南北战争之后建立许多州铁路委员会的结果，建立这些委员会的目的是要控制被看作是对运输和储存农产品的歧视性定价惯例。那些早期的州公用事业委员会（PUCs）逐渐扩展了它们的监督操作，对煤气和天然气、电报和电话系统、供水与污水处理工程，以及公用电力也都实行了控制。今天，一些公用事业委员会还监管着这样一些多样化的服务，如州际交通、有线电视公司、搬运公司的运输和存储活动、燃油销售和分配，以及其他不同类型的公共服务。

在联邦层次上的公用事业监管，起始于 19 世纪晚期通过的格兰其法，它们规定了对国家铁路和相关服务的州际公共监督，直到 20 世纪 20 年代和 30 年代，政府的监管才最终扩展到公用产业的每一个方面。

联邦对公用事业的现代监管，可以追溯到 1920 年，当时国会经过长时间的艰苦激战，通过了《水电法案》（Water Power Act）。该法案对水电的发展建立了许可证要求，并包括了改善国家内陆水路航行的各种规定。它还建立了与这种发展相联系的公共土地的使用规定。然而，其主要的监管规定源自联邦能源委员会的建立。该委员会被授权管理所有的水坝、输水管道、水库、发电厂、输电线路及其他与水电的发展、传输与使用相关的设施的建设、运行和维护。联邦能源委员会的结构在 1930 年被改进，任命了由五位全职的专员组成的理事会。

该委员会的管辖范围包括所有可航行的水域和公共陆地。该法案要求每一个要发展电力项目的人都要申请联邦执照，该执照的有效期不会超过 50 年。当执照到期时，它或是可以续办，或是其财产被政府接管为政府所用。

在富兰克林·D·罗斯福总统的新政立法计划之下，联邦的监管体系逐步发展。有两项立法对联邦政府监管公用事业产生了最重要的影响，它们是 1934 年的《证券与交易委员会法案》（Securities and Exchange Commission Act，简称 SEC）和 1935 年的《公用事业控股公司法案》。在那个时期颁布的大多数规制现在仍然有效，尽管在许多地方做了很大的改动。

对电力产业的监管

在 20 世纪 30 年代，联邦政府针对电力部门采取了四项监管行动（Gordon 2001）。前两项被写入 1935 年由两部分构成的法律中，即(1) 创建联邦对电力批发交易的监管；（2）制定《公用事业控股公司法案》。这推动了公用事业治理的转变，并给予证券交易委员会对公用企业财务的控制权。《公用事业控股公司法案》提出，所有公用电气控股公司都"关乎国家的公共利益，因为它们是在州际贸易中销售其证券，并使用邮件来进行商业交易"（Glaeser 1953，p. 153）。

一项更早的法律，即 1933 年的《证券法案》，赋予联邦政府对所有州际贸易中的证券销售事务以管辖权。证券交易委员会是在 1934 年通过了《证券与交易法案》（Securities and Exchange Act）之后一年建立的。证券交易委员会建立起三个主要分支机构：贸易与交易科（Trading and Exchange Division）、公司财务科（Corporation Finance Division）和公用企业科（Public Utilities Division）。

第三组行动是建立联邦能源供应系统。这个新的联邦系统中两个最重要的机构是田纳西流域管理局和波纳维尔电力管理局。第四项行动是为在乡村地区发展电力系统的合作机构提供低息的贷款，以此为新政的乡村电气化计划开拓道路。

联邦政府在 20 世纪 30 年代的监管行动也涉及了天然气产业。1938 年通过了一项针对燃气产业监管的法律：《天然气法案》（NGA）。《联邦能源法案》与《天然气法案》扩大了联邦对这两个能源产业的控制权，它给予该委员会对公用电力和燃气的州际贸易费率和服务进行监管的权力。控制发电业的第一个联邦立法是 1920 年通过的《联邦水电法案》，它赋予国会控制地区性公用系统和水力发电设施建设的手段。这一法律还建立了联邦能源委员会并赋予其对所有水坝、输水管道、水库、发电厂和州际输电线路的建设、运行和维护的管辖权。1935 年的《联邦能源法案》将该委员会的管辖权扩展到包括对电力批发合同的监控，并赋予它对发电厂财务的监督职责（Glaeser 1957；Beder 2003）。1935 年对该法进行了修正，它与 1938 年的《天然气法案》一起赋予该委员会监管所有公用电力和燃气的州际贸易费率与服务的权力。

1935 年的《公用事业控股公司法案》

在从华尔街 1929 年崩盘开始的大萧条之前，公用产业是高度集中的，它被掌控在多层级的控股公司手中。其中最大的控股公司之一是由芝加哥的塞缪尔·英苏尔建立的控股公司帝国。少数的大型公司拥有对其他控股公司的控股，它最终导致拥有一个或多个公用产业的经营权。金字塔形的控股公司达到了令人难以置信的高度；在一个案例中，这种金字塔达到了六层高。许多这样的金字塔在大萧条时期的崩溃，导致了对严格监管的呼吁——有些批评者甚至呼吁政府拥有所有的公用企业（Kent 1993）。

在新政的监管风暴席卷之前，州与联邦政府之间在权力的宪法划分上所产生的内在问题，限制了政府对控股公司的监控。由于营业公司倾向于为相对较小的、同质性的市场提供服务，监管地方的公用企业被视为是一个地方的问题。然而，当公用企业成长起来，营业公司的扩张越过了州的边界，或获得了远远超过其原先服务区域的经营权。为了在财务上支持这种发展，控股公司被建立起来。但随着这种扩张，监管权却几乎仍然保持在各州政府手中，在一些州，甚至是由公用企业经营所在的城市来负责监管。美国最高法院的判决，限制了州公用事业委员会对从事州际贸易的控股公司的监管权。其结果是，电力或天然气从一州到另一州的传输被认为是州际贸易，而这是各州无法直接监管的。

控股公司的成长

公用事业控股公司是 19 世纪晚期金融繁荣发展的产物。随之出现的卡特尔（cartels）和托拉斯（trusts），是回应割喉式（cut-throat）竞争效应的一种方式，也是利用金融杠杆获取对巨型商业帝国控制权的一种方式。在兼并大潮中，控股公司帝国急速成长起来，直到 1929 年的大崩盘。仅 1926 年一年，就有超过 1 000 家公用企业被兼并。

人们指出了控股公司成长中两个相互关联的原因。首先，通过兼并其他公司，可以大大降低成长所需的现金量。所购买的是有投票权的控股份额，而不是整个公司。这种购买通常是通过借钱，或通过建立控股公司所发行的新股票中的流通股来募集资金。控股公司的资产是其他控股公司的证券。其次，其金字塔顶端的控股公司所获得的收入远远大于经营一个或几个公用企业所获得的收益。

少数投资者能够利用控股公司的概念，运用相对少量的必需投资来获得对控制着非常有价值的营业公司的控股公司股票的利息的控制权。它们相对少量的投资经常为控股公司的投资者赢得额外的高回报——这经常以牺牲大量小型控股营业公司的投资者为代价。通过获得对一个或多个营业公司的控制权，它们能够以这些营业公司的资产来大规模举债，然后利用这种贷款继续资助更多的兼并，以此来放大这种金融杠杆的效应——并给它们自己带来大量的利润分红。然而，这种借贷融资的做法是一柄双刃剑。当 20 世纪 30 年代销售和利润下降时，对控股公司的资产回报也大幅减少，由此造成了该产业在 1929 年的金融危机后像纸牌屋（a house of cards）一样大规模崩溃。

在 1929 年股票市场崩盘后，一些全国性的特大型控股公司帝国也随之崩溃，随后的联邦调查发现，在公用事业融资中存在着广泛的腐败和幕后交易、公司内销售、对地方官员的贿赂和其他不道德行为。这些问题以及和体制相联系的其他问题，导致了《公用事业控股公司法案》的通过。这一法案是在大萧条时期通过的最具深远意义的联邦管制性立法。

制定控股公司法的初衷，是为了消除在电力和燃气能源产业中建立层层重叠的控股公司的做法所带来的问题。根据《公用事业控股公司法案》，任何公司如果拥有或控制着一个公用企业或一个公用事业控股公司的 10％或以上的已发行的有投票权的股票，就必须在证券交易委员会登记。

需要在证券交易委员会登记的控股公司被要求将其公用企业的经营限制在一个单一的一体化公用系统之内。控股公司必须从其自身剥离那些与公用企业的业务在职能上不相关的任何业务。登记的控股公司几乎所有的财务和经营活动都要得到证券交易委员会的批准。在证券交易委员会的登记文件必须包括公司的组成条款、合伙协议、规章制度、抵押、承销协议和股权委托协议的副本。登记还要求完全披露公司的财务结构、所有管理人员和董事的名字、所有的材料、服务或建筑合约、对红利和利润分配安排的解释，以及具体的资产平衡表和可比较的信息（Kent 1993）。

证券交易委员会被授权只批准那些它认为"合理"并与公司的现存财务结构相适合的证券。被批准的证券必须反映控股公司的盈利能力，还必须表明有助于促进该公用企业的经济效益和高效的运营。销售证券的费用和佣金也必须"合理"。在 1929 年股票市场崩盘之前，承销公用事业证券的发行，对被选上的为数不多的几个投资银行来说，一直是一个有着巨大利润的业务，这些投资银行的总部大多数都设在纽约。有几个承销商收取的费用高达该发行总值的 50％。对于在 1934 年以后被销售的证券，证券交易委员会必须能够确认其条款和条件没有损害普通公众、该公司的投资者或营业公司的消费者的利益。

1978 年的《公用事业监管政策法案》

1978 年的《公用事业监管政策法案》代表着自 1935 年《公用事业控股公司法案》以来对公用事业监管体系最具深远意义的改变。《公用事业监管政策法案》的主要目标之一，就是减轻国家对国外能源的依赖。《公用事业监管政策法案》要求新的联邦能源监管委员会对使用可再生燃料的热电联产设施（cogeneration facilities）和小型发电设施（小于 80 兆瓦发电量）的发展提供激励措施，这些可再生燃料包括生物燃料、风能、地热及其他燃料。

在《公用事业监管政策法案》中所提到的小型的和采用其他燃料的发电设施，被称为"设施合格"（qualifying facility，简称 QF）的发电单位，并可豁免对控股公司的某些管制性约束。除了会获得一些费率上的优惠之外，设施合格的发电单位还可以豁免 1992 年《联邦能源法案》（FPA）中大部分条款的约束。一个热电联产单位如果要获得设施合格的资格，就必须除了生产电之外，还要生产有用的热能。这种热能可能被用于工业或商业过程，用于取暖和制冷。其产出必须构成用户能源消费总量的一个规定百分比，并符合所制定的能源效率标准。

一个设施合格的发电单位有资格获得两种重要的优惠。首先，它们可以豁免联邦和州对所有权的控制，豁免它们对所生产的电力进行收费的价格和条款方面的限制。其次，公用企业必须购买由设施合格单位所生产的电力，其价格是基于公用企业的回避成本（avoided cost）；公用企业必须根据无歧视原则向设施合格单位销售备用电能。回避成本指的是电力的增量成本（incremental cost），除非是设施合格单位，否则公用企业将不得不为生产电能本身而支付这种增量成本，或从另一来源购买。设施合格单位和公用企业也可以商谈费率，使其低于公用企业的回避成本。进而，作为对 1978 年所制定的法律的改变结果，任何根据联邦能源监管委员会的规制被认为设施合格的电力生产企业，都被视为《公用事业控股公司法案》规定下的公用企业，并因此能够为一个控股公司所拥有。

1992 年的《能源政策法案》

1992 年的《能源政策法案》为发展小型发电厂提供了更多的激励。如果这些小型发电厂所生产的所有能源都被卖给转售商而不是最终用户，那么它们就不必非要符合设施合格的资格才能享受优惠政策；这种类型的电厂被称为"享受豁免权的电力批发厂家"（exempt wholesale generator，简称 EWG）。《能源政策法案》允许享受豁免权的电力批发厂家拥有和经营不具有设施合格资格的发电设施，该单位不受《公用事业控股公司法案》的登记和监管制度的约束。然而，对发展小型发电厂的这种激励措施可能会很快终结。国会已经在考虑废除《公用事业控股公司法案》，并修订《公用事业监管政策法案》来对要求公用企业购买设施合格电厂和享受豁免权的电力批发厂家的电能的规定进行限制。

1992 年的《联邦能源法案》

根据同样在 1992 年生效的《联邦能源法案》，联邦能源监管委员会被授权监管电力传输和州际贸易中的电力批发销售。联邦能源监管委员会的监管被扩展到包括批准公用企业财产的转让出售、证券的销售以及监管电力在批发市场上的传输或销售的费率、期限和条件。联邦能源监管委员会还监管连锁董事会①（interlocking directorates），并强制实施统一的账务系统和报告要求。

联邦能源监管委员会随后的三步进展对能源产业的传输部门产生了重大的影响。联邦能源监管委员会在 1996 年夏天发布了第 888 号和第 889 号令，在 1999 年 12 月发布了第 2000 号令。第 888 号令和第 889 号令要

---

① 一公司董事会中的某些董事同时兼任其他公司的董事，从而在某种程度上将这些公司置于同一些人的集中控制之下。——译者注

求其管辖下的公用企业将生产经营与传输经营分离开来（像波纳维尔电力管理局和田纳西流域管理局这样的组织就不属于联邦能源监管委员会的管辖范围）。第 888 号令要求拥有传输系统的公用企业对其传输服务采取开放的和无歧视的定价，包括与电厂的相互联结。第 889 号令要求拥有传输系统的公用企业公开有关其可用的传输能力的信息，并使其传输能力对所有人开放。对该系统中的新机构，即"独立系统经营商"（independent system operator，简称 ISO），该令也制定了经营要求。独立系统经营商被授权经营先前由垂直一体化的公用企业经营的传输系统。

第 2000 号令进一步细致确定了国家传输机构的经营方式。该法令要求拥有传输系统（输电网）的公用企业或是与一家独立系统经营商签署协议，或是加入另一个新的组织，即"地区传输组织"（regional transmission organization，简称 RTO）。地区传输组织随后将控制该公司的传输设施。第 2000 号令还阐明了地区传输组织的治理程序。对独立系统经营商和地区传输组织的指导方针的执行情况是不一样的；许多州政府拒绝接受该概念，并成功地对抗了传输设施的剥离。

美国划分了 15 个分离的地区传输区（regional transmission territories），几乎所有的地区传输区都包括不止一个州。到 2003 年，新的地区传输组织中有五个在运作：只有纽约、新英格兰、中西部、加利福尼亚以及 PJM 地区（宾夕法尼亚、新泽西、马里兰）的地区传输组织处于充分的组织和经营状态（NRRI 2003a）。

除了确立独立系统经营商和地区传输组织的概念之外，联邦能源监管委员会通过引入它们所谓的"标准市场设计"来试图为传输部门建立秩序。标准市场设计明确了州际电力传输网的所有者与使用者的权利和义务。标准市场设计的目标是为实现下列目的形成一套标准规则：

- 允许拥有传输设施的公用企业提出一套修订的费率表；
- 建立一套分配传输能力的系统；
- 确定在既定的体制限制之下如何分配传输能力；
- 协调系统升级和分担升级的成本；
- 分担将电厂联结到输电网所需要的特殊设备的建设成本；
- 其他与传输有关的事项。

对天然气产业的监管

几十年来，尽管在美国能源产业的天然气部门成功地实施了放松管制的政策，但该部门仍然要受到联邦、州和地方政府的广泛监管。不止一个联邦机构对勘探、钻井和州际管道传输活动进行某种程度的监控。

政府对天然气产业的监管，开始于 1938 年通过的《天然气法案》。这项立法赋予联邦能源委员会权力以监管管道商从生产商处购买的并用于转销的燃气的销售。从一开始，该委员会就要求天然气销售要根据专门预定的长期合约进行。价格要由该委员会来制定并基于一些不同地区的平均生产成本。其结果是，成本最低的生产商大受其益，它反过来刺激了所有生产商降低其成本，因而推动燃气价格对每个人来说都得以下调。

该委员会的目标是要看到价格保持稳定，与 10 年前的收费价格保持一致。该体系到 20 世纪 70 年代出现问题，1972 年、1974 年、1978 年和1980 年的能源危机导致不受管制的天然气价格每年平均上涨 20%。很快，对燃气的价格控制造成了短缺，它反过来又造成了消费者超过 230 亿美元的损失，以及生产商超过 440 亿美元的损失（MacAvoy 2000）。

联邦能源监管委员会取代了联邦能源委员会，并被置于新的能源部的控制之下。该委员会负责制定一项计划来消除短缺，而又不要造成价格过分上涨。1978 年《天然气政策法案》的通过，是政府在解除监管天然气产业方面努力的第一次爆发。对新产品的价格控制被逐步中止，但对该产业的大部分部门仍然继续实行监管。尽管该法案确认了天然气的 30 多种不同分类，但只有其中三种分类被取消监管。其中最为重要的是新生产和高成本生产，这些类型被归入基于深度和坐落地点的（陆上的或海上的生产）大分类表中。1977 年 4 月 20 日之后，海上燃气的售出价格被放松管制。陆上的新燃气只有当其来自比现存油井深 1 000 英尺的油井时，才被放松管制。

《天然气政策法案》是吉米·卡特政府使国家减少对外国能源依赖性计划的组成部分。解除对井口价格的控制——被《天然气政策法案》筹划了六年才出台——被视为鼓励增加生产的一种方式。当时，燃气供应短缺，很少有新的勘探出现（Schwarts 1975）。燃气生产商不愿意向州际管道出售燃气，因为其价格受到管制。相反，生产厂家的销售目标是附近州内的分销商和工业用户，因为其价格不受联邦管制。

价格管制在当时的后果是州际预订下降。这反过来造成了以工业为主的国家东北部和边远西部的燃气短缺。许多产业南迁，为的是利用不受管制的燃气供应。在《天然气政策法案》通过后的头四年，州际运输合同下的燃气预订大幅增长。1979 年《燃料使用法案》（Fuel Use Act）的通过，要求能源电厂对所有新增发电能力要使用煤或核燃料来取代天然气，由此来限制工业用气的增长。东北部和边远西部的燃气短缺消失了，产业向南方的逃离结束了。

天然气产业的放松管制在 1985 年开始得以认真实施，联邦能源监管委员会采取步骤，对该产业内部的生产、传输和分销部门之间的买卖关系进行结构调整。在此之前，燃气传统上是由管道公司卖给地方分销商，以气价加运价的组合价格将燃气送至"城市门站"（the city gate）。管道公司在井口从生产厂家购买燃气，并汇集和储存，必要时还要对燃气进行加工处理以去除杂质。到达城市门站的运送价中包括了这些服务费用。

1989 年的《天然气井口价格解除管制法案》

1985 年联邦能源监管委员会发布的第 436 号令，是努力拆分燃气生产和运输的第一步。根据开放准入的规定，燃气的批发买家和大工业用户可以绕过管道公司。直接从生产厂家购买燃气，该法令还使买家能够以联邦能源监管委员会规定的价格购买运输其燃气的管道空间。为了解决一些尚未解决的事项，四年之后，国会又于 1989 年通过了《天然气井口价格解除管制法案》。该法案要求在 1993 年 1 月取消对井口燃气定价的所有控制。这意味着燃气的购买者从此可以与生产厂家进行谈判，商讨生产厂家可能提出的最优价格。

今天，对不涉及州际管道建设的活动，已经很少实行任何管制。然而，州际管道的费率、期限和条件仍然受到联邦能源监管委员会的监督。1992 年的《联邦能源法案》授权联邦能源监管委员会管辖州际贸易中的天然气运输和储存。在州和地方层级上，各机构和委员会监管着钻井、生产和加工活动。每个州都有着自己的执照、许可和保证要求，还有自己的体制，用以实施地方规定和规制，确定对违反要求的罚金，以及评估可征税财产。

管道公司仍然被允许遵循它们旧有的体系，并且许多管道公司多年来仍然向它们所有的批发用户提供燃气。该体系直到 1992 年才完全结束，当时联邦能源监管委员会第 636 号令在该产业的拆分问题上做出了最终的决定：管道公司从那时起只能提供运输。然而，运输价格仍然受联邦能源监管委员会的管制。管道公司根据占用其管道空间的情况提供即时的（可间断的）、短期的和长期的价格。

20 世纪 70 年代和 80 年代对燃气产业部分领域的放松管制，再加上来自加拿大的新气源，导致在 20 世纪 90 年代的大部分时间里燃气供应过剩。价格因此下滑。这种供大于求的状况和低廉的价格，导致许多产业转用燃气，而不再用其他更污染或更昂贵的燃料，这也导致了燃气分销商积极努力进行市场扩张。波音公司（Boeing Company）所做出的一项用于航空的新技术——燃气涡轮发电机——使得在各地快速建造小型、高效、燃气驱动的发电厂成为可能。今天，燃气涡轮发电机仍然是增加高峰时段发电量的首选。

这些进展导致了天然气消费的急速扩张，以至于在今天，短缺取代了往日的过剩。其结果是，燃气价格在 21 世纪的最初几年大幅上升。燃气监管者再次寻找增加供应的方式。在各种可选的供应方式中，最有希望的是液化天然气（liquefied natural gas，简称 LNG），它们大部分必须来自进口。其他被考察的可选燃料包括合成天然气和煤气（Costello and Burns 2003）。

对供水与污水系统的监管

除了与水权有关的各种法律之外，有两个重要的立法影响了公用水务企业的经营，它们是 1972 年的《联邦水污染控制法案》（Federal Water Pollution Control Act）［即人们通常所说的《清洁水法案》（Clean Water Act，简称 CWA）］和 1974 年的《安全饮用水法案》。联邦环境保护署负

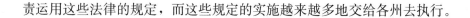

责运用这些法律的规定，而这些规定的实施越来越多地交给各州去执行。

《清洁水法案》

《清洁水法案》确立了在全国监管排放到水中的污染物的规则。公用企业必须为它们某些设施的污水和排出物申请污水和雨水的排放许可。它们还必须监测和控制这种排放。此外，许多公用企业被要求建立防止溢漫和反溢漫的应对计划。《清洁水法案》的通过，是由于公众警觉到这一事实：国家河流和湖泊正在被快速污染，许多湿地已经干涸；随着房地产的开发，其他不可替代的湿地正在消失。人们逐渐认识到，湿地具有宝贵的价值，它过滤水中有害的污染物，在暴雨降临时提供防洪控制，并为植物和动物提供必需的生活环境（EPA 2003）。

根据《清洁水法案》的规定，各个州都被要求监测在其水道中的各种物质和化学物的"最大日负荷总量"（total maximum daily loads，简称TMDLs）。此外，各州必须确保水质不超过该法案规定的最大日负荷总量。并不是所有的州都有能力执行这些规定。对那些不能执行的州，环保署应该提供该服务。然而，由于环保署在能力上也是有限的，该法案的这部分通常无法被执行（Bellenger 2002）。

《清洁水法案》自从被通过以来，经历了多次修订。1981 年的修订提升了由城市基金项目建造的水处理厂的产能。然而，1987 年的修订却取消了这样的基金项目，代之以"州水污染控制循环基金"（State Water Pollution Control Revolving Fund）[也被称为"州清洁水循环基金"（Clean Water State Revolving Fund）]，它被用于环保署与州合作资助的项目。2003 年环保署的一份电子版报告《清洁水法案导引》（Introduction to the Clean Water Act），就该机构目前在《清洁水法案》方面的监管重点作了如下概括：

> 《清洁水法案》项目在过去几十年的变化……包括了从逐个项目、逐处资源、逐种污染物的管理方式，转向更加基于流域的整体性战略。根据这种流域管理方式，保护卫生的水源和恢复被污染的水源被置于同等重要的地位。它提出了一个全面的问题清单，而不是只限于

那些属于《清洁水法案》监管权范围内的事项。这一方式的另一个特点，是在提出和实施实现与维护各州水质以及其他环境目标的战略过程中，让各种利益相关者群体参与进来（EPA 2003，p.1）。

《安全饮用水法案》

《安全饮用水法案》的目标，是通过监管国家公共饮用水供应来保护公众的健康。该法案要求美国环境保护署（EPA）为饮用水建立全国性的卫生标准，以防止自然发生的和人为造成的污染物。该法经历了两次修订。第一次是在 1986 年，第二次是在 1996 年。1996 年的修订确认了水源保护、经营者培训、资助供水系统的改善和信息公开作为安全饮用水体系的重要组成部分。《安全饮用水法案》适用于全国的每一个公用水系统。唯一的例外，就是那些少于 15 个服务联结点（service connections）的系统，或那些至少在 60 天中其服务的用户平均每天少于 25 个的系统。在 20 世纪末，有超过 17 万个公用水系统被纳入《安全饮用水法案》的管辖范围。

对供水系统的大多数规制性监督，都是由州饮用水计划来执行的。各州能够向环境保护署申请"主控权"（primacy），即被授权在其辖区内实施和监控《安全饮用水法案》的各项计划，前提是它们能够表明它们的标准至少与联邦的标准一样严格。它们还必须确保它们所有的供水系统都符合那些要求。到 2000 年，只有怀俄明州和哥伦比亚地区没有被授予主控权地位。

供水标准的确立，经历了三个步骤。第一步，环境保护署确认有害的水污染物。第二步，它确定每种污染物的最大指标，低于该指标，说明对健康不存在已知的或预料的风险。第三步，它为送达公共用水系统中的任何用户的饮用水具体确定污染物可被容许的最高水平。这些都是可强制实施的标准，并且确定得尽可能接近安全饮用水的指标。环境保护署还提出了相应的处理技术。公用水企业必须遵守环境保护署的标准，并每年提供其进展报告，包括在其供水中发现的所有清单所列的污染物的处理措施（EPA 1999）。

州公用事业委员会的监管

各州的监管体现在四个不同的层次：（1）各州是某些商业经营的唯一监管者，如商业执照（有时指"特许"）、保险、员工补偿，以及像房地产销售这样的营业执照；（2）各州与联邦政府分担一些层次的监管。这最经常出现在那些州内和州际业务划分不太清楚的领域，诸如电信、某些交通运输活动，以及公用产业；（3）各州的机构经常是联邦规制和标准——诸如职业安全和环境计划——的执行者，在这些方面，各州经常被允许寻求不同的方式来执行联邦的计划；（4）各州有时与联邦政府分享重合的管辖权。例如，消费者保护项目、广告监管，以及一些财务监管项目，就会出现这种管辖范围的重合（Teske 2003）。

各个州长期以来一直拥有权力监管在其边界内经营的公用事业活动。这种权力包括监管公用企业所征收的费率及其财务活动。联邦政府也赋予各州权力来实施《公用事业监管政策法案》所确立的各项规制。公用分销企业从独立的生产厂家购买电力。电力购买因此是公用事业成本结构的一个组成部分。在零售消费者所付的费率中，经营成本是主要的成分。经营成本也被包括在公用事业委员会制定的公用企业被容许的回报率目录中。

按照正常的条件，公用企业将从独立电力生产厂家购买电力的成本，包括从设施合格单位或享受豁免权的电力批发厂家购买的电力的成本，转嫁给零售用户。然而，一些州的公用事业委员会并不总是允许向公用企业全额补贴其向这种设施合格电厂购买的电力，这种电力经常价格更高。在某种意义上，这种做法是对联邦能源监管委员会支持非传统发电设施发展目标的拒绝。一些州将设施合格企业和享受豁免权的电力批发厂家视为公用企业，因此要受州公用事业委员会的监管。公用事业委员会的监控包括对提供公共便利和必需品采取的执照制度，以及对组织、账目、财务和其他公司事项的监管。各州还对发电设施的选址和建设实施监控，并对证券的销售和资产的转移进行监控。

监管、放松管制，还是重新监管？

25 年来，放松管制在美国和其他国家，一直是在对企业的规制、经济和政治环境中的一项最优先的政策（Teske 2003）。结果是，有不超过6％的美国企业现在受到了直接监管的某种影响；在 1975 年，有 16％的美国经济是在政府监管的范围之内。如同下列陈述所提示的，除了公用产业之外，政策已经戏剧性地背离了对企业的经济管制：

> 对过去 25 年间大多数经济管制的主导性评价观点是：它或者从一开始就是一个坏主意，或者过去的做法是失败的，只是对需要继续进行监管的那些不断发展的垄断权力来说是例外（Teske 2003，p. 294）。

从 20 世纪 70 年代以来，在美国和其他地方，对公用事业进行监管的根本理由，一直经历着广泛的修正。努力解除公用产业管制的努力，顺应了这样的趋势，即更小型化、更少强制性的政府，政府所拥有业务的私有化，以及使管理免受许多似乎会窒息经济发展的限制性规定和规制的约束。然而，在加利福尼亚放松管制计划中的那些问题导致了价格欺骗和像太平洋电气公司（Pacific Gas and Electric，简称 PG&E）与安然公司以及其他一些公司的破产之后，放松管制的运动在 2002 年和 2003 年急剧降速。作为这一危机的一个结果，在联邦和州的两级层面都提出了一些改变能源市场监管方式的建议。有几个州还中止了它们所提出的放松管制建议。国会在 2003 年和 2004 年无法通过《能源法案》（Energy Bill）。在 2000 年加利福尼亚的经历之前，对电力产业的放松管制进展迅速；从 1995 年至 2000 年，有足足半数的州选择放松管制。自从加利福尼亚和安然的问题发生以来，在公用事业监管的未来范围和尺度方面存在着大量的不确定性。公用事业放松管制的步伐大幅放缓了，2003 年未能通过能源法案就是证明。

小　结

公用事业要受到地方、州和联邦政府广泛多样的监管。这些监管涉及所有权和治理、筹集资本、公司各单位之间的账目往来、环境、生产公用产品的方法、卫生和安全问题、与环境相关的问题，以及公用企业经营的许多其他方面。作为"自然垄断"行业，公用事业被认为理应受到政府的监督。

在联邦一级的公用事业监管，开始于在 19 世纪晚期通过的格兰其法。在 20 世纪 20 年代和 30 年代，政府监管发展到了其最终要达到的程度，它进入到该产业的每个方面。现代对公用事业的联邦监管，首先出现于 1920 年，当时国会通过了《联邦水电法案》。该法案对水电的发展建立了执照制度，并包括了改善内地水路航行的条款。它还建立了联邦能源委员会，它被授权管理所有水坝、水渠、水库、电厂、传输线以及与发展、传输和使用水电相联系的设施的修建、经营和维护。

在富兰克林·D·罗斯福总统执政期间，联邦监管体系迅速发展。有两个重要的联邦立法对公用事业监管产生了最重要的影响，它们是 1934 年的《证券交易法案》和 1935 年的《公用事业控股公司法案》。注册控股公司的几乎所有财务和经营活动，都要获得证券交易委员会的批准。被要求以这种方式向证券交易委员会注册的控股公司，必须将其公用企业的经营限制在一个单一的一体化的公用产业系统，同时还要从自身剥离那些与该公用产业经营没有功能关系的经营业务。

1978 年的《公用事业监管政策法案》的目的之一，是减少国家对国外能源的依赖。《公用事业监管政策法案》要求新的联邦能源监管委员会为使用包括生物燃料、风能、地热和其他再生燃料的热电联产设施和小型发电设施（小于 80 兆瓦发电量）的发展提供激励措施。

1992 年的《能源政策法案》为小型发电设施提供了更多的激励。根据同样在 1992 年生效的《联邦能源法案》，联邦能源监管委员会被授权监管电力的传输和州际贸易中电力的批发销售。联邦能源监管委员会的监管，包括批准公用企业财产的销售、证券销售，以及监管在批发市场上电力传输和销售的费率、期限和条件。联邦能源监管委员会还监管连锁董事会，并强制实施统一的账务系统和报告要求。

政府对天然气产业的监管，开始于 1938 年通过的《天然气法案》。该立法授权联邦能源委员会监管管道公司转售所购燃气的州际销售。

除了与水权有关的各种法律之外，有两个重要的立法影响了公用水企业的经营，它们是 1972 年的《联邦水污染控制法案》（即人们通常所说的《清洁水法案》）和 1974 年的《安全饮用水法案》。

从 20 世纪 70 年代以来，在美国和其他地方对公用事业进行监管的根本理由，一直经历着广泛的修正；对公用产业放松管制而不是进行管制，正主导着政策制定者的思维。它顺应的趋势是：更小型化、更少强制性的政府，政府所拥有业务的私有化，以及使管理免受许多似乎会窒息经济发展的限制性规定和规制的约束。

进一步阅读的文献

Crew，Michael A. and Paul R. Kliendorfer（1986），*The Economics of Public Utility Regulation*，Cambridge，MA：MIT Press.

MacAvoy，Paul W.（2000），*The Natural Gas Market：Sixty Years of Regulation and Deregulation*，New Haven，CT：Yale University Press.

Wickwar，W. Hardy（1938），*The Public Services：A Historical Survey*，London：Cobden-Sanderson.

Wilson，James Q.（1980），*Politics of Regulation*，New York：Basic Books.

第二编

公用事业管理的各项挑战

"管理"可以被定义为促使人们完成工作任务的艺术与科学。这意味着：对管理者来说，为了实现他们的目标，他们必须计划、组织、动员和领导组织中的其他人来完成他们的任务。个别的员工、主管人员和经理们通常被组织进不同的分离的职能部门。每一项职能活动都涉及一组只与该活动相关的特定的技能和任务；它们也会涉及那些组织中的每个人都共有的任务和特质。每一项职能都对管理提出了自己的挑战。

　　本书的这一编要考察公用事业管理者们在组织管理的核心职能方面所面临的一些主要的挑战：计划、领导、定价、营销、信息系统、财会、人力资源以及项目评估。在三个公用产业中——电力、天然气以及供水与污水处理——这些管理职能中的每一项都在以相似的方式被行使。然而，也存在着对任何一个给定产业的特定挑战，包括公用产业。每一个公用事业组织，不论是公有的还是投资者所有的，都必须对每一项管理职能中存在的一系列挑战作出回应。一些关于这些共有的和特有的职能问题如何影响管理的案例，将穿插在这一编的内容中。

第 5 章

经典教材系列
公共行政与公共管理经典译丛

迎接公用事业规划的挑战

　　公共企业中的规划，是在两个相互分离但又相互关联的层次上进行的，并且有着不同的目的。两种类型的规划都是实现组织目标的必要手段。在最综合层次上的规划，是战略规划（strategic planning）。战略规划的目的，是向组织提供长期的方向，以实现其根本目标。第二种规划，即业务规划（operational planning），通常是在更具体的层次上。业务规划的目的，是有效并有效率地分配稀缺资源，以完成组织的任务。战略规划的跨度，通常为数年——一般是三至五年。组织计划的跨度通常为一年。上级管理层负责战略规划，通常是在首席执行官和其他高层官员的指导下进行的。经理们和主管们负责业务规划，有时由专业规划人员提供协助（Lewis et al.，2001）。

　　战略规划有三个主要目的：第一，确定组织将要参与竞争的具体市场和环境。第二，公司在未来某时将要获得的地位——它的长远目标。第三，确定公司如何达到其长远目标。**"如何达到"**表达的就是组织将要遵循的战略。举例来说，一个公用企业的战略选择，可以是自己抄表、结算和客户服务，或者是外包上述服务或其他辅助服务。在另一项战略选择中，该公用企业可以选择专注于电力的配送，并以它能够商谈成的最佳长期合同价格向独立的发电厂商购买电力，商谈的结果取决于前一日市场的购买量，或在竞争的市场价格下电力需求的峰值。或者，它可以决定购买自己的燃气涡轮发电机，用于储备电力或高峰期的电力供应。

在综合分析了该公用企业的外部和内部环境后，便可以提出战略目标和政策规划。管理者通过一种被称为 SWOT 分析（SWOT Analysis）的程序，来考察外部和内部的各种因素。这一分析程序要求管理者彻底和系统地收集并评估有关组织的过去、现在和未来环境的数据，用以确认内部的优势（Strengths）和劣势（Weaknesses），以及外部的机遇（Opportunities）和威胁（Threats）（Pearce and Robinson 1994）。进行 SWOT 分析的最大优点，可能是它会提供对该组织的生存和兴盛至关重要的信息（Bryson 1988）。

外部分析考察的是该公用企业经营的经济、法律、政治、社会和技术环境。内部分析研究的是可用于实施战略的各种资源。根据对该公用企业所处情境的这两种综合分析所得出的结果，管理者便可以确定哪些外部环境因素具有最大的潜在威胁，哪些可能会产生商业机会。管理者然后便可以确定要抓住哪些机会，并确定对所规划的业务来说，哪些内部资源是可用的，哪些是可以获得的，以及哪些是得不到的。根据这些分析，管理层便可以着手预测当前及以后数年可能的业务水平，这一预测要考虑到各种威胁、机遇、资源的优势和劣势。战略规划和业务规划明确了管理层根据其经营能力所应选择采取的行动。

应对经营上的各种限制

对未来增长的预测通常包含在公用企业的年度报告中。不过，1995年的《私人证券诉讼改革法案》（the Private Securities Litigation Reform Act），要求公用企业的管理层将这些"前瞻性"的陈述仅仅作为对未来事件的"最佳猜测"。对前瞻性陈述的认定，是根据其是否使用了诸如估计、预计、期望、打算、相信、计划（等等）这样的字眼，以及诸如可能（might）、应当（should）、将会（would）、将能（could）这样的条件性动词。管理层并没有被限制使用这样的词汇，但其必须对这种预测作出限定性陈述。位于华盛顿特区的 WGL 控股公司（WGL Holdings），是一家天然气控股公司。它提出，以下事件或情况可能会导致未来的实际结果与2002 年年度报告中的前瞻性陈述存在重大差异。对于所有对各种受管制的公用企业进行外部分析的人来说，下列清单可以作为一个很好的指南：

- 在经济、竞争、政治和规制要求或发展上的变化；
- 资本和能源商品市场条件的变化；
- 信贷市场条件的变化，以及客户和供应商信誉的变化；
- 相关法律和规制的变化，包括税收、环境和就业的法律和规制的变化；
- 气象条件；
- 立法、规制和司法的强制性要求与裁决；
- 业务与产品开发努力的时机和成功；
- 技术改进；
- 放松管制的进展，及其他竞争方式的获得；
- 恐怖活动；
- 其他不确定因素。

公用企业的管理者们关注他们的法律和政治环境——通常被称为经营上的限制——是因为他们需要经常应对政府的监管行动。虽然放松管制在该产业的某些部门——如电信和天然气——取得了部分的成功，但在其他部门还远没有达到其目标。由于加州的经历和能源贸易行业的崩溃，电力产业的放松管制——或被委婉地称为"结构调整"——已经被搁置。在供水和卫生行业，迄今几乎没有进行放松管制的尝试。过去曾积极推进监管的各公用事业委员会，现在却同样积极地推进自 20 世纪 70 年代开始的放松管制运动。公用事业长久以来一直是美国最易受影响的高杠杆产业（the most highly leveraged industries）之一。各种经济条件都会影响公用企业的利率和其出售长期债券的能力。监管政策对公用企业的经营具有重大影响。

当为一个新的或重组的组织制定一个战略规划时，它通常被称作战略业务规划。当坦帕湾水务公司（Tampa Bay Water）———一个专营集水和输水批发的公用企业———在 1999 年 1 月通过了其第一个战略业务规划时，这个规划过程的形势分析部分就包括了对下述主要业务方面的评估和实施战略（Rogoff et al. 2002）：

- 对经营设备的预测性和预防性维护的需求、流程和时间安排；
- 能源使用的优化和管理；
- 工作场所自动化；
- 为报告标准化而建立的管理信息系统和改进后的文件编制；
- 用于监督项目成本的基于活动的会计制度；
- 集中化的采购、标准化的设备和物料，以及物料管理系统；
- 档案管理，包括资料管理和改进后的取水数据存取（water-drawing access）；
- 扩大服务和提高收入基数的机会；
- 非核心业务职能的外包；
- 通过更多的交叉培训、轮班安排的改变以及其他措施，提高劳动力的灵活性。

战略规划和战略管理

战略规划是战略管理过程的第一步。战略管理已经被定义为制定和实施旨在实现公司目标的各种计划的一系列决定和行动（Pearce and Robinson 1994）。宽泛地说，战略管理过程包括为组织确定首选目标、制定符合这些目标的战略，以及选择用于一组相关任务（策略）的资源组合。

组织目标通常由其使命阐释（mission statement）表达出来。使命阐释包括对本公司宗旨、理念和目标的一般性陈述。使命阐释是对本公司理念的书面表达。它可能包括本组织所提供的产品和服务，它所服务的市场，关于信仰体系或道德行为主张的信息，以及它给予员工的待遇。使命阐释的主要目的，是告知和指导组织的员工，但它也可以使客户和股东了解组织的经营理念（Boone and Kurtz 1996）。

最后的任务是提炼一份组织概括，它要说明组织的内部状况和能力。在战略管理中，这项任务是要对组织的各项优势和劣势进行分析。每一个投资者所有的公用企业的年度财务报告 10 - K 表（Form 10 - K）中，都有一份关于组织概况的简要说明，该表是 1934 年的《美国证券交易委员会法案》（the U. S. Securities and Exchange Commission Act）所要求的。

在公有的公用企业与投资者所有的公用企业所进行的战略管理之间，一直存在着一些重要的差异，尽管公共管理正在经历的变化正在缩小这些差异。在公共机构中，财政预算仍然是其规划的主要推动力；而在投资者所有的公用企业中，规划和目标却主导着预算编制。伊迪（Eadie）在下述陈述中指出了这种差异：

> 在公共部门中，正式的长期规划（long-range planning）与战略规划几乎完全不同。长期规划不是关注外部和组织的变化，而只是将年度业务规划过程延长。这就是说，它从内部着手，专注于让未来反映当下的活动，其时间跨度是任意的，比如说五年（Eadie, 1999, p. 138）。

位于华盛顿州的奇兰县（Chelan County）第一公用事业区的经验，就是一个公有的、多种经营的公用企业的长期规划过程的实例。该公用企业经营电力生产、传输和分销业务，以及供水与污水处理业务。供水与污水处理服务的收费，不能带来足够的收入来支付运营成本。因为该公用企业是公有的，所以它免受州公用事业委员会对费率的监管。但是，它选择在实施费率改变之前举行一系列公众听证会。2001 年，该公用企业将供水与污水处理的费率平均提高了 15%。提高费率是一项长期规划的组成部分，而该规划是在举行了一系列公众会议后制定的。

为战略规划建立一个基础

公用企业的管理者们必须为他们的战略规划构建一个强大的基础。规划过程这一阶段的关键活动，是为组织确立具体的使命。对使命的阐释，是用书面陈述阐释该公用企业希望被其利益相关者感知的方式。该阐释还规定了该公用企业的业务范围、它的目标，以及它为完成这些目标将要采取的各种战略。业务范围确定了该公用企业在该产业中所希望服务的某个或某些部门。它还明确阐释了该组织的信仰体系，包括它遵循的道德标准（Boone and Kurtz 1996）。

最好的使命阐释是通过自下而上的民主过程形成的。高级管理者有责任为组织的未来提出一个愿景，但所有的经理和员工都应参与使命阐释的制定过程。完成这项任务的方式之一，是组建一个多功能团队，它由为该目标建立的各种任务小组中的经理、主管和辅助人员组成。一旦确定了使命，并将其融入组织，它将构成最终组织文化的框架。撰写组织概况是一个描述性活动；它向所有利益相关者描述了该组织在其制定战略规划的时候所实际具有的结构和范围。

构建使命阐释

总部在弗吉尼亚州的 AES 公司（AES Corporation，简称 AES），是一家横跨五大洲 30 多个国家的大型独立电力公司，有 3.6 万名雇员和超过 330 亿美元的资产。该公司拥有 160 台发电设备，发电能力超过 550 亿瓦。AES 公司还经营着 20 个配电公司，为 1 600 万终端客户提供电力。专栏 5.1 是 AES 公司的使命阐释，它被置于 AES 公司 2002 年年度报告第一页的显要位置。

专栏 5.1　　　　　　　　　AES 公司 2002 年使命阐释

公司的目标是，以有益于我们所有的利益相关者的方式帮助满足世界的电力需求，为公司股东创造长期的价值，并为公司的所有者、雇员和其他依赖于公司的个人和组织确保持续的绩效和生存能力。为了实现这一目标，本公司已采取措施改善绩效和实现对每一项 AES 公司业务的卓越经营和管理，包括实施一项奖励制度，它部分地取决于 AES 公司内部的每一个人达到绩效目标和要求。公司将继续遵循构成本公司文化的四个共享的价值理念：诚信、公平、乐趣和社会责任。

资料来源：AES Corporation，2002 *Annual Report*.

加拿大水电发展公司（Canadian Hydro Developers，Inc.，简称 Canadian Hydro）在加拿大不列颠哥伦比亚、艾伯塔、安大略拥有并经营着 12 个低耗能的水力、风力发电厂和一个天然气发电厂，在不同的发展阶段还有一些其他的发电厂。截至 2002 年年底，该公司的发电能力达 88.9 兆瓦。该公司的使命被概括为六个指导原则，它们是由该公司的首席执行官约翰·D·基廷（John D. Keating）和董事长兼首席运营官罗斯·基廷（Ross Keating）提出的：

- 我们要努力达到或超过所有的立法、规制和其他规定的要求；
- 我们要将健康、安全和环境的要求充分融入企业规划工作和业务活动之中；
- 我们要不断努力改善我们的工作绩效，达到和提升包括防治污染在内的健康、安全和环境的目标和要求；我们所有的活动方式，都要有助于确定、评估和管理在健康、安全和环境方面的风险；
- 我们要与社区、政府和其他利益相关者进行有意义的对话，以解决健康、安全和环境方面的问题；
- 我们要通过实施有效和高效率的健康、安全和环境管理体制来推进我们实现理想的步伐。

（资料来源：Canadian Hydro，2002 *Annual Report*，p. 6.）

位于托皮卡（Topeka）的威斯塔能源公司（Westar Energy）经营着堪萨斯州最大的电力公司——堪萨斯市燃气和电力公司（Kansas City Gas and Electric）——以及其他几项不受管制的业务，包括第一保护公司（Protection One）和第一保护欧洲公司（Protection One Europe），等等。这家公司的使命阐释（被称为"愿景阐释"）被写入该公司 2002 年年度报告，见专栏 5.2。

专栏 5.2	威斯塔能源公司 2002 年概况

在威斯塔能源公司，我们要以不打任何折扣的诚信精神，致力于经营一个安全、可靠、开放和创新的公用电力企业。我们将为客户提供一流的服务，使他们毫不犹豫地选择我们。我们将是一个友好、关爱的邻居和值得信任的商业伙伴。威斯塔能源公司将形成一个奋发、积极的环境，员工为工作而自豪，多样化受到鼓励，所有人都受到尊重。所有员工的天才和领导力将树立卓越的行业标准，其

必将促进就业安全。

　　我们将是最佳的公用企业投资机会。我们组织的平衡的财务状况将为投资者提供持续的回报。通过与我们的社区合作，威斯塔能源公司将在公民领导和环境服务方面成为一个杰出的典范。我们所有人的共同努力，将使堪萨斯州成为更适宜生活的地方！

资料来源：Westar Energy，2002 *Annual Report*.

提炼一份公司概况

　　催化能源系统公司（Catalytica Energy Systems，Inc. ，简称 CES）在加利福尼亚州和亚利桑那州设有办事处。为能源和运输行业设计和生产废气排放控制产品和系统。催化能源系统公司的概况刊登在该公司 2002 年年度报告中，如专栏 5.3 所示。

专栏 5.3　　　　　催化能源系统公司 2002 年概况

　　催化能源系统公司为能源和运输行业设计、开发和制造先进的催化产品，专注于为改善性能和减少来自燃烧源的排放物设计出具有成本效益的解决方案。我们的专有技术包括将催化剂应用于燃烧系统，以及将新一代的燃料处理器用于减轻发电和运输系统对环境的影响。我们出售的主要商品是 Xonon 低温燃烧系统（Xonon Cool Combustion™），它是一种突破性的防污染技术，能使天然气燃烧涡轮机达到超低排放的电力生产能力。Xonon ® 通过一种专有的催化燃烧过程，防止形成氮氧化物（NOX）——空气污染的主要祸首。我们还努力进行与对燃料电池的燃料处理相关的技术开发，并积极地推进 Xonon 核心技术在移动的、静止的和越野的柴油机上的应用。

资料来源：Catalytica Energy Systems，Inc. ，2002 *Annual Report*.

　　阿蒂西安资源公司（Artesian Resources Corporation）是在美国为数不多的投资者所有的公用水务控股公司之一。该公司为大约 68 000 位用水表计量的客户提供服务，而当地的人口基数大约为 226 000，这表明其服务覆盖了特拉华州近 27% 的人口。阿蒂西安资源公司的概况被写在其 2002 年年度报告中，见专栏 5.4。

专栏 5.4　　　　　　**阿蒂西安资源公司 2002 年概况**

　　阿蒂西安资源公司是一家非经营性的控股公司，其收入来自于我们的四个全资子公司以及我们在阿卡结构公司（AquaStructure）所占的 1/3 的股份利润。阿卡结构公司是一家主要营销污水处理业务的有限责任公司。阿蒂西安水务公司（Artesian Water Company, Inc.）是我们最主要的子公司，也是特拉华州历史最悠久、规模最大的公用水务公司，自 1905 年起就在本州内提供水务服务。

　　我们将水分销给住宅、商业、工业、政府、市政和公用企业的客户……我们为其他的公用水务企业提供服务，包括经营和结算服务……［并且］与 13 家私人及市政的供水商签订了承包经营协议。在 2002 年，我们普通股净收入的 99.1% 来自于阿蒂西安水务公司对客户的服务……我们的另一个公用水务子公司被宾夕法尼亚州公用事业委员会确认为受管制的公用企业……它于 2002 年开始运营，为在切斯特县（Chester County）……的一个住宅社区提供供水服务。其他子公司……在特拉华州提供污水处理服务，并且拥有一块 11 英亩左右的土地。

资料来源：Artesian Resources Corporation，2002 *Annual Report*.

　　华盛顿州梅森县（Mason County）第三公用事业区（PUD No. 3）被作为公有的公用事业组织所作的一份概况的一个实例。其概况发布在该公用事业区 2002 年的年度财务报告中，见专栏 5.5。该县拥有两个公有的公用企业，第三公用事业区是其中之一。

专栏 5.5　　　　　　　　**公用事业区概况**

　　梅森县第三公用事业区 1934 年经投票设立，于 1939 年开始运作，由 3 位选举产生的委员负责领导。该区的总部设在华盛顿州的谢尔顿市（Shelton），位于华盛顿州首府奥林匹亚（Olympia）西北约 22 英里处。该区的服务范围覆盖 567 平方英里，其中大部分是在梅森县。供电服务的面积包括基萨普县（Kitsap County）南部 5 平方英里，格雷斯港县（Grasy Harbor County）东部 18 平方英里，以及皮尔斯县（Pierce County）西南部 0.001 56 平方英里。该区拥有并经营着 26.69 英里长的 115 千瓦输电线路。

　　2002 年期间，随着奥林匹克景观发电站（Olympic View Generating Station）投入生产，一项可以提供 5.2 兆瓦发电能力的工程项目宣告完成。该区现在是波纳维尔电力管理局的全需求客户（full requirements customer），在 10 座变电站提取电力。它有长达 1 593.4 英里的主（配）电线路。截至 2002 年 12 月 31 日，该区设备净资产值达 9 500 万美元，［并］为 28 678 个客户提供服务。2002 年公用事业销售和服务的总收入为 37 678 736 美元。

资料来源：Public Utility District No. 3 of Mason County，2002 *Annual Report*.

战略规划进程

　　战略规划进程开始于分析公用企业的内外环境。外部环境是威胁和机遇的来源。内部环境既包括优势也包括劣势。分析内外环境的过程，被称为 SWOT 分析（内部＝优势＋劣势；外部＝机遇＋威胁）。

评估外部环境

　　一些外部因素可能对一个公用企业的经营有某种程度的影响。其中最重要的是：（1）经济条件；（2）政治趋势和由政治行动所产生的法律限制；（3）社会趋势的转变；（4）物质环境的变化；以及（5）技术创新。

　　并不是所有这些环境因素都对公用企业的经营有同样程度的影响。但是，社会环境是公用事业管理者当今面临的主要问题之一。人们期望管理者在经营公用企业时，尽可能减少各种利益相关者之间的利益冲突。冲突的发生，主要源于对公用企业政策的变化。很多时候，联邦一级作出了有关变革的要求，但还没有经过深思熟虑就强制公用企业实施这种变革。

　　一个极为惨痛的实例是：在 20 世纪最后十年，公用电力产业引入了一项出于良好愿望的变革，结果却导致了利益冲突的产生。电力产业被拆分；在发电和输电两个环节都引入了竞争，但在分销业却没有引入竞争。分销业受到监管，费率的改变要经过事先审批。不允许分销商改变价格来弥补它们在购买电力时由于电价的急升所多支付的费用。当分销商被迫寻求破产保护时，加利福尼亚州不得不购买高价电来确保客户需求的满足。市场上人为地制造出一种失衡；公用企业精心制定的战略规划化为泡影。州监管者们很快意识到，在保护与该组织有任何相关的所有人（其利益相关者）的利益需求，和不牺牲构成该产业的各组织的基本经济或社会活力的需求之间，必须实现一种平衡。

　　环境压力对公用企业的经营构成持续的威胁。废气排放、水质污染、视觉污染（visual pollution）、物种灭绝、有害的废弃场所的清除净化要求（site clean-up requirements），以及类似的受关注事项，影响着现存设备的运作，并且对未来生产设施的选址具有重大的限制性影响。在位于明尼阿波利斯的艾克赛尔能源公司（Xcel Energy）2002 年年度报告中的提要性陈述中（见专栏 5.6），可以看到一个受到环境因素影响的公用组织的实例。

专栏 5.6　　　　　　　艾克赛尔能源公司的环境政策

　　作为一个能源供应商，艾克赛尔能源公司在满足客户需求和保护环境之间保持了一种微妙的平衡。该公司的承诺有许多方面，包括在科罗拉多州和明尼苏达州积极努力减少发电厂的废气排放，以及引人关注的可再生能源投资组合。凭借近 480 兆瓦风能发电，艾克赛尔能源公司进入全国风能发电的最大供应商之列。

　　2002 年，该公司的汞排放研究闻名全国，并与美国鱼类和野生动物保护署（U. S. Fish and Wildlife Service）签署了一个开创先例的协议，使得在减少由于电线导致的鸟类受伤和死亡方面彰显其努力。艾克赛尔能源公司还资助了广泛多样的可再生能源的研究。

　　资料来源：Xcel Energy, 2002 *Annual Report*.

分析公司的资源

　　公用企业的主要资源是人、钱和设备——所有这一切在公有的和私人的公用企业都是有限的。确定如何最好地利用这些资源是管理的一项职能。管理人员还必须为这些资源的利用确定优先次序，并制定一套体制来处理竞争性冲突，这种冲突经常出现在制定组织战略过程的业务规划阶段。

　　另一项重要资源，是安全、有效和高效率地进行公用事业服务所需的那些关键性技能。控制电力和煤气是危险的，恰当地设计和实施服务需要具有精细的工程知识。许多公用事业的管理者都谈到，他们在招募年轻工程师方面正面临着困难。

　　肖（Shaw 2003）在谈及公用企业需要可靠的应变规划，以便在发生危机事件时保障服务的连续性时，强调指出了未来所需的特殊技能的缺乏。肖认为，几乎所有的公用企业都不得不面临一个问题，就是在技术技能上内部专业知识的短缺。虽然外包在短期内可能有助于保住成本底线，但它使大多数决定外包的公用企业只剩下"最基本的资源可以用于为企业的生存设计和制定规划"。

选择长期目标和宏伟战略

在战略规划进程的分析阶段，要确认公用企业的整体战略。将所希望的目标和对所要求的服务水平的预测，与当下的经营结果进行比较。这两种评估之间的差距，构成了需要被规划的工作任务。对机遇和威胁之间差距的考察，被称作"差距分析"（gap analysis）。完成这些工作任务的最佳行动组合和优先排序，是由将被遵循的战略决定的。

西帕那卡投资公司（Pinnacle West Capital Corporation，简称 Pinnacle West）是一家以亚利桑那州凤凰城（Phoenix）为基地的多元化经营的公用事业公司，该公司合并资产约 84 亿美元，综合年度收入超过 26 亿美元。它的子公司生产、销售并传输电力；此外，在美国西部，它们以批发和零售的方式出售与能源有关的产品和服务。另外该公司还开发住宅、商业和工业房地产项目。在公司网页上可以看到，该公司将自己的战略方向定义为："不断追求一个共同目标——创造价值。为我们的客户、我们的股东、我们的员工和我们所服务的社区创造价值……我们通过生产和提供安全、可靠的能源创造价值。"为了实现这一目标，西帕那卡投资公司确立了七个核心战略目标：

1. 专注于为股东提供长期的整体性的优异回报；
2. 为亚利桑那州的电力用户提供价格稳定的可靠能源；
3. 抓住电力市场的增长机遇；
4. 积极控制成本和经营风险；
5. 使资产的长期价值最大化；
6. 在保持灵活性的同时，坚持不懈地专注长期目标；
7. 所建立的产电组合要与我们本地的负荷、现金流量和市场条件相符合。

这些战略目标指导着西帕那卡投资公司的经营。管理层为公司来年和更长远的发展制定详细的短期和长期规划。业务层面的管理人员确定将用于实现这些目标的最佳资源组合，将他们的建议提交审议，并实施被批准的计划项目。

为了实现满足公司电力消费者的所有服务需求这一基本战略目标，西帕那卡投资公司的受管制的子公司——亚利桑那公共服务公司（Arizona Public Service），实施了一项增长战略，新设了一个具有最先进技术的联合循环燃气发电厂。为实现不断改进其向客户所提供的价值这一目标，西帕那卡投资公司在新增发电能力的同时，仍然不断降低其电力的价格。

年度目标、短期战略和预算

在过去，在公用企业中，几乎没有什么事情是迅速发生的——但对灾害的回应除外。输电线中断、输水管破损、卫生处理设施超过负荷，以及类似的灾害情况，都需要——并得到——迅速的回应。另一方面，公用系统大多数生产和传输设施的建设，都需要数年或更长的时间。对已安装的配电系统进行改造和升级，是一项长期的工程。该产业受管制的部门要在价格结构、收购意向、兼并组合和其他的结构调整行动方面作出改变，即使不用数年，也经常要几个月的时间。因此，为公用企业制定年度工作规划和预算，一年时间远远不够，往往要为时数年。在联邦要求公用电力企业制定综合资源规划这一实例中，可以看到将长期规划转换为年度战术性规划的复杂性。

大部分公用事业需求都具有周期性和对气象的敏感性。购买补充性产品供给的资金要求，反映着需求的这种周期性变化。因此，为公用企业所制定的短期的战术性规划以及随后的财务预算，要将这些季节性变化考虑在内。例如，在 2002 年的财政年度中，华盛顿特区的天然气分销商 WGL 控股公司的客户天然气年度总需求，有近 3/4 发生在第一季度和第二季度。为了满足这种需求，该公司的现金需求在秋季和冬季月份达到高峰，应收账款、收入和储备的燃气存货达到其最高水平。在冬季供暖季节过后，这些资产被转换为现金，用于公司付清短期债务，并为下一个供暖季节获取燃气储备。燃气是从另外的燃气生产商那里购买的，并储存在由州际管道商所拥有的设施中。管理好供应商品的购买和需求的分配，除了需要年度业务规划和长期的战略规划之外，还需要季度规划和季度预算。

实施战略选择

　　实施被规划的行动，可能是战略管理过程的各项任务中最为艰难的。实施规划需要整个管理团队的参与，而不只是少数高层管理人员的事情（Thompson and Strickland 1996）。每个管理者都必须对下述这样的问题作出回答：为实施战略规划，我的部门或单位需要做什么？为了确保实现我们的目标，我们需要做什么？我必须以何种方式来协调我们的活动与其他部门或单位的活动？我单位活动的哪些部分需要定期进行成果评估？我们需要设计哪些新的评估工具？如果我们超过或未能达到业绩目标，我们应当采取什么样的应变行动？什么是现在需要做的？什么是可以以后做的？管理职能在多大程度上可以被委托？

　　为了有效地和高效率地执行本单位所规划的任务，管理者应当将规划的实施作为一个系统的过程。托马斯和斯特克里兰（Thompson and Strickland）指出了管理层必须完成的八项关键性的实施任务，不论该组织的类型或规模如何。这八个步骤包括：

- 首先，确定本组织有能力完成实现战略目标所必需的任务；
- 建立一个基于活动的预算，以确保在需要的时间和地点能够提供执行这些任务所需的各种资源；
- 建立适当的经营方针和程序；
- 包括有关不断改进的规定；
- 安装必要的支持系统，以确保业务人员能够进行他们的日常工作；
- 制定与绩效相联系的奖励和激励制度；
- 建立和强化一种支持性的工作环境和组织文化；
- 在继续支持和改善业务进程的同时，展示必要的领导力，以使工作团队毫不动摇地去实现公司、团体和个人的目标。

评估和控制战略管理过程

　　过程控制的目标，是要确保业务进展符合或超过预期目标。战略进程的这一部分包括两个方面：建立目标和监控进程。管理者在规划过程的目标阶段建立目标。对进程的监控可以采取许多方式。不过，如今一些组织使用正式的评估程序来实现这一目的。评估被定义为"对经营和（或）计划或政策成果的系统评定，它参照一套明示或默示的标准，被作为一种有助于改善计划或政策的手段"（Weiss 1998，p. 4）。

评估一个项目、政策或行动是否成功，涉及对实施结果的测评。评估者必须测评该项目导致的结果是否为实现目标和目的作出了贡献。有关结果的其他词汇有贡献、效果、影响、最终结果（net result），等等。在评估过程中，管理者必须问这样的问题：我们单位的项目或行动的结果是什么？我们的业务方案是否将实现我们规划完成的目标？我们的工作是否会产生任何有益或无益的副作用，如果会产生副作用，它们对组织整体的其他方面有什么影响？就组织的整体战略方向而言，我们的贡献取得了怎样的短期和（或）长期成果？

公用企业的整合性资源规划

1992 年的《能源政策法案》要求所有的公用电力企业在规划过程中，要整合新的发电能力、电力采购、能源的节约和效率、热电联产及在服务区域供热和制冷的实际应用，以及可再生能源。这个过程被称作"整合性资源规划"（integrated resource planning，简称 IPR）。该法案于 2000 年 5 月 1 日生效（Energy Information administration 2000）。在许多方面，新的整合性资源规划的过程，反映出传统战略规划的许多特征。

整合性资源规划的过程目标，是确保以最低的系统成本为公用事业的消费者提供充分和可靠的服务。这一综合性的规划过程，促使公用企业考虑可能会影响系统运作的各种必不可少的特性，如多样性、可靠性、调度能力，以及其他风险因素。此外，公用企业必须考虑它们核实能源节约的能力，这种能力的获得，可以通过能源节约和提高能效，再加上对长期持续性节约的规划。根据西部地区能源管理局（Western Area Energy Administration）——一个五个州的输电网组织——的观点，整合性资源规划的过程，是以一致的和综合的程序来解决资源的供需问题（Western

Energy Services 2003)。

整合性资源规划，是政府将共同规划的过程和程序引入具有长期的稳定供电合同（firm-delivery contract）的输电网客户业务的尝试。在稳定供电合同中，公用企业同意：即使在供应短缺的情况下也会向这些客户提供电力，而对于持有可中断服务合同的客户来说，这时的服务就可能被中断。稳定供电合同的电价，通常远远高于可中断合同（interruptible-contract）的电价。电力客户是电力的分销商，它们向住宅、商业和工业客户分销电力。整合性资源规划必须考虑电能资源的需求，也可能要考虑水、天然气和其他能源。所有从输电网购买电力的公用企业，必须在其整合性资源规划中满足《能源政策法案》的下述要求：

- 对所有可行的能效和能源供应资源的可选方案提供鉴定和比较；
- 制定一个最低年限为五年的行动规划（战术性规划），描述本公司实施整合性资源规划的具体行动；
- 指明可向客户公司提供的最低成本可选方案；
- 描述为尽量减少开发新资源对环境的不利影响所作的努力；
- 确定公众听证会的时间表，以便为公众参与整合性资源规划的起草和制定提供机会；
- 进行负荷预测，并将其写入整合性资源规划之中；
- 提出测评和验证所预测绩效的方法，以确定其是否符合目标。

整合性资源行动的计划和测评

每一个整合性资源规划必须包括一个综合的行动计划和一份年度进展报告。行动计划是战略规划一节中所讨论的短期的战术性计划。行动计划包括该计划所涵盖的时间段。当时间段到期，整合性资源规划必须被修改和更新。行动计划必须包括：（1）客户所建议的、为实现整合性资源规划中的目标应采取的行动；（2）为评估所实施的行为而确定的定期测评日期（里程标）；（3）来自每一项计划行动所预期增加的能源和产能的预计收益。

与行动计划里程表相关的要求，是指明和概述客户建议的测评战略。

在规划执行过程中，客户所采纳的资源可选方案的实施进展，必须被定期测评，以确定是否符合整合性资源规划的目标。

小　结

公共企业中的规划，是在两个相互分离但又相互关联的层次上进行的，并且有着不同的目的。最高层次的规划是战略规划。第二个主要类型的规划，被称为业务规划或战术规划。战略规划通常是高层管理人员的责任；战术规划主要在业务层面制定和实施。

战略规划过程包括为组织确定目标，为实现这些目标制定战略，并选择被用于一组相关任务（战术）的资源组合。前两项任务是密切相关的：第一项是说该公司做什么；第二项是说该组织是什么。组织目标通常被表达在其使命阐释中。使命阐释包括关于公司宗旨、理念和目标的一般性陈述。使命阐释是对本公司理念的书面表达。

组织概况确认其内部状况和能力。在战略管理中，这项任务是要对组织的各项优势和劣势进行分析。每一个投资者所有的公用企业的年度财务报告 10-K 表中，都有一份关于组织概况的简要说明，该表是 1934 年的《美国证券交易委员会法案》所要求的。

在公有的公用企业与投资者所有的公用企业所进行的战略管理之间，一直存在着一些重要的差异，尽管公共管理正在经历的变化正在缩小这些差异。在公共机构中，财政预算仍然是其规划的主要推动力；而在投资者所有的公用企业中，规划和目标却主导着预算编制。

一些外部因素影响着公用企业的运作。其中最重要的是：（1）经济条件；（2）政治趋势和由政治行动所产生的法律限制；（3）社会趋势的转变；（4）物质环境的变化；以及（5）技术创新。

公用企业的主要资源是人、钱和设备——所有这一切在公有的和私人的公用企业中都是有限的。确定如何最好地利用这些资源是管理的一项职能。管理人员还必须为这些资源的利用确定优先次序，并制定一套体制来处理竞争性冲突，这种冲突经常出现在制定组织战略过程的业务规划阶段。另一项重要资源，是安全、有效和高效率地进行公用事业服务所需的那些关键性技能。

在战略规划进程的分析阶段，要确认公用企业的整体战略。实施被规划的行动，可能是战略管理过程的各项任务中最为艰难的。实施规划需要整个管理团队的参与，而不只是少数高层管理人员的事情。

过程控制的目标，是要确保业务进展符合或超过预期目标。这一过程包括两部分：确立目标和监控过程。管理者在规划过程的目标阶段确立目标。对进程的监控可以采取许多方式。不过，如今一些组织使用正式的评估程序来实现这一目的。

1992 年的《能源政策法案》要求所有的公用电力企业在规划过程中，要整合新的发电能力、电力采购、能源的节约和效率、热电联产及在服务区域供热和制冷的实际应用，以及可再生能源。这个过程被称作"整合性资源规划"；该法案于 2000 年 5 月 1 日生效。每一个整合性资源规划都必须包括行动计划、环境影响评估和进展测评时间表。

进一步阅读的文献

Berrie，Tom W.（1993），*Electricity Economics and Planning*，London：Peter Peregrinus.

Bolet，Adela Maria（ed.）（1985），Forecasting U.S. *Electricity Demand*：*Trends and Methodologies*，Boulder，CO：Westview Press.

Joskow，Paul L. and Richard Schmalensee（1983），*Markets for Power*，Cambridge，MA：MIT Press.

第 6 章

公用事业管理和领导的挑战

有技巧和有见识的管理，大概是任何公用企业最重要的资产和最缺乏的资源。它必须被明智地利用，并定期更新。现存的管理必须提供一定的环境和条件，使未来的良好管理在需要时能够满足需要（Farris and Sampson 1973）。

本章将简要介绍一些较重要的管理原则，它是未来的公用事业管理者、外部董事以及新的委员会成员在公共服务管理中所需要的。它包括在本讨论中所使用的管理一词的定义，对管理者工作所处的公用事业经营环境的描述，以及指导管理者完成其任务的各种关键性限制和普遍性原则的概述。

在公用企业中，进入高级管理层通常有两条道路可走：一条是工程技术的业务之路；另一条是专业管理之路。不存在单一的最佳道路可走，在招聘未来公用事业管理者方面也没有单一的最佳途径。工程师通常从有关管理的补充教育中受益；经营管理的专业人士往往也需要在公用事业的技术方面接受补充性教育。

所有的公用企业——不管是大型的还是小型的，不管是涉及能源、水务还是卫生设施的——都需要这两种类型的管理者。同样地，也没有培养未来公用事业管理者的单一最佳途径。某一学派认为，应允许并鼓励潜在的未来管理者尽可能地扩展自己的领域，哪怕存在失败的风险。表现优异者不应被组织惯性或论资排辈的规则所压制。

什么是"管理"？

"管理"（management）这个术语被用来指几种不同的事情。对一些人来说，管理是与领导的概念密切相关的。另一些人则认为管理不过是行政（administration）一词的另一种不同说法。还有人用这个词来指指导（supervision）；也就是说，管理就是对组织工作人员的指导。在这一背景下，"管理"一词被用来指"由一些人从事的一组指导性行动，它们被用来帮助其他人完成组织的许多目标"。公用事业管理者将这些行动用于完成公共服务组织的各项目标，包括管理与该组织的专营权有关的所有活动，这种专营权是由某个公共机构授予的。

公用事业组织中的管理，包括政府管理、公共行政，以及对不受管制的业务的管理（Bozeman and Straussman 1991）。公共管理是在政治权力下的管理；它要接受公众问责，分享权力，并要注意政治影响。公共权力体现为每年通过的影响产业经营的法律的数量和类型、选举产生的政府官员的政治理念，以及被任命实施规则和规制的公共管理者的态度和主张。

公共行政是传统的科层制管理。这种政府管理的官僚制模式是由德国的马克斯·韦伯和美国的伍德罗·威尔逊提出的，它建立在下述特点基础之上：

● 组织内的控制是集中化和科层式的；
● 管理者和员工的表现所遵循的规则和行政法规，应当是相当稳定和详尽的——一切按部就班，一切井然有序（a place for everything and

everything in its place)；

- 标准化和不带个人色彩的公众服务；每个人都受到同样的对待；
- 内部工作人员处理所有业务；不存在外部承包商或私人供应商；
- 工作人员的挑选是通过竞争性考试，而不是依据主观标准。

现代公共管理在许多方面与企业管理相类似。虽然所有的企业都受到法律的限制，如企业税收、反垄断立法、禁止虚假广告、避免价格歧视，以及类似的通用法律，但私营企业不受政治权力的限制。只要私营企业管理者遵守适用于其所在行业所有企业的各项法律，他们就很少受到政府的直接监管。

公用事业管理者的经营环境

公用企业的经营环境，既包括私人管理的部分，也包括公共管理的部分。公用事业组织中的管理者所运用的管理方法，与在所有组织中所采用的基本管理原则即使不是完全一样，也是非常相似的。然而，的确存在着许多差异，记住这一点是很重要的。奥斯本（David Osborne）和普拉斯特里克（Peter Plastrik）在 1992 年的《官僚主义的放逐》（*Banishing Bureaucracy*）中指出了一些这样的差异，该书是具有里程碑意义的《重塑政府》（*Reinventing Government*）一书的后继之作。在政府机构进行变革，需要更大的政治努力。他们认为：

> 最为深刻的差异大概是，私人组织存在于较大的通常运行良好的系统或市场中。大多数私人的、营利性的组织具有明确的使命，知道如何测评其底线绩效（bottom-line performance），直面竞争，感受其行为的真实后果，并且对其客户负责……在政府，大多数组织存在于功能失调的系统中。许多组织有多重（有时相互冲突的）使命；很少面对直接的竞争；很少直接感受到其行为的后果；很少有明确的底线（甚至很少测评他们的绩效）；并且很少对客户负责（Osborne and Plastrik 1992，p.12）。

如果他们曾对公用产业有所描述的话，奥斯本和普拉斯特里克十多年前为公共组织描绘的这一黯淡前景，并没有对当今复杂的公用产业作出准确的描述。结构调整和重组，将市场竞争嵌入了一度垄断的公用产业的结构之中。不过，公用事业的管理，始终要求获得、追踪并试图影响政治权力的运作，这是一种绝对的需求。公用产业的很大部分仍然在垄断的条件下运作，这是通过某些政府机构授予的特许专营权来实现的。言下之意是，专营权一旦被授予，便也可以被撤销。

将绝大部分公用产业与其他经济事业区别开来的两个关键因素是：（1）公用产业的各环节是在社会认可的垄断竞争条件下运作；（2）该组织业务或供应链的一个或多个环节受到一级或多级政府的监管。美国法律规定，受管制企业的管理方式，在许多方面不同于不受管制的企业。举例来说，受管制企业的管理决策，经常要在公用事业委员会的听证会上接受公众的监督。在许多管理事项上，包括价格制定、满足所有服务区域需求的委托，以及被容许的经营利润的限度等，公共政策和公共舆论期望着不同的做法。

由于公用企业提供基本的公共服务，而这种公共服务被认为涉及公众利益，因此，公用事业的管理既需要公共部门的管理知识，又需要私人部门的管理知识。市场经济必须经常平衡相互冲突的社会利益与私人利益。这一点在公用产业中是至关重要的，因为在该产业中存在着各种各样的条件，使不同的经济活动得以发生。

在各种条件的一端，是私人拥有的、不受管制的业务，其规模从通用电气公司（General Electric）和通用汽车公司（General Motors）到独立的街角杂货店。在这一系列条件的相反一端，是政府全资拥有的组织，如美国邮政局、田纳西流域管理局和波撒维尔电力局等；在这一极的极端实例，是各种国有化行业，它们经常出现在第三世界国家、苏联集团各国，以及在英国、瑞士、新西兰和其他国家的社会主义经济中。市政府拥有和经营的公用企业，更接近于这种传统的公有制。

在各种经济体制相反两极之间，存在着各种自由经营的企业，如银行、投资经纪公司和保险公司，它们都受到不同程度的特殊经济监管。私人拥有的公用企业也属于这一群体；它们一直处于该群体所有产业中受到政府最完全监管的一端。这些受管制的产业中，包含着多样化的公共服务组织，在规模和范围上，从跨国性的垂直一体化的能源公司，到地方性的水务和电力合作社。这些公用企业受到联邦、州或地方政府的监管，或者上述三级政府的同时监管。

　　大多数公用能源企业，都是私人所有的企业——通常被称为投资者所有的公用企业。另一方面，地方政府拥有国家大多数供水、污水处理和卫生设施公用企业。这些政府可以自己经营公用企业，或者将公用企业的日常经营承包给私人经营者；在两种情形中的任一种情况下，政府公用企业还可能将其结算和客户服务等职能承包给私人公司。

　　公用企业管理不同于行政管理。行政管理一度是大多数政府官僚机构、受政府监管的公用企业和非营利组织的特征。如今的公用企业管理，可以说将传统的奉献精神，融入日益受到企业家式的和市场导向的管理主义影响的公共服务之中，这种管理主义被称为"新公共管理"。这一趋势将在以后的章节进行更为详细的讨论。

　　在所有权或治理方面，公用产业是多样化的混合，包括了公有制、私有制和合作所有制。公用企业管理包括了公共部门和私人部门管理的要素。公用事业供应链中的各个组织经常发现自己既要在营利性经济环境中经营，又要在非营利性的经济环境中运作。因此，对公用事业管理职能和流程的讨论，往往偏重理论而忽略现实描述（Farris and Sampson 1973）。过去讨论管理时，更多强调"应该是什么"或者"能够是什么"，而不是"是什么"。在这本书中则完全相反；更多地强调公用事业"是什么样的"。

管理的一般职能

　　公用事业管理者是在一个动态环境中进行经营的，该环境松散地置锚于当时政治、经济、自然环境和社会环境的不断变换的政策沙滩上。政策的转换呈现出周期性，大约每 10 年或 30 年发生一次。此外，每一代管理者都会发现和运用新的工具来指导他们从事其管理工作。例如，在 20 世纪 70 年代，"目标管理"（management by objectives，简称 MBO）被大多数组织管理者积极采用。在 20 世纪 80 年代，"全面质量管理"（total quality management，简称 TOM）与其他在日本非常有效的管理工具一起走到台前。在 20 世纪 90 年代，价值链管理、学习型组织、战略规划等重要概念，被添加到管理者的工具箱中。

幸运的是，许多基本的管理原则似乎总是适用的，它们今天仍然像其首次被引入时一样有效。在 21 世纪初期，公用事业管理采用了基于绩效的管理程序、私有化、承包服务，以及以市场为基础的竞争，等等。在这些普遍的管理原则中，被所有的管理者所履行的基本职能是以下这些：分析、计划、组织、指挥（领导）和控制那些使公用企业能够完成其目标的决策。

为管理决策而进行的分析

管理分析是为了制定管理决策而定位、审查、评估和解释有意义数据的能力。举例来说，任何规划过程的第一步，都是对造成目前情况的各种因素进行全面的分析。在形成未来运作的任何目标之前，规划者必须对现存的状况有一个彻底的认识。从绩效评估的角度看，这一过程有时称为"树立标杆"（benchmarking），它包括对各种最佳业务实例的比较。

分析既是一种技巧，又是一种艺术，它需要知识和创造力。管理者需要了解宏观经济系统、影响该产业的社会和文化趋势，以及该公用产业的结构和范围。他们还需要知道何时及如何使用管理原则和工具。这需要经济理论知识、定量和定性分析技术、工商管理原则，以及分析和预测的计算机软件的使用。然而，对理论与数据作出解释是一个判断问题，在这里起作用的是分析的艺术；学习这种艺术的最佳方法，是遵循一个或多个更有效的领导者的实例。

预测的艺术

对公用企业的管理进行有目的的分析所产生的主要成果之一，就是作出有效预测的能力。公用事业预测，是以某种可接受的可靠性程度，确定那些与组织相关的某些未来状况的过程。虽然任何个别的预测都不可能完全准确无误，但作出良好预测的能力对于未来公用事业的运作是极为关键的（Farris and Sampson 1973）。

公用事业所受到的法律和经济限制，使可靠的预测和良好的规划对公共服务机构的意义大于其他行业。法律要求公用事业要随时满足对其产品或服务的所有需求。因此，大多数公用企业花钱生产超量的产能，否则它们就必须在需求高峰期设法购买高价的产品。需求预测被公用企业用来避免供应不足或产能过剩的问题。

分析技术使得管理者有可能从服务领域、经济状况、气候变化、就业预测以及其他有关的经济和社会数据出发，通过一系列预测增长的模型，对未来的投资需求进行五年或十年的预测。

公用事业管理者通常采用模拟的工具来分析组织。布兰登·欧文斯（Brandon Owens 2003）讲述了如何用一种财务绩效模拟（financial performance simulation）的方法，先对一种新的燃气联合循环发电机组（a new gas-fired，combined-cycle electric generator unit）的盈利能力作出评估，然后将这些绩效结果作为标杆，用于更广泛的预测。欧文斯使用了该国所有地区有关这一新发电机组的成本和性能特点数据。他用模拟的方式来评估整个电力部门的电力生产环节的健康状况。这一模拟的结果使他做出预测：到 2006 年，一些电力市场将开始复苏，而南加州市场将是首先复苏的。

管理的规划职能

正如我们在第 5 章所了解到的，公用事业规划是在两个层面进行的：（1）制定战略；（2）选择适合于战略的经营策略。战略通常是在决策层或高级管理层制定的；与战略相匹配的策略则是在操作层制定与实施的。目标和政策制定主要基于对公用企业外部和内部环境的综合分析。内部分析考察可供策略实施的资源。外部分析调查公用企业经营的经济、政治、社会和技术环境。

在投资者所有的公用企业中，制定战略的管理者通常是公司的董事和（或）主要执行官，他们都向股东负责。在公有的公用企业，战略通常是由选举产生或依法任命的官员、市政或地区的行政委员会、高层公务员、行政负责人或专业的公共服务经理来制定。在战略制定层面，管理的职能是：首先，确立本组织的总体目标；其次，确定旨在实现这些目标的基本方针。

在执行或策略层面上，管理者要从事四项工作：（1）预测组织未来需要的资源；（2）根据对客户需求的预测，制定满足这些需求的计划；（3）获取和组织必要的财力、人力和物力以执行该计划；（4）开发和应用合适的业绩评估和控制程序。对这些资源的实际利用或监察需要不断核查，以保证尽可能最好地利用现有资源，同时继续研究通过改变资源组合来进一步改善绩效的可能性。

管理的组织职能

组织是将本公用企业所需的所有资源——金钱、人力、设施——在其被需要的时间和地点聚集在一起以确保本公用企业的目标得以实现的过程。为此，管理者既要运用短期预测，又要运用长期预测。特别要记住的是，组织工作是一个团队行动，应该由组织的所有主要职能部门派代表参加。任何一项主要资源因素的变化，都会对其他资源因素产生直接的影响。

与组织职能密切相关的是重组和结构调整。重组是指资源分配或分布出现的变化。它涉及组织中经营和结构的变化。举例来说，经济环境的不断变化，可能要求公用企业向上或向下修改其增长预测。由经济状况的改变所导致的需求预测的差异，经常要求组织作出改变——如增加或减少工作人员，关闭或兴建新的发电厂，或寻找其他的水或天然气资源——以便更准确地反映现实的状况。

另外，结构调整是指在产业或组织方面的基础广泛的和长期的改变。结构调整经常涉及公用企业的使命或宏观战略的变化。例如，位于弗吉尼亚州阿灵顿（Arlington）的AES公司为了回应低于预期的收入和高于预期的成本，以及国际电力经营的经济环境的重大变化，在2002年成立了一个结构调整办公室，专注于改善公司的经营和财务绩效。该办公室负责评估其绩效不佳的业务的前景，对其中一些有希望的业务作出调整，而对其他的业务予以出售或放弃。

CH 能源集团（CH Energy Group）最近也进行了类似的重组。它是一家公用控股公司，控股受管制的中部哈得逊燃气和电力公司（Central Hudson Gas & Electric Corporation）。中部哈得逊公司为纽约市以北的哈得逊河（Hudson River）中部流域大约 66.27 万人口提供电力和燃气服务。重组的目的，是在该企业不受管制的竞争性部门简化行政程序、改善管理成效。该计划包括对一些业务的合并、对另一些业务的出售，以及其他组织行动。

　　由于政府规制的改变，整个公用产业都正在经历结构调整。在这种情况下，结构调整涉及将原有纵向组合的受管制的公用产业的各组成部分，"拆分"成分立的生产企业、传输组织和独立的地方公用服务分销商。该产业以这种方式进行的结构调整被称为放松管制。放松管制的目标，是以市场控制取代现存的政府监管，以便降低消费者支付公用服务的价格。结构调整在天然气产业运行良好，在电力产业则差强人意，而在供水、污水处理和卫生产业则还没有进行任何尝试。虽然供水、污水处理和卫生产业仍然在很大程度上属于市政所有，但越来越多的城市已经选择将其部分或全部公用业务私有化。城市仍然保留所有权，但是却将这些系统的经营承包给外来的供应商。

公用企业管理的指挥职能

　　指挥组织的经营，是管理的另一项基本活动。管理者管理员工。管理行为的主要功能，就是确保组织能够履行其基本职能——以合理的价格向客户供应所需的产品或服务——同时也保护其雇员、投资者和联营机构的各种利益。负责任的管理必须为本组织的个人、团队和团体作出计划并处理他们的问题。管理者为确保这一目标能够实现，必须保证组织有可靠的政策、程序、条件、激励和奖励制度。实现组织目标所必须完成的任务，是由该组织正式的或非正式的方针和程序决定的。组织的成效取决于对领导者、管理者、主管人员和员工的激励方式，要使他们能够将自己的目标融入组织的目标之中。

　　伯特·纳努斯（Burt Nanus 1996，pp. 4-5）在其关于领导和组织重建的小部头著作中，将领导者定义为"汇集组织的各种资源——人力、资金和技术——并将其用于正确方向的人"。所谓"正确方向"，纳努斯指的是确保组织未来成功、成长和生存活力的各种工作。领导者作为变革的促进者而发挥作用，影响或作出重要决策，包括选择投资、人事和市场，选择是否合作和与谁合作，以及选择要进入的新的方向或新业务。最后，他所描述的领导者是"总教练和导师"，这样的管理者要"创造希望和更高的期望，对那些在组织中做实际工作的人来说，他要做他们的教师、学者、促进者、榜样和朋友"。

成功地与人打交道，需要领导技能。领导意味着引导和激励经理、主管和员工为实现组织目标而工作（Boone and Kurtz 1996）。霍吉金森（Hodgkinson 1983）指出了领导的四个关键法则：了解任务，了解情境，了解团体，了解自己。专栏 6.1 列出了这些法则，以及在发展领导技能时可以自我提问的问题。

专栏 6.1　　　　　　　　　　霍吉金森的四个领导法则

1. 了解任务
什么是组织的使命？
哪些因素有助于该使命的达成？
如何表达这些因素？
如何在组织中协调这些因素？
什么是我在完成组织使命中的角色？

2. 了解情境
什么是威胁组织完成其任务的最重要和最突出的环境特征？
这些特征中哪些需要特别注意？
这些特征中哪些是可以被忽略的？
我的贡献如何受到这种情境的影响？

3. 了解团体
我需要了解团体的哪些情况？
［你了解多少都不算多！］
从原则上说，人类的成就是没有上限的。
那么，处于最高成就和最低成就之间的是什么？

4. 了解自己
什么是我对组织的最大责任（如果这种责任有边界的话）？
我是否有足够的能力实现我的最大潜能？
我处理不确定性的能力如何？
最重要的是，什么是我的弱点，我怎样才能使它们变成优点？
我是否能够控制不良情绪——愤怒、沮丧、恐惧、仇恨、忌妒、怨恨、贪婪——并在这方面成为组织中其他人的榜样？

资料来源：C. Hodgkinson, *The Philosophy of Leadership*, 1983, p. 211.

公用企业管理的控制职能

控制是管理职能，它可以（1）建立绩效标准；（2）帮助监测和评估绩效；（3）将实际的绩效与被规划的标准或目标进行对比；（4）在需要的方面做出改变，在绩效符合或超过目标时予以强化。

当管理者指导组织的运作时，他们关注两组问题（Pearce and Robinson 1994）。第一组涉及战略；第二组涉及绩效。通过分析组织的经营环境和绩效，管理者会提出这样的问题：

- 公用企业是否朝着正确的方向前进？
- 成功的关键因素是否出现？
- 如果该公用企业是在竞争环境下运作的，它是否具有可保持的竞争优势？
- 管理层为建立公用企业的战略而对主要趋势和变化作出的假设是否正确？
- 管理层是否正在做需要做的关键事项，何时需要完成该事项？
- 战略是否应该改变、微调或完全放弃？

绩效问题涉及根据既定的、可测量的目标对绩效进行测评。例如：检查日程要求是否被严格执行，以及确定有关收入、收益、现金流量、债务偿还和其他财务指标的财务目标是否得到满足。

公用事业管理的制约因素

管理者主动进行改变的自由，受到一定的制约或限制。限制管理行动的制约因素有两大类：外部制约和内部制约。各级管理者确认和了解这些环境限制是十分重要的，这是公用事业的战略计划和管理过程的第一步。

五个可能对公用事业管理最重要的外部环境制约，按照其重要性排序如下：利润、监管的法律、通用法律、公众舆论和社会因素。内部制约往往与资源有关，虽然组织文化也可能对管理行为有限制性影响。

利润的限制

对私人所有的公用企业来说，无论其是受管制的还是不受管制的，其主要的目标和动机都是利润。利润是一个主要的制约因素，因为如果没有利润，任何一个私有企业都不可能无限期地维持或吸引必需的资金来源，用以继续其服务，或扩大或改善其服务。利润被用来支付公用企业股东（投资者）的股息，并被用来积累留存的盈余以投资未来的扩张，还要为各种应急行动提供资金。

经济现实要求，私有企业如果要生存下去，就必须能够长期盈利。不受管制的企业可以建立储备，但受管制的公用企业可能不能这样做。因此，受管制的公用企业的负债对资本的比率往往很高。它们转向债券和证券市场去筹集更多的资金。在这种情况下，必须有充足的现金流量来支持正在进行的业务和服务。公用事业委员会并非总是乐于接受修改费率以偿还企业扩张的债务这样的主意。

规制的限制

公用产业多年来一直是世界上被管制最严格的行业之一。公用事业提供的服务，被认为对现代生活至关重要。1929 年股市崩盘，许多大型的电灯和电力控股公司随之崩溃，很多市民和议员都认为这些公司利用了其垄断地位，因此需要受到联邦的严格监管。民主党 1932 年的竞选纲领就专门提出将电力和电灯产业作为其所建议的监管目标。

20 世纪 20 年代以前，大部分公用企业都是在当地经营的，如果存在任何监管的话，也是地方层面的监管。国会于 1920 年建立了联邦电力委员会（Federal Power Commission，简称 FPC），但在当时，其权力被限于进行调查。1928 年，联邦贸易委员会对公用产业的调查发现，该产业的 75% 被控制在几个控股公司手中。1935 年，国会制定了《惠勒-雷本法案》（Wheeler-Rayburn Act），更通用的称谓是《公用事业控股公司法案》。该法案限制了控股公司可以拥有的不同公司的层数。它还要求公用事业控股公司在证券交易委员会进行登记，为公用企业发行公司证券建立了规章，并为资产收购、公司间账务往来以及业务公司与控股母公司之间的服务合同制定了规则（Clough and Marburg 1968）。

州一级的监管一般都先于联邦一级的监管。州监管的形式，是建立公共事业委员会。委员会专员在州法的指导下开展工作，发放专营许可，授予许可证和专营权，确定公共事业服务区域的地域界限，限制公用公司可以获得的业务数量，建立制定费率的规则，确立共同的会计准则，并设定投资经营公用企业所允许的回报率。

如今，公用事业中既有受管制的业务，也有不受管制的业务。一些规制上的限制被取消了，而另一些规制上的限制又取代了它们的位置。联邦政府授权强制该产业进行结构调整，在某些部门引入市场竞争，并迫使其他的公用企业将某些部分从其垂直一体化的业务中剥离出去。21 世纪初，公用产业受到最严厉监管的部门是地方分销公司。放松管制所创造的新管制，似乎与它取消的管制一样多，甚至更多。

法律的限制

所有企业必须遵守其经营所在社会的一般法律。公用企业在经营环境上比绝大多数其他企业要受到更多的制约，比如，在利润、定价、经营权、服务绩效、融资等事项上，它受到许多特殊的监管限制或要求的影响。许多这样的法律还相互冲突。

公用企业面临的法律诉讼和制约的类型，体现在缅因公共服务公司（Maine Public Service Company，简称 MPSC）2002 年年度报告中所讨论的法律诉讼清单中。缅因公共服务公司是一个公用控股公司，拥有缅因与新布伦瑞克电力公司（Maine and New Brunswick Electrical Power Company）和其他子公司的所有普通股。其所遭遇的法律诉讼包括：（1）一项由一个竞争对手提出的投诉，它宣称缅因公共服务公司员工的行动，导致该公司竞争性的电力供应商根据缅因州公用事业委员会（Maine Public Utility Commission，简称 MPUC）的裁定，获得了对其他竞争者的竞争优势；（2）几项争议，其中包括为回收搁置成本（recovery of stranded costs）每年收费 1 250 万美元所可能产生的变化（这些搁置成本源于垂直一体化的公用体系的拆分）；（3）一项调查，它是缅因州公用事业委员会针对输电和配电费率的设计作出的；（4）一项请求，请求缅因州公用事业委员会批准该公司提出的关于将该公司重组为控股公司体制的建议；（5）一项请求，请求缅因州公用事业委员会批准一项替代费率计划；（6）一项缅因州公用事业委员会的调查，涉及缅因州北部电力供应竞争性市场的状况。

公众舆论的限制

公用事业管理者必须对舆论十分敏感。长期以来，管理者们一直将保持良好的公众形象视为成功的一个重要因素，特别是在大多数公用企业的经营受到监管的环境中。负面的公众舆论使得无法确保其所需的费率增长，因而直接影响营业收入。因此，决策者通常都谨慎地避免决策或行动对组织的声誉产生不良影响。在投资者所有的公用企业中，管理者必须意识到一些潜在的威胁，包括公有制、公开竞争、专营权的失去或取消、更严格的监管立法，或更严格地执行现行立法。

另一方面，屈从于公众舆论的压力，会付出相当高的代价，并可能与保持足够利润的需求相冲突。这方面的例子包括向减少视觉污染的要求让步。显然，这样几乎不受任何限制地自由灵活地创业或管理的好日子只是一个历史的记忆而已。

社会的限制

公用事业管理者很早以前就认识到，他们的组织不是仅仅为政府官员、业主、经理、雇员、金融家或供应商谋福利的。当然，所有这些团体都在企业中具有合法的经济、法律或道德利益，但是，这些利益要服从所有客户和社会的整体利益。

当今社会制约的一个主要方式，是基于与环境有关的原因而给经营带来的压力。社会环境的制约既包括法律的，也包括法律以外的，它们都对增长的数量、速率和方向产生影响。它们影响着电力生产设施的选址，也影响着输电线路和燃气管道的选址。它们强迫拆除河流和溪涧上的水坝，并严格限制污水处理设施和固体垃圾填埋（solid waste earth fills）的扩展。建设高成本的核电站，主要取决于公众的环保关注。这种对电厂安全和废弃核燃料的处置的高度关注，几乎取消了所有新核电站的建设——尽管事实上核电站仍然是成本最低的电力生产设备（Numark and Terry 2003）。

危机管理和恐怖主义防护

大灾难，如 2001 年 9 月 11 日的恐怖袭击、安然公司的破产、2000 年及 2001 年美国加州能源的重组过程，以及 2003 年 8 月的电网毁坏，都迫使危机计划和管理成为公用事业管理者关注的重要问题。组织的危机被定义如下：

> 组织危机是一种低概率、高影响力的事件，它威胁着组织的生存能力，其特征是原因、效果和解决手段的模糊不清，以及要迅速做出决定的信念（Pearson and Clair 1998，p. 60）。

在各种不同的灾害中，可能给公用事业造成危机的是火灾和水灾、旱灾、雪暴或者冰雹、电线杆倒下、水管干道破损、下水道系统堵塞、停电以及恐怖活动。今天，公用事业管理者在筹集资金方面也面临着财务危机，他们需要这些资金来替换现存的公用事业基础设施中的大量设备，它们或者只是磨损过度，或者已经危险过时。遵守政府强制要求的新的环境控制措施，也增加了这种关键性的挑战。需要进行危机管理的人为事件，包括敲诈、擅自改变产品成分（product tampering）（如在供水中注入有毒物质）、公用车企业的机动车操作不当造成的行人死亡、环境方面的泄漏、篡改计算机程序、违反安全的行为、工作场所发生暴力事件、电厂爆炸或火灾、性骚扰或歧视的公开指控，以及有毒化学品的释放，等等。

危机管理是一种系统化的努力，它要迅速和有效地处理所有公用企业面临的各种不同寻常的、出乎意料的和后果严重的问题。对公用企业危机的计划，要综合使用分析、预测和规划的各种工具，以便为应对突发的危机和灾难作好准备。在过去，管理人员通常会将潜在危机的防止作为其危机管理程序有效性的尺度。另一个经常使用的成功指标，是使利益相关者一致认为危机处理的成功结果超过任何潜在的失败结果（Pearson and Clair 1998）。然而，在今天高风险、高可能性危机的世界中，这种传统的管理方式可能不够用了。皮尔森（Christine M. Pearson）和克莱尔（Judith A. Clair）建议用下述被扩展的危机管理成效测量方式来代替传统的方式：

> 有效的危机管理，涉及在一个肇因事件（triggering event）出现之前最大限度地减少潜在的风险。在回应一个已出现的肇因事件时，有效的危机管理涉及与关键性利益相关者的即时沟通和互动，以便使个人和集体的意义感知、意义共享和角色得以重构。在肇因事件发生后，有效的危机管理涉及个人和组织调整的基本假设以及行为和情绪反应，以便恢复和重新调整（Pearson and Clair 1998，p. 66）。

特殊的安全关切

国家的公用事业网络的脆弱性，使安全性成为危机管理的一个日益重要的方面。网络安全管理者发现他们现在必须以区域为基础进行计划，与各种各样的公共和私人利益相关者一起工作，来发展和管理备灾战略。这些战略必须包括防护、减灾、回应、恢复、培训，以及灾害管理研究和发展（Scalingi and Morrison 2003）。

西北太平洋区域基础设施安全合作组织（the Pacific Northwest Partnership for Regional Infrastructure Security，简称 PNPRIS）就是一个成功合作解决问题的例子。该组织资助组织了一项培训演练，它所涉及的灾害场景是由来自各方面的代表设计的，其中包括波纳维尔电力管理局，不列颠哥伦比亚燃气公司（British Columbia Gas），不列颠哥伦比亚水电公司（British Columbia Hydro），波音公司，杜克能源公司（Duke Energy），太平洋燃气和电力公司（Pacific Gas and Electric），威廉姆斯燃气管道公司（Williams Gas Pipeline），普捷湾无害能源公司（Puget Sound

Energy），西雅图港，爱达荷州灾害援助局（Idaho Bureau of Disaster Services），美国海军，国家基础设施保护中心（National Infrastructure Protection Center），泰鲁斯（Telus）、弗莱松（Verizon）和克威斯特（Qwest）三家电信公司，联邦应急管理署（Federal Emergency Management Agency，简称 FEMA），不列颠哥伦比亚省临时应急计划署（British Columbia Provisional Emergency Program），以及加拿大关键基础设施保护和应急准备办公室（Canadian Office of Critical Infrastructure Protection and Emergency Preparedness）。

被分析的灾害场景的主题，是西北电网的中断。它还包括由恐怖主义和非恐怖主义导致的各种公用设施的中断，包括天然气输配系统、市政供水系统、地区的各港口以及电信系统。这些关键性的公共服务系统的中断，影响到其他独立的基础设施，包括交通运输系统、应急服务、公共安全服务、医院以及跨境合作。这次培训演练的主要结果，是使许多参加者发现，他们组织的应变计划与区域的各种公共服务之间存在的跨境依赖不相适应。

小　结

"管理"一词被用来指由一些人从事的一组指导性行动，它们被用来帮助其他人完成组织的多项目标。公用事业管理者将这些行动用于完成公共服务组织的各项目标，包括管理与该组织的专营权有关的所有活动。

公用事业组织的管理，包括政府管理、公共行政，以及对不受管制业务的管理。公共管理是在政治权力下的管理；它要接受公众问责，分享权力，并要注意政治影响。公共行政是传统的科层制管理。这种政府管理的官僚制模式是由德国的马克斯·韦伯和美国的伍德罗·威尔逊提出的，它建筑在下述特点基础之上：集中化和科层化的控制，用规则和规制指导行为，标准化服务，内部工作人员从事所有活动，客观地选聘员工。

将绝大部分公用产业与其他经济事业区别开来的两个关键因素是：（1）公用产业的各环节是在社会认可的垄断竞争条件下运作的；（2）该组织业务或供应链的一个或多个环节受到一级或多级政府的监管。

公用企业管理不同于行政管理。行政管理一度是大多数政府官僚机构、受政府监管的公用企业和非营利组织的特征。如今的公用企业管理，可以说将传统的奉献精神，融入日益受到新公共管理那种企业家式的、市场导向的管理主义的影响的公共服务之中。

在那些普遍的管理原则中，被所有的管理者所履行的基本职能是以下这些：分析、计划、组织、指挥（领导）和控制那些使公用企业能够完成其目标的决策。管理者主动进行改变的自由，受到一定制约或限制。两大类制约因素分别是外部制约和内部制约。五个重要的外部制约因素是利润、监管的法律、通用法律、公众舆论和社会因素。内部制约因素是与资源相关的，虽然组织文化也可能对组织的管理行为有限制性的影响。

最近的各种灾害使对危机的计划和管理成为公用事业管理者关注的重要问题。危机计划要综合使用分析、预测和规划的各种工具，以便为应对突发的危机和灾难作好准备。危机管理是一个系统，其目的是迅速和有效地处理所有公用企业面临的各种不同寻常的、出乎意料的和后果严重的问题。

进一步阅读的文献

Barzelay，Michael（2001），*The New Public Management*，Berkeley：University of California Press.

Burgelman，Robert A.，Modesto A. Maidique and Steven C. Wheelwright（1996），*Strategic Management of Technology and Innovation*，Chicago：Irwin.

Kettl，Donald F. and H. Brinton Milward（1996），*The State of Public Management*，Baltimore，MD：Johns Hopkins University Press.

Starling，Grover（1998），*Managing the Public Sector*，5th edn，Fort Worth，TX：Harcourt Brace.

第 7 章

经典教材系列
公共行政与公共管理经典译丛

公用事业确定价格和费率的挑战

　　在以市场为基础的经济中，对大部分商品或服务的收费价格一般都反映着供给需求关系。当供过于求时，价格下跌。当供不应求时，出现短缺并导致价格上涨。这被称为一般定价模型。当为公用事业的产品和服务定价时，该模型并不是完全以这种方式发挥作用的。政府规制和政治考量这样的外部因素，经常会干预价格制定过程。此外，联邦强制推行的公用产业结构调整，使公用事业所有层面的定价方式变得更加复杂。确定费率的基本原理、定价的常规方式，以及像社会价格这样的定价特殊考虑因素，将在下文讨论。在本章中，价格（prices）和费率（rates）这两个词是作为同义词使用的，虽然在该产业中，价格有时（但并不总是）被用来描述公用产品的批发成本，而费率被用来指该产品的零售价格。

　　在大多数企业中，管理者从两个相互联系的立场来进入定价过程。首先从组织的收入要求开始：收入必须满足该公司的每一项需要。这些需要包括偿还债务所需的现金、经营成本、给予投资者的适当回报，以及更多的需求。其次是从该链条的相反一端开始：确定什么样的价格、费率结构和费率表的具体组合能够带来所要求的收入。当涉及公用事业的组织或业务时，该模型将更为复杂（Farris and Sampson 1973）。

另一组条件构成了公用企业管理者和州与联邦监管者定价决策的基础，即州和联邦的监管者现在必须设计新监管体制——包括价格控制，以保证实现监管的基本目标。这些目标包括降低提供给消费者的能源价格，同时还要确保供应始终充分满足需求，并且所形成的价格能够为投资者提供一个公平的回报。布伦南等人（Brennan et al.，2002，p. 82）指出了在这种新的管制环境下监管者在决定费率时必须考虑的关键问题：

- 确定适当的费率**水平**。即为了获得支付输配电所需的收入，必须确定多高的服务收费价格？
- 把握适当的费率**调整**。即随着时间的推移，应该如何以及何时调整费率，以反映输配电的成本与盈利的实际的或预期的变化？
- 构建最佳费率**结构**。即最终客户的付费在整个收费中所占的比重如何根据下列因素来进行分配：能源传输的时间和数量、电力传送的距离、输电系统的拥堵情况、发电设施的坐落地点，以及不同类别的客户（住宅、商业或工业）应该支付何种不同价格？

乔雷克等人（Ciolek et al.，2003）也对现在影响费率决策的条件变化作出了评论。与大量金钱耗费在受管制的发电设施上的情况不同，大部分公用基础设施亟须修理或更换。此外，估计在未来 20 年中，大约 4 000 亿美元的政府资源将必须用于新的建设，以适应不断增长的能源需求。与此同时，许多公用事业经历了运营成本的显著上升。这两个因素加在一起，使许多公用事业的回报率缩减至不足 10%。

公用事业费率设置的基本原理

在实践中，公用分销企业的定价过程包括四个步骤：（1）确定经营成本；（2）在不同客户类别之间分摊成本；（3）考虑相关的负荷和使用因素；以及（4）设计能够反映前三个因素影响的价格结构（Farris and Sampson 1973）。

确定经营成本

确定成本涉及对四类业务的分析：客户服务、经营、需求和管理费用（一般开支）。客户服务类别的成本包括抄表、计费、为客户开通和断开系统连接、收缴过期账款等。如今，提供这些服务的经常是公用产业的第四部门，即独立的营销提供商。不管是谁提供这些服务，它们都是需要收费的，并且被包括在该公用企业的费率基（the rate base）中。此外，不管客户服务是由内部提供的，还是外包给独立提供商，它们都是一种相对恒定的经营成本，并且一般可以被相对准确地预测出来。

属于经营的成本比客户服务的成本更多变。它包括人员工资和投入系统中的费用。根据公用产品和服务的不同成本，系统投入也有所不同。举例来说，电力批发价格取决于发电方式，以及发电和输电系统的不同类型和规模。其他影响价格的因素还包括：用于发电的燃料类型，如煤、燃气、核能或可再生燃料，以及燃料是根据长期合同购得，还是高峰期从现货市场购得。天然气送达公用系统的交货价格，取决于需求的时间和类型、供货合同、原产地（国内或国际），以及其他一些因素，如气候和天气。供水与污水处理的价格变化，远远低于能源价格的变化。因此，这两类公共服务的费率和价格也更趋稳定，定价和管理的复杂程度更低。其他经营成本因素还包括这样一些项目，如保养和维修的操作系统、折旧提存，以及执照税与销售税。

定价中与需求有关的成本，通常构成四类成本中的最大部分。在公用企业的业务中，这些成本具有几种不同的称谓，包括服务准备成本（readiness-to-serve costs）、产能维持成本（capacity costs）或负荷成本（load costs）。它们包括作业系统的总成本，作业系统包括建筑物、管道、电线杆和线路、配电网络以及修理设备。这一类成本还包括物业税、折旧费用、设备改造、基于费率的回报，以及使该公用企业能够随时满足对其系统的任何需求所需要的各种开支。

最后一类成本是管理费用或一般开支。它们可以是固定或浮动的。它们包括行政费用、市场营销和公共关系开支、监督成本、采购和供应成本、劳资关系成本，以及所有其他常规性或一般性的成本，它们难以归入任何特定的公用事业的职能之中。

根据客户的类别分摊成本

管理成本一经确定，它们就必须在公用企业服务的各种不同类别的客户之间进行分摊；成本的分摊比例是根据每一类客户在总成本中所占的份额来确定的。在实践中，四类成本中的每一种——客户、经营、需求和管理费用——都会根据某种相关标准予以细化和分摊。举例来说，客户成本是根据该类客户的数量来分配的。每个客户都必须有一个账户，每个客户都有一个连接并最终对切断联结有一项收费，每个客户的仪表都必须被抄读。另一方面，经营成本会随负荷的需求量而变动。对不同的使用量有许多不同的计价公式，包括设计用来鼓励或不鼓励更多的客户使用量的计价公式。

需求成本在各客户类别之间的分配是最为复杂的。不仅每一类都要有一个费率表，而且每一类的费率还会根据所需的服务水平、日使用时间、高峰或非高峰时段的使用量以及其他因素的变化而变化。表 7—1 显示了在一个典型的电力企业费率表中可以看到的一些不同的费率。

表 7—1　　　　　　　　　各种电力服务的部分费率表

付费类型代码	客户类别	服务类型	每千瓦时费率（美元）	客户日均支付（美元）	特别收费和连接费	调整和折扣费率/日（美元）
R1	住宅	单相电	0.516	0.46/天		老年低收入者：0.46/天
R3	（独户；分表公寓套房）	三相电		0.74/天		
R1	临时施工服务，无电表	单相电	0.516	0.46/天	许可费：35 美元 申请费：100 美元	

续前表

付费类型代码	客户类别	服务类型	每千瓦时费率（美元）	客户日均支付（美元）	特别收费和连接费	调整和折扣费率/日（美元）
R1	单独电表，良好服务	单相电	0.516	0.46/天	老年低收入者：0.46/天	
RD	残疾人、独户、公寓套房	单相电	0.516			
RE	豁免、独户、公寓套房	单相电	0.516	豁免		
G1	单独电表	单相电	0.565	0.68/天		
GE	商业、学校	三相电	0.94/天			
20	施工干燥棚屋，无电表	单相电	0.565	0.68/天	不用变压器：25美元	用变压器：50美元

被保证的需求：

付费代码					付费周期	
21	单独电表	单相电 三相电	0.034	1.82/天 0.94/天	需求量费率：6.21美元	
	商业	三相电 三相电	0.034	1.82/天		
		三相电			付费周期	需求量费率：6.21美元

资料来源：Public Utility District No. 3 of Mason County，Rate Schedule，effective Jan. 2003.

通常情况下，大用户的收费价格最低，如工厂或商业中心；而住宅客户的收费价格最高。不过，在任何时期，工业和商业用户的收费价格都比住宅客户的变动幅度更大。完整的经营通常都会有管理费用；它们通常都会根据一些简便的会计方法，按比例分摊到所有的其他成本中。

表 7—2 是 2002 年住宅、商业和工业的基本电力费率对照表，根据的

是西部电力协调理事会（Western Electric Coordinating Council）地区的 12 家不同的公用企业的报告，单位是美分/千瓦时。

表 7—2   **2002 年西部电力协调理事会地区部分零售电力费率**

公司	州	零售费率（美分/千瓦时）			
		住宅	商业	工业	平均
圣地亚哥燃气和电力公司 (San Diego Gas & Electric Co.)	加州	20.59	20.78	16.96	20.20
南加州爱迪生公司 (So. California Edison Co.)	加州	13.46	15.65	12.78	14.43
太平洋燃气和电力公司	加州	13.41	14.80	10.85	13.69
河滨公共事业部 (Riverside Public Utilities Dept.)	加州	10.83	10.69	7.80	9.68
埃尔帕索电力公司 (El Paso Electric Co.)	得克萨斯州	11.00	10.07	6.03	9.17
塞拉太平洋电力公司 (Sierra Pacific Power Co.)	内华达州	10.38	9.46	7.20	8.73
黑山电力公司 (Black Hills Power Co.)	南达科他州	8.24	7.47	4.93	7.01
科罗拉多普林斯公用公司 (Colorado Springs Utilities)	科罗拉多州	6.85	5.84	4.70	5.66
太平洋公司（PacificCorp）	俄勒冈州	6.20	5.41	3.57	4.90
莫伦西水务电力公司 (Morenci Water & Electric Co.)	亚利桑那州	11.03	10.23	4.38	4.47
考利茨县公用事业区 (PUD of Cowlitz County)	华盛顿州	5.07	6.05	3.48	3.98
格兰特县公用事业区 (PUD of Grant County)	华盛顿州	4.04	2.88	2.46	2.99

资料来源："Benchmarks"，*Public Utilities Fortnightly*，January 2004，p. 12.

考虑与负荷和使用相关的因素

公用事业的管理者和监管者在确定他们服务的费率时通常考虑四个因素：高峰负荷、平均负荷、利用率以及多样性因素。高峰负荷是指系统的最大产能。它衡量的是某一特定时间段，如一天、一个月或一年，并通常被称为高峰需求（peak demand）。公用事业必须建造一个能够满足高峰用电需求的系统，并同时具有某种程度的储备以应对该系统的非预期需求，这样才能弥补因该系统某些部分出现故障或因维修而暂时关闭所减少的发电量，并满足服务区域的预期增长。

平均负荷，或直接称为负荷系数（load factor），被定义为某一给定时期的平均负荷或公用服务使用量。它通常用给定时期高峰需求的百分比来表示。比如说，一个社区在 8 月的平均电力需求为 80 兆瓦。然而，电力需求高峰期通常出现在这个月的第三个星期。公用企业要保持的高峰产能要高于平均负荷 15%。为了能满足高峰需求，该公用企业必须有能力供应 92 兆瓦的电力（80 兆瓦＋80 兆瓦×15%＝80＋12＝92 兆瓦）——即使这种高峰期每年仅发生一次。

建立与维护满足平均和高峰需求所必需的发电设施，其成本是固定的；它们被视为沉没成本。由于放松管制和强制性资产剥离，沉没成本对垂直一体化的公用企业变得非常重要。在建立客户的费率结构时，监管机构允许将对这些沉没成本的长期回收包括在费率计算中。当公用企业必须剥离自己所有的发电厂和（或）输电线路时，一些监管者质疑是否应当允许这样的公用企业继续将成本回收包括在它们的费率计算中。这一问题尚未得到解决。沉没成本的实例，包括兴建水坝和核电站，打井，建设管道、水坝和水库，以及污水收集和处理系统。无论它们是否被使用，这些沉没成本都继续存在。因此，公用企业尽可能地提高其平均负荷系数，以便将这些沉没成本分摊给尽可能多的客户，这对它是有利的。在过去，促销定价、特殊折扣——例如对所有电气厨房——以及其他营销努力，都实现了使用量的不断增长。

一些垂直一体化的公用企业，由于前期在核电设施和（或）大型燃煤发电设施上的投资，承受了极高的沉没成本。将垂直一体化的公用企业拆分为独立的发电、输电和配电公司，导致了一个问题，即由垂直一体化公司已拆分的各独立部分来回收先前公司的沉没成本；州监管委员会并不总是允许回收这些沉没成本。

实用负荷（load service）的第三个因素涉及对系统的利用率。它用总系统产能的百分比来加以表示，而总系统产能又由预期高峰的最大负荷来代表。一个以其总产能的 88％ 来运营以满足高峰需求的公用企业，会有12％ 的备用产能。即使从来没有达到过该最大潜在需求，该公用企业也必须具备在需要时这样做的能力。这种应急因素的范围，通常高于该公用企业正常预测的利用率的 15％～20％。这种富余产能通常被称作公用企业的储备产能。高峰需求和应急供应，经常是以该公用企业最高的成本方式来生产的，因此，其价格也成比例地高于平均需求。此外，该公用企业产品的大用户为了保持较低的费率，签订可中断或可调整的服务合同，允许公用企业在高峰需求期减少或停止服务。中断或调整的服务价格，往往远低于"稳定"服务或不可中断服务的价格。

在公用事业定价中所考虑的最后一个负荷因素，被称为多样性因素。多样性是指公用企业不同类别的用户被预期产生不同的高峰负荷。如果高峰需求都在同一时间发生，多样性因素是 1。如果它们出现在不同的时间，该因素就具有较高的值。多样性的值越高，需要总系统产能提供给给定客户类别的服务所占的比例越小。发生在不同时间的需求，被称为非同时需求（noncoincidental demands）。具有较高非同时需求的公用企业，比具有同时需求的公用企业，更能够以其更小而全的系统满足其所有客户的高峰需求。

公用事业委员会对公用事业费率的影响

在大多数州，州或地方的监管者确定或批准公用事业的费率。对投资者所有的公用企业费率的批准，是根据对监管者所认定的服务成本的分析，以及对什么是公用企业的公平回报的确定。对公有的公用企业费率的确定，通常并不受这种类型的监管监督，但却受到当地政治和社会力量的监督，它们的影响力与州公用事业委员会一样大，甚至比它还大。此外，公用事业委员会的专员和其他监管机构也经常被要求批准公用事业费率的改变，这种要求的提出，是根据公用企业经营环境的变化，这些变化包括但不限于政治、规制和市场条件的变化。这些成本变化的决定，是由费率监管者作出的，目的是改变成本的分摊，以确定回报率，并回应费率变化的要求。

设计价格结构

为所有类别的客户设置适当的费率，是一个复杂的管理任务。由于政府对这一过程的监控，以及经常限制公用企业可以改变的数量，使得费率的确定更为困难。根据立法的授权而工作的州公用事业委员会，确定公用企业可以向它们所服务的最终客户收费的费率，它们批准或拒绝公用企业提交的在其辖区内提高费率的建议。委员会在确定了它们认为"合理"的公用企业经营开支后，便通过计算公用企业的资产价值来确定费率基准。这可以通过几种不同的方式来完成。一种评估方法是确定投资于该物业的总资本额。另一种方式是根据当下的价格来评估重置该物业需要付出多少成本。对公用企业的资产评估，是公用事业费率确定过程中疑问最多的一个方面。

表 7—3 是一些公用企业要求州公用事业委员会批准其改变费率要求的结果缩编（Cross 2003）。该表还显示了公用企业先前核准的和新批准的股权回报率。许多公用企业已经或正在计划向州公用事业委员会申请降低费率（rate relief）。克罗斯（Phillip S. Cross）的结论是：传统的确定回报率的方式一定要改变，它应包括对存在于公用产业中不断增加的风险的补偿。

表 7—3　2003 年一些公用企业费率要求的结果和回报率

公司	服务类型	要求增加/（减少）（百万美元）	准予增加/（减少）（百万美元）	以前核准厘定的回报率（%）	新核准的回报率（%）
尤尼索斯能源公司（Unisource Energy Corp.）	燃气	21.0	15	10.46	11.00
太平洋燃气和电力公司	电力	135.5	0	11.20	11.20

续前表

公司	服务类型	要求增加/（减少）（百万美元）	准予增加/（减少）（百万美元）	以前核准厘定的回报率（%）	新核准的回报率（%）
科罗拉多公共服务公司（Public Service Company of Colorado）	电力	74.4	(0.2)	11.00	10.75
联邦爱迪生公司（Commonwealth Edison Co.）	电力	1 787	1 508	10.80	11.72
梅恩公共服务公司（Main Public Service Co.）	电力	1.27	0.94	10.70	10.25
西北天然气（Northwest Natural Gas）	燃气	38.1	6.2	10.25	10.20
奎斯塔燃气公司（Questar Gas Co.）	燃气	23.017	11.163	11.00	11.20
麦迪逊燃气和电力公司（Madison Gas & Electric Co.）	燃气	8.00	6.80	12.90	12.30

资料来源：Phillip S. Cross, "A Survey of Recent PUC Hearings", *Public Utilities Fortnightly*, November 15, 2003.

委员会一旦确定了一个公用企业的价值，便会为该公用企业的固定资产确定一个它们认为合理的回报率。这个合理的回报率，是该公用企业投资的一个百分比值。这一计算的结果被称为"公平的回报率"（fair rate of return）。运营的总开支与资产价值的公平回报率是两个独立的函数，它们共同构成费率基。对不同类别客户的不同类型服务的定价，将被制成一个费率表，它将生成必需的收入，以支付经营的成本，并为公用企业的投资者提供一个公平的投资回报率。与这一过程相关的大部分问题，都涉及委员会与公用企业的管理层在公用企业资产估值上的分歧。

估值的考虑因素和方法

将对公用企业资产的估值作为确定正当回报率的基础，首次出现在 1986 年一个地方法院的裁定中。在圣地亚哥等诉加斯珀（San Diego, etc., *v.* Jasper, 74 Fed. 79, 83）一案中，该法院裁定，"确定费率时该财产的实际价值，应该构成计算公正费率的基础"。两年后，在有关公用事业定价的一个前所未有的最重要案例——史密斯诉埃姆斯（Smyth v. Ames，169 US 486）案中，美国最高法院接受了上述原则。该案以多数票作出的裁定认为，此公平价值原则在当时的应用是恰当的。该法院裁定，公用事业的费率基必须根据用来便利服务公众的财产的价值提供一种公平的回报率。盈利能力足以为一个公用企业提供这种公平的回报，是检验费率是否具有宪法合理性的主要方式（Glaeser 1957）。史密斯诉埃姆斯一案的裁定认为，在确定公平价值的过程中，费率制定当局（公用事业委员会）必须考虑到下列因素：

● 原先的建设成本，即初建工厂的成本加上对该工厂扩建和永久性改善的成本。这是实体资产的历史成本。

● 该公用企业的债券和股票的数量和市场价值，即实际发行和有待发行的票面价值总额，以及由该债券和股票的当下交易价格所确定的市场价值。这些是该公用企业的资本化价值和商业价值。

● 重置建筑物的成本和原先建筑的成本之间的差价，也是一个需要考虑的因素。费率制定当局普遍采用的方式是：用当时的重置成本来确定费率。

● 史密斯诉埃姆斯一案，为今后法院的裁定添加了对安全因素的考虑，它在结论中补充了这样一点：即在估算公用企业的实体资产的价值时，可能还有其他的成本需要加以考虑。

确定价格和价格结构的程序

公用企业的管理者至少有八种不同的方式来实施费率结构：均一收费、均一费率、固定装置费率、阶梯费率、分块费率、需求费率、区位费率，以及杂项费率或组合费率。其中，大部分住宅用户按分块费率收费，而商业和工业用户经常按需求费率收费。

均一收费费率（flat charge rates）是最容易理解和运用的。客户为某一给定时段支付同样的费用，而不论消耗了多少能源。这是在该产业发展早期采用的体制，目前仍然在供水、污水处理和一些地方电话业务中最常使用。这个体制的问题在于，它倾向于鼓励用户使用更多的服务，经常浪费了超出其实际使用的资源。均一收费不能激励节约，在公用产业的能源部门已不再使用。

当能够向人们提供他们买得起的计费仪表时，均一费率（flat rates）体制便取代了均一收费体制。客户为每单位使用量支付同样多的费用，无论使用量多少，每单位使用量的收费始终相同。均一费率体制在该产业的成长阶段很受欢迎。该方法在灌溉区被使用，并且仍然被一些国内的公用水务公司使用，这些公司只是按每加仑收费，不关心使用量。这就是所谓的直线费率（straight line rate）。

固定装置费率（fixture rates）与均一收费或均一费率体制一起使用。固定装置费率是基于客户住所的固定装置的数量。这些装置可能是水龙头、洗涤池、盥洗室或任何其他用水设备。固定装置越多，收费或费率就越高。这种收费方法的一种形式是采用点数制（points-system），其水费的费率是依据住所安装的节水（低流量）装置的数量，其假设是固定装置越多水的使用量越大。

阶梯费率（step rates）是公用企业为了降低每单位的服务成本而刺激用量所采用的方式。在这种情况下，提供服务的成本被分摊到更广泛的客户基数，每个人都被假定将从这种经济的体制中得到实惠。阶梯费率的定价方式是，使用量增加，每单位收费下降。在 20 世纪 30 年代和 40 年代，当公用分销企业处于其经营的成长阶段时，这种费率很受欢迎。公用电力企业为促进电力使用，提供优惠费率给他们所谓的"全电力之家"（all electric home），即用电来照明、取暖和做饭。阶梯费率今天已经很少见了；它们的衰退是由于低收入客户使用的电力较少，但每单位收费的价格却较高。此外，阶梯费率会促使资源使用的浪费。

分块费率（block rate）定价体制，长期以来一直是公用企业用于住宅用户的体制。分块费率定价类似于阶梯费率，在收取每月的基本费之后，还要确定每单位的价格。然而，在分块费率体制中，第一块服务的价格不是较高，而是最低。随后各块的价格具有更高的费率。由于最先的使用量是收费最低的，所以分块费率克服了阶梯费率的递减特性。分块费率还鼓励了资源保护，因为使用的服务越多，费用就越高。分块费率体制被许多公用电力、燃气和水务企业用于住宅客户。

需求费率（demand rates）被公用企业用于商业和工业用户服务的定价。客户可能使用的最大服务量决定了需求费率。这种公用体制的设计要求：需求必须最大限度地予以满足，而费用也必须照付，不管该服务被使用了一个星期还是一年。满足这种需求的产能建设，有时被称为"服务准备"因素（readiness-to-serve factor）。需求费率经常与分块费率体制相伴随，或是补充一个负荷系数表，或是需求因素都被纳入变动费率结构（sliding rate structure）之中。

区位费率（zone rates）与航运公司的客户收费相似。它们都是根据产品被运输的距离来收费。区位费率在电力分销公司比较少见，但在天然气管道、长途电话、电报和公共交通企业中比较常见。

不属于上述任何类别的费率被集中归入杂项费率（miscellaneous rates）之列。因为州公用事业委员会必须批准公用企业几乎所有的收费价格，因此在已公布的收费表中，往往能发现各种杂项费率。它们可能包括这样一些服务的收费：电器或固定装置的现场修理或安装、开通和断开客户的连接、为电力和电话客户的特殊布线或延伸服务、特殊设备，以及类似的服务。它们还包括对"全电力"（all electric）或"全燃气"（all gas）系统的特别折扣。

大多数公用企业的价目表是由两个或多个费率类别组合而成的。它们的费率表几乎总是包含有对不同类别客户的不同费率。许多公司还提供费率优惠给那些老年人、残疾人和特殊群体的客户，如那些固定收入非常低的用户。

公用事业定价的创新

曾经有人预测，随着美国公用产业广泛采取的零售竞争，将会出现以下三个结果：（1）零售价格长期下降；（2）客户能获得的产品和服务大幅度增加；（3）配送系统的可靠性整体改善。然而，在数量有限的几个州所开始的电能零售的竞争中，这些好处即使有的话，也是姗姗来迟（Joskow 2003）。森普拉能源公司（Sempra Energy Corporation）这个公用企业的副总裁在下面这段话中指出了这些好处未能如期出现的可能原因：

没有竞争性市场的下述基本要素的加入，[这些] 好处是不能取得的：通过使用小时 [零售] 价格（hourly [retail] prices）来呈现价格信号，这种小时零售价格反映着在更广泛的区域内电力商品市场批发价格的波动。在零售层面的这种小时电力价格应诱导许多客户减少在高峰期的消费，并应给供应商带来降低价格的压力。此外，向客户明示高峰期价格供其选择，也可以推动智能服务和替代产品的发展和引进（Reed 2003，pp. 30-31）。

这种允许实时计量公用产品使用情况的技术，目前是可以采用的，至少对使用公用产品的大型工业和商业用户是如此。在 20 世纪 80 年代和 90 年代，光纤通信系统的安装，使广泛使用实时计量系统成为可能。在一些公用企业中，与公用产品的大型用户商谈的合同，使公用企业能够减少客户当前的负荷，或是向客户发出高峰负荷价格即将急剧上涨的信号。

为住宅用户安装这种需求—控制系统，目前在经济上还不可行，虽然许多公用企业已经为它的预期出现做了准备，它们在配送地区安装了光纤系统。在此成为可能之前，零售客户一般不知道批发市场价格的波动如何能够影响公用企业的运营。零售客户每月将继续收到由加权平均供应价格所确定的账单。平均价格趋于平稳，它掩盖了每日——有时是每时——的价格波动，包括那些极端价格的出现。

在表 7—4 中，显示了最近被"掩盖"的极端批发价格的实例。客户为每千瓦小时支付不足四美分的能源费率，而公用企业却可能被迫为其所使用的电能付出每千瓦时六美元的代价。

表 7—4　　　　　　　　美国六个城市高峰批发价格和平均零售价格

城市	时期	高峰批发价格 （美元/百万瓦时）	零售电能费率 （美元/千瓦时）	零售客户的隐含折扣（%）
波士顿	2000 年 4 月	6 000.00	0.036 9	99.4
洛杉矶	2000 年 8 月	350.00	0.053 6	84.7
纽约	2000 年 8 月	1 671.08	0.085 7	94.9
费城	2000 年 6 月	906.84	0.050 0	94.5
旧金山	2000 年 5 月	350.00	0.054 4	85.6
华盛顿特区	2000 年 6 月	297.78	0.049 9	83.2

资料来源：William L. Reed, Rand Corporation working paper, 2003, p. 32.

目前的加权平均零售定价体制的最大弊端之一，是消费者趋向于将电力视为一种不存在差别的产品。然而在现实世界，情况并非如此。早上 9 点 30 分所使用的电，与夜间 11 点所购买的电，不是同样的产品。同样，在温暖的春天下午 3 点购买的电，也不同于夏季高峰期的下午 3 点购买的电。如果客户对产品都支付同样的价格，而不管是在一天中的什么时间或一年中的什么时间，那么他们就无法看到产品的任何差异，并因此在没有实质性激励的情况下很难改变他们的消费模式。

定价所考虑的社会因素

公共企业的管理者要面对社会成本的考虑，这在大多数其他类型的企业中是看不到的：他们需要考虑监管的要求，向所有客户提供可靠的、支付得起的服务，而这些客户中有些根本无力支付全部或部分的服务费用。这些考虑在投资者所有的公用电力企业中是特别重要的，在这些企业中，这种考虑经常被称为公共用途计划（public purpose programs）（Brennan et al. 2002）。这种计划提供了超出正常的电力供应的各种福利。这些福利包括向安装密封条和隔热材料、节能的（双层玻璃的）窗户和家用电器的客户提供返款或折扣。其他的计划包括对可再生（绿色）能源的使用提供价格优惠，资助研究，以及为低收入客户、残疾客户和老年客户提供补助。

定价中所考虑的社会因素，可以在公用事业区部分费率结构表的实例中看到，该表是在本章的前面部分给出的（见表 7—1）。该公用企业不向低收入老年客户收取住宅用电每日 0.46 美元的费用，而其他的住宅用户则必须支付这笔费用。对水井电（water well power）每日 0.46 美元的收费对这类客户也是免除的（水井电是一个费率类别的名称，它是指农村和农业水井泵所使用的电能）。公用事业的费率表中还包括对残疾人的折扣费率，以及对那些有资格享受免除日常电费的住宅客户的特殊费率。

另一个许多公用企业的客户不能享受的特殊服务，是指定购买由可再生燃料和（或）环保设备生产的能源的特权。这些"绿色电力"的可选方案包括生物能发电、风力发电和地热发电。公共事业区对绿色电力通常收取的特有费率是每 100 千瓦时两美元。所有公用企业，无论是消费者所有的还是投资者所有的，都对一组或多组客户采用了类似的费率调整方案。

对消费者的价格保护

州公用事业委员会的一项传统职责——以及其最初建立所依据的理性原则——是建立有关保护消费者的规定，并监督其执行。公用事业委员会要建立适用于其辖区内所有投资者所有的公用企业（IOUs）的消费者保护规则，而地方管理委员会则为消费者所有的公用企业（COUs）建立消费者保护规则。结果，往往是为投资者所有的公用企业制定的各种保护性政策更具有一致性，而为消费者所有的公用企业制定的各种消费者保护规则之间却存在着更大的差异，这些规则涉及这样一些服务，如信用政策、逾期账款收取、抄表计量、计费和调整，以及处理客户投诉。

公用事业定价的一些影响因素

在天然气和电力公用事业中，这两个产业的生产部门几乎已经完全放松管制。天然气和电力的批发价格现在是由市场力量决定的，而不是通过以前的方法来确定的。过去的方法要求公用企业提出改变费率的要求，举行公开听证会来验证改变费率的合理性，并由公用事业委员会批准或质疑基于估值的回报率决定。

消费者对公用事业价格的看法

专栏 7.1 摘自一份研究报告，该研究由公用事业监管委员会在俄亥俄州立大学的主要研究组织资助（NRRI 2004b）。进行该项研究是为了向公用事业委员会提供基准数据，这些数据将用于对受管制的公用企业提出的降低费率的申请做出评估。该研究的设计包括一项全国性电话调查，内容为住宅客户对电力、天然气和其他公用服务的态度。

专栏 7.1 消费者对公用事业价格的看法

2003 年 8 月，国家管理研究所发表了一份基准调查报告，它调查了18 000多名客户对他们所支付的电力和天然气价格的意见。数据是在 2003 年 1 月 9 日至 2 月 3 日间收集的。不出所料，大多数受访者认为，他们为电力和天然气服务支付的价格是"高"的。近 66％的人表示他们的电力费率是"高"的，64.5％的人表示他们的天然气价格是"高"的。近 36％的人表示，他们感觉所有公用事业的价格都还"公平"；而所有受访者中只有 1％的人表示，电力和天然气价格是低的。整体而言，女性受访者比男性受访者更容易将公用事业价格看作是高的。另一方面，年轻客户只是稍稍比年长客户更容易将价格看作是"低"或"公平"的。

与自称是东印度（美国人口普查局的分类方法，将来自印度次大陆和斯里兰卡的人划归东印度类别）或拉丁裔血统的受访者不同，来自不同种族群体的成员对电话调查的回应并没有什么不同；53％的拉丁裔受访者和76％的东印度裔受访者回答说，他们认为天然气价格是"公平"的。而所有其他群体都回答说，他们认为价格是高的。

研究人员对消费者认为价格高并不感到意外。天然气和电力具有低弹性。因为这些服务被认为是"非选择性的必需品"，消费者在面对比较高的公用服务价格时，很少愿意减少需求。

资料来源：NRRI 2004b.

放松管制也被引入到传输部门，虽然其程度不像在生产部门那么彻底。举例来说，联邦能源监管委员会仍然控制着燃气管道（传输）部门。法律规定管道公司要开放它们的管线准入，并禁止实施价格歧视。它们的价格是基于它们所提供服务的范围和它们给用户输送天然气的距离。管道公司可以提供下述的辅助性活动并收取费用，如从生产现场采集燃气、加工和净化天然气，以及在地下和地表储存天然气。客户可能是独立的公用燃气分销企业，或大型商业或工业的燃气用户。

类似的过程也发生在电力产业的传输部门。联邦能源监管委员会控制传输批发价格已经有一段时间。价格是依据需求的类型、数量和与发电厂的距离来确定的。长期、短期或现货的价格存在差异，高峰期和非高峰期的需求负荷价格也是不同的。联邦能源监管委员会引入了两种不同类型的独立营业组织来提供传输服务。第一类是独立的服务运营商；第二类是区域性的输电组织。垂直一体化的公用企业被要求将它们的输电线路转交给独立的运营商，而独立的运营商又被要求提供普遍的准入和无歧视的价格。

传统上，州公用事业委员会控制垂直一体化公用企业价格的方式，是将在高峰期和非高峰期的生产、传输和分销电力的所有成本相加，然后计算出每千瓦时所产生的平均成本，最后批准一个能保证公用企业的获准回报率的价格。公用企业根据不同客户类别制定价格表，并提交公用事业委员会批准。结构调整——对该公用产业的拆分——改变了这个体制。联邦能源监管委员会和州公用事业委员会现在要为输电和分销建立不同的监管结构。传输运营商要服从州际贸易的规制，并受联邦能源监管委员会监控。另一方面，公用分销企业被认为是州内的，因此要受州公用事业委员会的监督。

小　结

一系列全新的情境深刻影响着当今的公用事业监管者作出的费率决策。在这种全新的监管环境下，监管者在确定费率时必须考虑的一些问题包括：（1）适当的费率水平——应当通过对服务的收费价格取得多少收入；（2）适当的费率调整幅度——随着时间的推移，应该如何和何时调整费率，以反映实际或预期的变化；（3）最佳的费率结构——如何确定客户为各种不同服务所应支付的费率。

公用分销企业的定价过程包括四个步骤：（1）确定经营成本；（2）在不同客户类别之间分摊成本；（3）考虑相关的负荷和使用因素；以及（4）设计能够反映前三个因素的影响的价格结构。成本确定涉及对四类业务的分析：客户服务、经营、需求和管理费用（一般开支）。管理成本一经确定，它们就必须在公用企业服务的各种不同类别的客户之间进行分摊。四类成本中的每一种——客户、经营、需求和管理费用——都会根据某种相关标准予以细化和分摊。

公用事业的管理者和监管者在确定他们服务的费率时通常考虑四个因素：高峰负荷、平均负荷、利用率以及多样性因素。高峰负荷是指系统的最大产能。它衡量的是某一特定时间段，如一天、一个月或一年，并通常被称为高峰需求。平均负荷，或直接称为负荷系数，是在某一给定时期的平均负荷或公用服务使用量。实用负荷的第三个因素涉及对系统的利用率。它用总系统产能的百分比来加以表示，而总系统产能又由预期高峰的最大负荷来代表。在公用事业定价中所考虑的最后一个负荷因素，被称为多样性因素。多样性是指由公用企业不同类别的用户产生的不同的高峰负荷。

公用企业的管理者至少有八种不同的方式来实施费率结构：均一收费、均一费率、固定装置费率、阶梯费率、分块费率、需求费率、区位费率，以及杂项费率或组合费率。其中，大部分住宅用户按分块费率收费，而商业和工业用户经常按需求费率收费。根据立法的授权而工作的州公用事业委员会，确定公用企业可以向它们所服务的最终客户收费的费率，它们批准或拒绝公用企业提交的在其辖区内提高费率的建议。

在天然气和电力公用事业中，这两个产业的生产部门几乎已经完全放松管制；天然气和电力的批发价格由市场力量决定。放松管制也被引入到电力传输部门，虽然不如生产部门那么彻底。

公用企业的管理者要面对社会成本的考虑，这在大多数其他类型的企业中是看不到的：他们需要考虑监管的要求，向所有客户提供可靠的、支付得起的服务，而这些客户中有些根本无力支付全部或部分的服务费用。

进一步阅读的文献

Berrie，Ton W.（1993），*Electricity Economics and Planning*，London：Peter Peregrinus.

Danielsen，Albert L. and David R. Kamerswchen（1983），*Current Issues in Public Untility Economics*，Lexington，MA：Lewxington Books.

Seidenstat，Paul，Michael Nadol and Simon Hakim（2000），*America's Water and Wastewater Industries：Competition and Privatization*，Washington，DC：Public Utilities Reports.

Stoft，Steven（2002），*Power System Economics*，Piscataway，NJL：IEEE Press.

第 8 章

公用事业营销的挑战

在公用产业的大部分历史进程中，市场营销都是一种简单而直接的过程。大多数一体化的公用产品供应商都对增加总体产品需求存有兴趣。为了从规模经济中受益，发电设施往往规模庞大，从而经常导致产品过剩。立法机构控制费率，使价格不存在竞争。对大多数客户是按均一费率收取产品或服务费的，而不论其使用量的大小。营销是要鼓励现有的客户更多地使用产品，或通过进入新的市场领域来扩大产品使用量。各州的法律要求公用企业服务于所有客户；在现有服务区域的正常人口增长和经济增长总体上的缓慢，使得公用企业可以满足并超出对其服务的所有需求。

公用产业被认为是一种缓慢、稳定、安全和风平浪静的行业。假如你知道你在做什么并且做得足够好，利润会受到法律的"保证"，州政府会批准对投资的"公平"回报率。在仍然存在一体化公用企业的为数极少的地方，这一水平的市场营销仍在发挥作用。然而，它正在迅速消亡，而如今的公用企业营销包括的是与风险管理有关的各种活动。

20 世纪 70 年代，公用产业市场营销环境的性质开始改变。一系列由石油引发的能源危机扩散到整个产业。政府的反应是制定法律，保护和寻找更多新的能源。"限制性营销"（demarketing）一词成了流行语，它描述的是为控制或限制需求而作出的各种努力。许多公用企业开始实施各种计划，推销资源保护的理念和产品。联邦通过了要求公用企业寻求或开发可替代的供应资源的立法。营销的资金被用来进行研究和开发。大约在同一时间，通过了环境保护和资源保护的法律。这些都要求公用企业设计营销计划来帮助消除空气、水和土壤的污染。

到 20 世纪 80 年代，公用产业的一些部门被部分地放松管制，在供应链的批发环节引入了竞争。该产业发展了期货市场，使得生产商和分销商能够管理因放松对批发价格的管制所带来的风险。

现在，在 21 世纪的初叶，营销对不同的人意味着不同的事情。对一些人来说，提到这个词会使人想到通过广告和其他说服性的交流方式来影响需求。对于另一些人，它意味着销售额或促销——常常伴有"高压"这样的形容词。在部分公用企业的经营中，营销越来越多地意味着对电力或天然气的批发销售，它最经常出现于期货市场。因此，在描述公用企业面临的一些营销挑战之前，需要进行一些定义。本章将讨论公用企业营销在过去几十年所出现的一些挑战。

公用事业营销职能的演变

作为一种商业活动的营销，在过去 50 年已经出现了变化。从强调博取市场份额和扩大规模以获得规模经济的收益，转向越来越明确地强调发展客户关系。发展和维持与客户的互利关系，而不是市场份额，被视为维持盈利能力的关键。在公用企业经营中，扩大规模是优先的准则。规模经济导致建设越来越大的实体生产设施。而工厂规模的扩大，就需要有更多的客户或更大的产品使用量来降低单位成本。

从 20 世纪 60 年代和 70 年代开始，出现了一些重要的社会和经济现象，它们改变了公用企业营销其产品和服务的方式。它们还导致了对公用产业的组织、结构和运作的重新设计。20 世纪 60 年代和 70 年代，几次能源危机加重了公用企业所面临的增长问题。公众痛苦地经历了能源价格的迅速上涨、加油站的大排长龙以及天然气短缺。生产公用产品的价格是与燃料的价格同步上升的。石油和天然气的价格翻两番，痛苦地提示着美国越来越依赖外国的能源供应。这些事件揭示了国家由于供应短缺和依赖外国能源而面临的危险。

在整个 20 世纪 60 年代和 70 年代出现的另一个现象，是关注环境的大潮，它使消费者保护、资源保护和净化成为国家的优先事项。在其他对环境的关注事项中，公众的注意力集中于阻止国家供水方面的广泛污染。随着资源保护运动的开展，公众出现了保护自然资源的要求，并普遍不再着迷于使用核能进行发电。到 20 世纪 70 年代末，消费者行动主义有效阻止了美国所有核电站的建造。为回应公众压力，"限制性营销"的理念——减少而不是刺激需求——出现在 20 世纪 70 年代。然而，均一费率或平均费率的定价方式以及缺乏违规惩罚，使得资源保护计划对消费模式几乎没有长期性的影响。

需求超过供给能力

20 世纪 40 年代和 50 年代的婴儿潮，使得需求的增长到了 20 世纪 70 年代超过了公用企业完成其服务任务的能力。电力短缺，导致停电和天然气短缺。联邦政府对井口资源批发价格上限的管制，导致了价格提高。由于饮用水中的有害杂质所引发的健康问题，以及其他的系统故障，使得公用事业管理陷入了困境。此外，空气、地面、视觉和水的污染泛滥。国家的公用事业需要帮助。最终，政府和一般大众逐渐认识到，公用产业在国家经济福利中起着关键性作用。于是，人们提出了放松管制，作为解决该产业痼疾的一种办法。

为了应对这些问题以及类似的问题，联邦政府通过了一项旨在实现能源自给自足的重要的公共政策动议。联邦提供基金来发展满足能源需求的新方式。风能和太阳能的引入，生物燃料、热电联产和热能的发电方式，合成天然气的生产，以及液化天然气的处理和运输方法，等等，均来自这些联邦项目。

公用事业经营环境的这些巨大的变化，导致了公用企业在经营中更多地运用市场营销功能。同时，市场营销重要性的提高，也顺应了放松管制的国际趋势，它导致重组许多基础性的公共服务业，包括交通、通信、天然气以及最近的电力能源。

放松管制包括两个重要的经济和政治要素：对该产业的拆分，以及联邦政府对州公用事业监管权力的优先权。对传统的垂直一体化的公用企业业务进行拆分，是作为一种为公用产业的所有参与者降低价格并提升供应可靠性的方法被提出的。它可以通过在该公用产业的生产、传输以及一些州的零售分销层面引入市场竞争来实现这一目的。在该产业所有层面开展竞争，意味着每个组织不得不学习在其价值链管理中的市场营销技巧，包括需求分析、广告宣传、公共关系、促销和其他的营销技巧。

20 世纪 80 年代和 90 年代，随着整个北美、欧洲和部分亚洲地区市场的成熟，客户的终身价值（lifetime value）成为公用企业中市场营销的中心议题。这一概念强调，需要建立客户关系并长时间维系客户，以便不断捕获所谓"后续的"收入（back loading of revenue）。在客户同意购买之前，市场营销为赢得客户和建设确保服务所需的基础设施所支出的成本是最大的。客户必须在一段时期内持续购买，才能使公用企业收回这些成本。"后续的"一词便被用来描述这一现象（Johnson and Seines 2004）。

了解公用事业的需求因素

要了解公用企业中的营销职能，必须要研究对公用产品或服务的需求的性质（Ilic 2001）。在零售层面，公用企业通常将它们的客户分为三大类：住宅、商业和工业客户。这三大类客户中每一类的所有客户在给定时间段内对服务的平均需求，就是公用企业的平均负荷或"基础服务"（base service）负荷。公用企业必须准备满足所有的平均负荷要求；它也必须保持一个应急储备——即为了满足高峰期的需求。这种可以理解的情境导致负荷系数经常既超过基础需求，又超过高峰需求。

当发生这种情况时，公用企业有几种选择。它们可以在所谓的现货市场从其他公用企业或不受管制的私人生产商那里购买产品（燃气或电力）。现货市场一词是指在公开竞争的市场批发购买能源。现货市场的运行方式与任何商品交易都大致相同：现货市场购买是一次性购买一定数量的能源，要么立即交货，要么在未来一个特定的日期或时间交货。由于这种需求具有波动性，因此每一笔现货的交易价格都会有很大差异，而长期合约却能提供稳定的价格。对同样的能源来说，现货价格通常远高于合同价格。因此，它们通常出现在负荷的高峰期，此时公用企业正常的供应资源无法满足额外的高峰期需求，或现有的生产设备因维修而关闭。

或者，它们可以削减交货。在 2000 年和 2001 年，美国加州被迫采取了第二条路径。当时，在现货市场所购买的电力变得过于昂贵，使生产商拒绝出售电力给分销公司，从而使分销公司濒临破产。该州采用了一系列"轮流停电"（rolling blackouts）的方法，在该州的不同地方实行短时的断电（Brennan et al.，2002）。

在公用企业的服务负荷中，每个客户群都有不同的负荷模式和不同的需求弹性。弹性是指客户以改变消费来回应价格信号的意愿和（或）能力。住宅用户显示出相对较低的弹性；提高或降低公用产品的价格，对其消费通常没有什么影响。当能源或用水的批发价格提高时，用户不会减少早上的沐浴次数，或少泡几壶咖啡，或少洗几只碟子。公用产品的费用只占住宅客户自己预算的很小一部分。同样，降低公用产品的收费也不会导致更多的消费。对住宅客户盛行按照均一费率或平均费率收费，就是根据这一道理。

另一方面，商业和工业用户，有更大的价格弹性。与住宅客户相比，公用产品的费用在其经营成本中所占的比例要大得多。写字楼和工厂等物业的所有者面对价格的大幅上涨或下跌时，更有可能改变他们对公用产品的消费模式。这些客户付费的费率，可能会随着所满足的需求类型而起伏波动。举例来说，非高峰期的供应价格，通常低于高峰期需求的价格。这鼓励商业和工业用户要么将他们的负荷用量转移至非高峰时段，要么削减在高峰时段的用量。例如，当室外的温度超过华氏 85 度或 90 度时，用空调将室内温度保持在华氏 68 度至 74 度之间，大多数员工所感受的舒适程度是一样的。因此，使这些客户将其调温器调至这种适宜温度区间的高端，可以大大减少空调所需要的电量。

了解公用产品的市场

"市场营销"（marketing）这个动词的词根是名词"市场"（market）。在一个基本的营销背景下，市场被定义为"一组有类似需求的潜在客户，愿意以某些有价值的物品来交换销售者所提供的各种商品和（或）服务——即满足那些需求的方式"（Perreault and McCarthy 1999，p. G-6）。公用产品和服务的潜在客户，包括住户、商业和工业公司、政府机构以及非营利组织。每一类客户都被视为一个市场。进一步说，每个市场又包括更小的群体或较大市场的各种组成部分。举例来说，在工业和政府的类别中，还包括其他公用企业，它们购买公用产品是为了转售给其他批发和（或）零售客户群体。

一个市场的客户们不必都位于同一地点；许多商品和服务的市场是全球性的。他们也不一定局限于同一个或几个供应商打交道。举例来说，能源市场指的是电力、煤炭、天然气和石油的所有可能的供应商和购买者。这些能源组成成分中的每一个也都有其市场。市场可能是全国性、区域性或地方性的。我们所谈到的市场的持续时期可能长达一个世纪、十年、一年，甚至一天或更短的时间。描述一个特殊的公用产品的市场，通常是描述在一个特定的时间段内的一个特定区域中的需求。

由产业参与者进行的营销

营销——用公用产品或服务来交换付款——发生在公用事业价值链的两个层面上：批发和零售。批发是将电力、煤气或水出售给下一环节的参与者，而他们又会将这些产品转售给另一个环节的成员或最终客户。批发市场营销的目的是为各环节之间的交易提供便利。另一方面，零售市场营销是指将公用产品出售给实际使用该产品的客户。在公用产业的所有产品领域——电力、燃气、水与污水处理——投资者所有的公用企业和公有的公用企业都会采用这两种营销中的一种或两种。世界上所有工业化国家趋向于在该产业更多地推进私有化。

批发部门的市场营销

"市场"一词还指在供应链的各个不同层面上对产品的需求。批发市场是那些购买产品以便将其转售给供应链中另一家公司的客户。在电力产业，独立的发电商将生产的电能或是出售给传输公司，或是出售给分销公司，或是出售给这两种公司。在天然气产业，生产公司出售天然气给管道公司和（或）地方公用分销公司。在水务产业，几个政府拥有的大型水务机构以批发价格将水出售给地方和区域分销商。对所有公用产业来说，批发市场与零售市场有时是重叠的，例如，一个地方零售市场可能也包括大型工业或政府客户，他们直接从生产商或分销商处购买产品，但是以接近批发的价格购买。举例来说，塔科马（华盛顿）公用事业公司［Tacoma（Washington）Public Utilities］以批发价格出售几种不同的公用产品给两个当地的军事基地，一个是美国陆军的刘易斯要塞（Ft. Lewis），另一个是麦科德空军基地（McCord Air Force Base）。

在批发层面，公用产品在三个不同的市场进行销售：无管制的市场、受管制的市场、现货市场（Brennan et al.，2002）。在无管制的市场，发电公司或分销公司根据短期和长期的合同向大型工业用户销售产品。合同价格一般反映了合同谈判时的市场状况。价格在整个合同的存续期间可能保持不变，或通过保留条款的规定进行调整。即使出现了改变，其波动幅度通常不大。其他生产厂商经常为获得这些合同而进行竞争。

在受管制的市场，是将公用产品出售给公用分销企业，它们再将其转售给任何类型的客户。电力和燃气分销公司喜欢长期合同，因为这使它们可以保证以可预见的、合理的稳定价格获得稳定的供应来源。生产厂商也喜欢长期合同，因为这保证了它们有稳定的收入来源来偿付其往往是高额的债务。然而，长期合同通常只涵盖了被预测的负荷（需求）水平，并没有涵盖所有可能的需求。

在无管制市场的批发销售，通常是根据供应商与传输组织或分销组织之间的长期合同进行的。他们往往采取照付不议合同的形式。这些合同保证了生产厂商的收入流，它们可被用于偿付债务，以及为投资者分红。无管制市场包括独立的电力生产厂商和天然气生产厂商。"绿色电力"市场——即风能、太阳能、地热、生物质能以及其他可再生燃料能源的生产厂商——往往被包括在无管制的市场中。

当需求超过了正常的或平均的负荷时，受管制的公用企业将面临所谓的高峰负荷或高峰需求，它们必须找到其他供应来源，以遵守其服务授权。公用企业指望的是第三类批发市场：现货市场。现货市场与合同市场不同，因为其销售或购买与产品的交付基本上是同时完成的。购买者必须按当时的现价付款。而合同购买则是在产品交付之前进行。合同销售是在期货市场交易的。

买卖能源产品的期货合约的过程，类似农产品交易所的期货交易活动。期货交易使某一产业的组织有可能将价格变动的风险转移给愿意接受这些风险的其他方。它们愿意接受风险，是因为它们有可能从期货合约的买卖中赚取巨额利润。期货合同约束各方必须出售或购买一定数量的公用产品，其交货是在未来的某一时间。该合同通常还写明了各方解除合同责任的方式，如销售方拒绝交付产品，要将货款返还购买方，并且没有罚款。专栏 8.1 简要介绍了道明尼资源公司（Dominion Resources，Inc.）是如何参加市场交易的。该公司是位于弗吉尼亚州里齐蒙（Richmond）的一家大型的垂直一体化的天然气和电力公用公司。

专栏 8.1　　　　　　　道明尼资源公司的交易活动

作为营销能源和管理相关风险的战略的组成部分，道明尼资源公司管理着一个用于商品交易的衍生工具组合。这些合同对能源产品——主要是天然气和电力——的价格变动很敏感。道明尼资源公司采用既定的方针和程序来管理与这些价格波动相联系的风险。道明尼公司也利用各种衍生工具，如期货、掉期交易和期权，通过对市场状况的抵消（creating offsetting market position）来减轻风险。此外，道明尼公司寻求在不需要向其服务区域内的客户提供服务时，利用其产能来满足出售能源的承诺。

资料来源：Dominion Resources，Inc.，2002 *Annual Report*，p.54.

在不受管制的市场中，满足高峰负荷的替代供应品的价格可能非常高。公用分销企业有几种方式来减轻它们为满足高峰负荷而对现货市场的

依赖。其中之一是给大用户安装实时计量表。实时计量表给用户以时间来决定是否接受以高得多的价格交付的公用产品，或是否停机或将使用转移至非高峰时段。经验表明，当对客户按实时价格收费时，对该产品的高峰需求会减少。这反过来又使公用企业可以减少其所需的产能（Stoft 2002）。

作为一种避免高峰期需求的价格峰值的方法，大量的电力分销公司购买了相对小型的燃气涡轮发电机，它们只被用于满足高峰期的用电需求，从而使他们避免在高峰负荷时购买价格昂贵的现货。在某种意义上，这可能被视为拆分垂直一体化产业进程中的一种倒退。

零售部门的市场营销

向终端客户提供电力、燃气或水的过程，在该产业被称为"零售市场营销"（retail marketing）或"零售"（retail sales）。它通常但并非总是该产业分销环节的一部分。在该产业放松管制和重组之前，这是唯一能够运用营销活动的地方。不过，将该产业拆分为分立的生产—传输—分销三个部分，导致营销工作有了全新的角色。由于零售业的竞争，如今营销经常是一项单独的职责。

竞争不会导致在一个市场领域建立重复的分销系统。因此，分销系统将继续作为受管制的公用企业来发挥作用。为满足其被要求的供应需求，它们也需要对永久性的实体设备进行巨额投资。另一方面，营销活动通常不需要大量投资。这导致了营销中的零售、收费、客户服务职能作为一种非管制业务向竞争开放。公用事业控股公司被允许建立和经营非管制的营销业务，这些业务独立于其受管制的公用分销公司。在一些地方，营销服务被外包给完全独立的专门公司。

零售客户的类别

零售客户有三个主要类别：住宅用户、商业用户和工业用户。住宅用户包括单一家庭住宅和公寓套房；商业用户包括办公室、零售商店、学校和政府设施。工业用户包括各种制造、加工和建筑公司。农场可以是住宅或商业用户，或两者兼而有之。

　　存在着几种类型的公用事业批发商。他们可以是投资者所有的或公有的生产组织，如发电厂、天然气生产厂商或蓄水组织。他们也可以是电力传输网络的管理组织，或天然气管道公司，或输水或泵水设施的经营者。这些组织都可以出售其产品给其他公司，再由它们转售这些产品。

　　将公用产品出售给三类客户的这些零售组织，又可以被分为五种不同的类型：（1）投资者所有的公用企业；（2）消费者所有的公用企业，包括公共电力区（public power districts）、公用事业区（public utility districts）以及州权力机关，如加州水务局（California Water Board）；（3）乡村合作社，包括农场集团（farm-group）所有的合作社，以及乡村市政所有的合作社；（4）联邦所有的公用企业，如田纳西流域管理局和波纳维尔电力局；（5）独立的生产厂商和（或）传输（航运）组织，如管道和独立电网的经营者，他们也在某一特定区域（往往是在靠近公用产品供应来源的地方）为客户提供服务。

营销管理的作用

　　营销管理的过程包括三个主要活动：制定一个有具体目标的计划，实施该计划，监测实现计划目标的进展。制定营销计划和管理该计划的实施，是营销管理的两大主要任务。计划活动包括为所有营销项目活动确定实际可行的目标。计划工作的结果，是一份战略营销计划，它确定了短期和长期的目标。营销计划列明了为实现营销目标所要完成的各项任务。营销的管理者要使用他们在制定整体战略规划时分析公用企业内部和外部环境所收集的数据，作为营销计划工作的基础。

　　营销管理的第二个主要任务是指导该计划的实施。这涉及为各项任务分配人员、资金和其他资源，使它们能最好地发挥作用。第三个活动是控制该计划的执行情况。实施控制有两种主要方式，一是通过有效的预算控制，二是通过"成效管理"（Managing for results）程序，使用诸如平衡计分卡（balanced score-card）这样的工具。

　　营销管理者也需要计划、执行和监督那些旨在鼓励客户调整其使用模式的项目。这可能意味着使用更少的电力、天然气或水，改变使用的时间，或甚至投资降低负荷技术。这些活动总体被称为需求方的管理（demand-side management，简称 DSM），仅指在回应公用企业所管理的项目中出现的需求调整。需求方的管理包括为实现负荷调整目标所采取的所有行动，包括战略性的资源保护、负荷管理和对负荷增长的战略管理（Energy Information Administration 1997）。

尽管美国水务协会（American Water Works Association）警告说，营销不应该取代严肃的公众参与项目，但它仍在报告中指出，所有公用企业均可受惠于营销的明智使用：

> 市场营销和品牌形象（branding）已成为那些试图改善其沟通成效的公用水务公司最新的时髦术语。营销范式有很多优势，它能够——在许多方面——被用于公用水务企业，就像它被用于消费产品一样容易（Katz 2002，p. 32）。

卡茨（Sara M. Katz）接着指出，市场营销计划的通常目标可能包括提高公众意识、创造品牌标识，以及通过说服获得承认。另一方面，公众参与计划的目标，可以是与公众一起决策、更多地了解社区的价值观和优先选择，以及通过共识获得承认。

客户关系管理

在公用产业批发和零售竞争的年代中，在营销计划实施中使用的一个日益重要的工具，是客户关系管理（customer relationship management，简称 CRM）。客户关系管理既是一种管理活动，又是一个软件程序，它能够使管理层收集、汇总和提供所有与客户及其需求和偏好有关的信息。客户关系管理系统的基本过程，是将从该公司所有来源取得的所有客户信息汇总于一个综合数据库中，供公司所有相关的使用者访问（Kennedy 2004）。客户关系管理计划的目标，是从客户中培养出长期的合作伙伴。当公司与其现存客户建立了紧密的友好关系后，客户转向竞争对手的概率便下降了。与此同时，随着客户关系水平的提高，竞争对手从目前供应商手中争夺客户的成本也增加了。从消极方面说，要发展与客户更紧密关系的成本也会增加（Johnson and Seines 2004）。

根据一家管理咨询公司阿森哲资源公司（Accenture Resources）所进行的一项研究，一个优质的客户关系管理计划可以对公用企业的底线（bottom line）产生巨大影响。该研究发现，一个具有 20 亿美元收入的普通公用企业，仅仅通过改善其客户关系管理能力，便可以使其税前利润提升 2.5 亿美元至 3.6 亿美元。对更大的公用企业来说，甚至有可能使利润有更大幅度的增加（Lester 2002）。迈克尔·肯尼迪（Michael Kennedy 2004）也热衷于研究客户关系管理的潜能，但他指出，近 90% 的公用企业还尚未采用客户关系管理的工具和方法。

尽管总趋势是公用产业内的竞争越来越多，但也出现了一些惨烈的失败。这些失败中最突出的当然要属加州 2000 年重组电力市场的处理失误，以及总部设在得州的能源贸易公司安然公司的破产。一些公司和政治机构退出竞争的紧缩举措，则没有这么惨烈。大西洋能源公司（Energy Atlantic），是缅因与滨海控股公司（Maine & Maritime）全资拥有的一家零售营销子公司，它在 2004 年宣布，它将退出在无管制的能源零售市场的竞争，并且该公司将被出售。而在其鼎盛期，大西洋能源公司为缅因州大约 3 000 个住宅、商业和工业客户提供服务，其高峰负荷约 750 兆瓦（*Power Markets Week* 2004）。

背离放松管制和竞争的另一个实例，是北卡罗来纳州在 2002 年宣布，它决定在可预见的将来延后任何放松管制的计划。代表该州 72 个电力城市的电力城市组织（ElectriCities），支持推迟放松管制（Davis 2002）。电力城市（electric cities）是一个营销术语，是公用企业在该产业的早期负荷建设阶段使用的词汇，它用于描述这样的社区，其中电力被用于所有家庭用途：取暖、烹饪及家庭中其他的能源使用。类似的营销术语——全电之家（all-electric home）——被用来形容以电力作为唯一能源的新家居。公用企业为社区和个人客户的"全电之家"提供较低的整体费率。天然气公用企业用同样的营销策略来建立对它们服务的需求。今天，仍然可以发现这些营销策略，但已经很少了。

各种营销活动

在公用产业的所有部门，包括投资者所有的经营企业和公有的经营企业，市场营销的工作涉及以下四种主要活动的运用：（1）确定、度量和预测需求；（2）分析和解释对公用企业短期和长期的财政实力具有积极或消极影响的各种可控和不可控的相关环境因素；（3）规划、设计和使用有说服力的工具来增加、改变或减少需求；（4）设计、执行和管理那些有助于实现本组织经营和成长目标的相关活动。

需求预测既是一门科学，也同样是一门艺术。公用事业的管理者使用一些不同的预测工具进行预测。最常用的方法是基于历史信息：即用过去负荷的历史记录作为预测未来需求的基础。用过去的数据计算出历史上增长或下降的百分率，并将其用于预测未来的水平。这一过程即是所谓的"时间序列分析"（time series analysis），它可以通过简单、现成的电子制表软件来进行，例如使用微软公司的表格处理软件 Excel™。这个软件还允许操作用于计算增长百分率的数字来作出乐观和悲观的预测。

对能源的需求，经常用时间段为一年的负荷持续曲线（load-duration curve）来加以描述，该曲线显示该时间段总负荷（需求）是位于还是超出一个特定的"典型"或"平均"需求水平（Stoft 2002）。因为供水与污水处理的需求增长率的波动往往小于天然气和电力，因此它们通常是根据历史模式进行预测的。各种非常事件——如一个重要用水户的开业或关张，或持续干旱的影响——被叠加其上，作为"自然状况"（states of nature）对所计算的历史增长率的正面或负面的影响。因此，从时间序列作出的预测，其结果往往是"平滑"的。

为营销计划所作的环境分析，是按照战略规划所使用的同样的形势分析模型。评估外部的不可控因素以确定潜在的威胁和机遇；考察内部的可控因素以明确组织的优势和劣势，它们影响着公用企业实现其目标的能力。在该产业的某些部门，竞争力分析（competitive analysis）正变得越来越重要；这一过程与优势和劣势的分析一起，帮助管理层确定什么是市场上所谓的"战略差距"（strategic gaps）。这些都是潜在的业务增长领域，本组织有可能在其中取得竞争优势。不过，必须注意，公用企业的管理层所遵循的战略，要保持该公用企业在核心业务上的竞争力。

公用企业的营销人员所面临的环境挑战

在过去十年中，一些公用事业管理者不能直接控制的冲突因素已经会聚于该产业。面临这些挑战的公用企业转向人力资源方案来寻求帮助以化解这些冲突的力量（Cumming and Chase 1992）。在一些情况下，这些力量向公用企业的营销人员发出各种冲突的信息。在投资者所有的公用企业，这些外部的压力和挑战包括：

- 平衡收入增长的需要与鼓励客户保护资源的要求；
- 平衡回报股东的需要与维持低廉的、可靠的服务的需要；
- 处理好多样化的（管制和非管制的）业务与竞争力的问题，它们不同于核心公用业务所面临的竞争力问题。

管理回应（management responses）包括各种方案，它们促使组织以客户为中心，降低运营成本，保持经营和产品的质量。在这些方案中，人力资源的作用包括设定双向目标，增加客户的反馈意见，以及更广泛地重视公用企业的使命和其高级管理层的愿景。

双向目标设定一直是最容易出问题的。例如，在美国东北部的一个电力公用企业中，营销代表被来自管理层的各种混乱信息弄糊涂了。营销人员被告知要争取更多顾客，而同时又要推进更多的资源保护。他们不知道究竟是要继续向住宅开发商宣传全电式居所的好处，还是要劝说现有客户设法减少电力的使用，或甚至让他们接受公用企业的新的可中断服务。卡明和切斯（Cumming and Chase 1992，p. 24）认为，"目标设定和奖励制度需要相互协调，以便向公司所有的营销代表发送单一的、强有力的信息，使他们在各种优先事项发生冲突时能够在它们之间保持适当的平衡"。

营销包括买方和卖方

　　无论一个公用企业在该产业中的经营是属于受管制的部门还是不受管制的部门，其公用产品的市场营销都涉及买和卖。公用产品的营销商必须确定一个或多个客户群体的需求，然后设计一个可获得利润的营销活动组合，这些活动使顾客对其为产品或服务所作出的付出达到最大可能的满意。在竞争激烈的形势下，营销商必须设计一套营销组合，使其所提供的产品及其价格，比其他要满足客户需求的销售商具有更大的优势。当一个公司处于垄断经营的地位时，政府监管机构往往以价格管制来替代市场竞争的价格。

　　每一个市场都包括买方和卖方。经常需要不止一个层次的买家和卖家将产品和服务带到市场。在公用产业过去大约 100 年的发展中，出现了大量的兼并和垂直一体化的整合。在许多情况下，投资者所有的大型公用企业的发展，包括了生产、输送、分销和向终端客户交付产品。这些单个的公司从事所有的购买、运输、销售、收费，以及其他相关的营销活动。专栏 8.2 显示了在一个天然气公司中市场营销是如何进行的。

专栏 8.2　　　　　　　　一个多元化燃气公司的市场营销

　　WGL 控股公司（WGL Holdings, Inc.）是一家公用事业控股公司，在华盛顿特区、马里兰州和弗吉尼亚州运营。它旗下受管制的燃气分销公司华盛顿燃气照明公司（Washington Gas Light Company），向大约 94 万住宅、商业和工业用户分销天然气。对受管制的部门所作的营销工作包括客户服务、抄表和收费，以及资源保护的教育项目。

　　该公司不受管制的子公司在竞争市场上出售天然气和电力，并提供取暖、通风和空调产品及服务（HAVC）。该公司负责零售能源营销的子公司 WGE 服务公司（WGEServices）以不受管制的竞争方式直接向住宅、商业和工业用户出售天然气。天然气营销商主要在价格上开展竞争，这致使毛利率相对较小。在 2001 年，WGE 服务公司也开始销售电力，与受管制的电力公用企业在其市场区域开展竞争。到 2002 年，这个不受管制的公司已拥有 15.5 万个天然气客户和 6.6 万个电力用户。它的两个提供取暖、通风和空调产品及服务的公司——ACI 公司和 WGE 系统公司（WGESystems），向商业和政府客户营销安装及相关服务。营销计划被用于争取和保留该不受管制公司的这些客户。

该公司的非管制部门签订了零售天然气和电力的长期交付合同。这使它面临来自天然气和电力的批发价格变动所造成的市场风险，以及来自温度升高或降低而带来的需求周期波动所造成的市场风险（气象风险）。

資料来源：WGL Holdings，Inc.，2002 *Annual Report*.

保持质量和可靠性

　　保持产品的质量和可靠性责任重大，往往会分配给营销单位负责。在公用产业中，一些组织在这方面发挥着作用。其中在能源领域首屈一指的是北美电力可靠性协会（North American Electric Reliability Council，简称 NAERC）。这个组织成立于 1968 年，是在 1965 年 11 月 9 日的一次灾难性停电之后。那次事件造成了美国东北部和加拿大安大略省的供电中断。北美电力可靠性协会的使命，是促进电力在整个北美的可靠供应。北美电力可靠性协会是一个非营利组织，它受控于九个区域性协会：东中部地区可靠性协作协议组织（East Central Area Reliability Coordination Agreement）、得克萨斯电力可靠性协会（Electric Reliability Council of Texas）、大西洋中部地区协会（Mid-Atlantic Area Council）、美国中部互联网络（Mid-America Interconnected Network）、中大陆地区电网（Mid-Continent Area Power Pool）、东北电力协调协会（Northeast Power Coordinating Council）、东南电力可靠性协会（Southeastern Electric Reliability Council）、西南电网（Southwest Power Pool）、西部系统协调协会（Western Systems Coordinating Council）。阿拉斯加系统协调协会（Alaska Systems Coordinating Council）是该协会的附属成员。

　　美国环境保护署是在美国对水质有最大控制权的机构。美国环境保护署的权力延伸到监测和控制所有循环利用的污水的处理和向环境的排放。美国环境保护署确定在水中发现的颗粒物、细菌和各种有毒化学品的标准。如果有必要，公用企业必须监测和纠正在它们的供水中发现的不符合标准的情况。

小　结

在公用产业的大部分历史进程中，市场营销都是一种简单而直接的过程。营销目标的实现，是通过鼓励现有的客户更多地使用产品，或通过进入新的市场领域来扩大产品使用量。各州的法律要求公用企业服务于所有客户；在现有服务区域的正常人口增长和经济增长总体上的缓慢，使得公用企业可以满足并超出对其服务的所有需求。

公用产业曾被认为是一种缓慢、稳定、安全和风平浪静的行业。假如你知道你在做什么并且做得足够好，法律所"保证"的利润是州政府所批准的"公平"的投资回报率。20 世纪 70 年代，公用产业市场营销环境的性质开始改变。一系列由石油引发的能源危机扩散到整个产业。政府的反应是制定法律，保护和寻找更多新的能源。"限制性营销"一词成了流行语，它描述的是为控制或限制需求而作出的各种努力。许多公用企业开始实施各种计划，以推销资源保护的理念和产品。联邦通过了要求公用企业寻求或开发可替代的供应资源的立法。到 20 世纪 80 年代，公用产业的一些部门被部分地放松管制，在供应链的批发环节引入了竞争。该产业发展了期货市场，使得生产商和分销商能够管理由放松对批发价格的管制所带来的风险。

在过去 50 年，营销发生了改变。从强调博取市场份额和扩大规模，转向越来越明确地强调发展客户关系。

20 世纪 80 年代和 90 年代，随着整个北美、欧洲和部分亚洲地区市场的成熟，客户的终身价值成为公用企业中市场营销的中心议题。这一概念强调，需要建立客户关系并长时间地加以维系，以便不断捕获所谓"回头的"收入。

要了解公用企业中的营销功能，必须研究对公用产品或服务的需求的性质。在零售层面，公用企业通常将它们的客户分为三大类：住宅、商业和工业客户。在公用企业的服务负荷中，每个客户群都有不同的负荷模式和不同的需求弹性。弹性是指客户以改变消费来回应价格信号的意愿和（或）能力。住宅用户显示出相对较低的弹性；提高或降低公用产品的价格，对其消费通常没有什么影响。

在批发层面，公用产品在三个不同的市场进行销售：无管制的市场，受管制的市场，现货市场。向终端客户提供电力、燃气或水的过程，在该产业被称为"零售市场营销"或"零售"。它通常但并非总是该产业分销环节的一部分。在该产业放松管制和重组之前，这是唯一能够运用营销活动的地方。不过，将该产业拆分为分立的生产—传输—分销三个部分，导致营销工作有了全新的角色。由于零售业的竞争，如今营销经常是一项单独的职能。

保持产品的质量和可靠性责任重大，往往会分配给营销单位负责。在公用产业中，一些组织在这方面发挥着作用。其中在能源领域首屈一指的是北美电力可靠性协会。美国环境保护署是在美国对水质有最大控制权的机构。美国环境保护署也监测和控制所有循环利用的污水的处理和向环境的排放。

进一步阅读的文献

Brennan，Timothy J.，Karen L. Palmer and Salvador A. Martinez (2002)，*Alternating Currents：Electricity Markets and Public Policy*，Washington，DC：Resources for the Future.

MacAvoy，Paul W.（2000），*The Natural Gas Market：Sixty Years of Regulation and Deregulation*，New Haven，CT：Yale University Press.

Perreault，William D. Jr. and E. Jerome McCarthy (1999)，*Basic Marketing*，13th edn，Boston，MA：Irwin McGraw-Hill.

Warkentin，Denise（1996），*Energy Marketing Handbook*，Tulsa，OK：Penn Well Books.

第 9 章

经典教材系列

公共行政与公共管理经典译丛

公用事业管理者面临的信息挑战

在公用产业中，信息管理完全是一个现代概念。在 20 世纪，公用产业方面的资深学术分析家威斯康星大学经济学与商贸学教授马丁·G·格拉泽（Martin G. Glaser），在其 1957 年《美国资本主义的公用事业》（*Public Utilities in American Capitalism*）一书对该产业百科全书式的回顾中，对信息技术只字未提。16 年后，在马丁·法瑞斯（Martin Farris）和罗伊·桑普森（Roy Sampson）对该产业所作的后来回顾中，信息技术的概念仍然缺失（Farris and Sampson 1973）。然而，现如今，在已出版的公用事业教材或商业杂志中，基本上都论及信息技术（IT）、信息技术管理（ITM），或者干脆讨论信息管理（IM）。

信息技术自从 20 世纪 60 年代和 70 年代开始被广泛应用以来，逐渐在公用事业管理中开始发挥其强大的、不可或缺的作用——不管这些公共事业是大型的还是小型的，是公有的还是投资者所有的，是营利的还是非营利的。现在，计算机和复合电信系统已经是所有电力、天然气、供水与污水处理系统战略中的关键要素（Frenzel 1999）。信息技术在众多的组织中发挥着关键性和战略性的作用；这些公司已经变得如此依赖于信息技术去支持其众多的核心活动，以至于这些信息系统的失灵将会严重地损害其正常的经营（Kearns and Lederer 2003）。

信息技术的核心概念

在对公用事业中的信息管理继续进行讨论之前，必须首先定义几个核心概念。这些概念包括信息系统、信息管理、信息技术管理以及以计算机为基础的信息系统。信息系统是组织管理者所使用的信息技术工具，它们包括公司的计算系统和通信系统，既涉及硬件也涉及软件。信息管理指的是控制公司内部的与业务有关的信息和通信的标准、政策和程序的机制。信息技术管理是指对所有的信息技术资源的规划和管理，这些信息技术资源包括公用事业信息技术系统中的人、基础设施、标准和操作。

一些作者把"信息系统"的各种要素归类到被称为"以计算机为基础的信息系统"的范围之内。以计算机为基础的信息系统这一术语也被用于描述计算机在商业上的各种应用（Post and Anderson 1997；Turban et al. 1999；Laudon and Laudon 2001；McLeod and Schell 2004）。不管是用哪个名称，信息技术的内容和目的大体是一样的。

在所有信息技术中要记住的关键一点是：它是以计算机为基础的。计算机被用于收集、加工、生成、管理、存储和检索数据，这些数据就是信息技术的原材料。信息技术系统的产品就是信息。信息是使管理者和员工们在比没有该技术时更富创造力和更有效率所需要的东西（Seen 1995）。信息技术的目的是帮助人们解决各种问题。这些问题可以是管理问题、营销问题、生产问题、质量问题以及许多其他的问题。

在公用事业中，有许多不同的运用信息技术解决问题的方式，其中包括会计信息系统、监控与数据采集系统、地理信息系统、能源管理系统、客户信息系统、维修管理系统、营销管理系统、实验室信息系统、各种生产模型（比如水质模型和发电模型），以及输配网络模型，等等。

信息技术的一些益处

有关运用信息技术所获得的好处，人们已经做出了许多不同的概括。例如，特班等人（Turban 1999，p.5）把信息技术描述为"当今世界商业活动的主要促进者"和"使组织结构、运作和管理发生根本变化的催化剂"。信息系统的重要性还被描述如下：

> 管理者们不能忽视信息系统，因为它们在当代组织中发挥了如此关键的作用……大多数……公司的整个现金流都与信息系统相关联。现今的信息系统直接影响着管理者们如何决策，高级管理者们如何做规划，以及在许多情况下生产什么产品和提供什么服务（以及如何生产和提供）。信息系统对公司的生存发挥着战略性的作用（Laudon and Laudon 2001，p.15）。

在对 11 个类型的产业（包括公用产业）所进行的调查中，科恩斯和雷德尔（Kearns and Lederer 2003）发现，大多数做出回答的公司都把信息技术当作其为赢得竞争优势而制定的战略中不可或缺的要素。以下部分描述了在公用事业中运用信息技术的一些方法。

信息技术的各种运用

在公用事业管理中引进信息技术，已经有几十年的历史，到现在已经产生了绩效上的收益。这种成效的产生或许可以追溯到四种应用模型的引进（Heller et al. 2001）：（1）信息系统技术（information system technoloty，简称 IST）；（2）公用事业通信架构（utility communications architecture，简称 UCA）；（3）公用事业业务架构（utility business architecture，简称 UBA）；以及（4）被称为"经营生态学"（business ecology，简称 BE）的应用模型。

　　从最广泛的意义讲，信息系统技术指的是应用计算机和软件，向管理者和任何其他需要信息的人提供基本信息。公用事业通信架构是该系统中允许公用事业内部和外部的数据之间充分交换的那一部分。公用事业通信架构用互联网、外网和内网架构将部门和单元、管理层、消费者、销售商及其他公用事业公司以电子的方式连接起来。另外，公用事业业务架构指的是用于利用公用事业的组织、过程和资源来制作经营模型的各种方法和工具。最后，经营（或产业）生态学是对运营系统、环境系统和经济系统的整合。经营生态过程推动改变公用事业产品和服务的生产和消费，以便最大程度地减少浪费，并控制对自然资源的使用。在接下来的几页中，将更为详细地讨论这些概念。

信息系统技术的构成要素

　　在格罗弗·史塔林（Grover Starling 1998，pp. 563-564）探讨信息系统在公共组织（包括公用事业组织）管理应用的著作中，确认了所有信息系统都具有的五个主要构成要素：（1）输入；（2）加工处理；（3）存储；（4）控制；以及（5）输出。输入是为信息系统收集原始数据。对于公用事业来说，这些数据可能包括有关人口统计、财务数据、税率，以及各类消费者产品使用率和周期的信息。其他的相关数据包括河流流量、积雪数量、发电容量、利率、工资、福利，以及大量其他的生产、操作和管理数据。

　　加工处理是指信息技术系统及其操作者对数据进行控制、组织、分类和进行统计运算的能力。加工处理过程有两个主要目的：一是将原始数据转换成能被管理者使用的信息；二是将数据和信息组织成对决策有意义的相关工具的集合。当完成加工处理过程时，被处理过的数据并非总是被需要。但被处理的数据必须被保持到需要它们的时候。这种保持活动是在信息系统的数据存储功能中实现的。适当的数据存储和数据库维护对所有这五项功能来说都是重要的。数据必须是可被检索到的，并要进行及时更新以保持其价值。与存储功能紧密联系的是对信息系统数据的控制。控制系统的目的是确保所传递的信息符合系统用户对时间、质量、完整性和相关性的要求。

输出是所有信息系统五个主要构成要素中的最后一个。输出指的是由信息系统产生的许多不同类型的报告和其他信息。在过去，存在的问题是：信息系统所提供的信息，常常是信息系统管理者认为用户应该拥有的信息，而不是用户需要或要求的信息。输出的信息经常完全不适用于改善决策这一任务。然而，今天，这个问题在很大程度上已经得以解决了。现在，信息管理规划从确定用户需求**开始**。一旦用户的需求被确定下来，多个团队就会共同合作，以及时、有效的方式作出能够提供所需要的信息的报告。专栏 9.1 列出了公有的和私有的公用事业公司在发展它们的通信架构时应该考虑的各项原则。

专栏 9.1　　　　　　　　　综合的通信系统架构

　　一个综合的公用事业信息管理模型，包括一个由各系统和各分系统构成的网络，许多这些系统和分系统有着不同的硬件。公用事业信息系统和分系统必须能够彼此提供信息交流以支持系统间的应用程序。以共有数据库为基础建构起来的集成系统，允许各个单元进行数据共享。

　　为了实现整合，公用事业必须采用以下相互联系的系统开发原则：

- 多种功能整合——将尽可能多的功能以合理的方式铸入同一个系统中。
- 模块化设计——把硬件设计成彼此分离的模块。
- 分布式智能——使信息存储、加工、检索和决策的定位尽可能接近操作。
- 可扩展性——额外容量可以并入该系统及其组件和互联设备。
- 开放式架构——将组件接口、软件说明书和协议书标准化。

　　资料来源：Heller et al. 2001，p. 282.

基于网络的公用事业通信架构

　　包括国际互联网在内的信息技术的许多构成要素，在公共组织和私人组织实施其活动的新方式中处于核心地位。在公共部门，这种运营的新方式被称为"电子政务"。在私营部门，它被称为"电子商务"。电子政务和电子商务都将电子通信作为组织的价值创造和价值传递过程中的一个关键部分（Riggins and Rhee 1998）。经济领域的公用事业部门——包括公有的和投资者所有的电力、燃气、供水与污水处理公用公司——均既涉及电子政务也涉及电子商务。

电子政务被休斯（Hughes 2003，p. 182）定义为"运用信息技术，特别是国际互联网，使得公共服务的提供更加便捷、顾客导向、符合成本效益、全新和更好"。休斯提出的电子政务概念是广义的，他将电子政务描述为政府对任何信息或通信技术的运用。这一概念中所说的"信息技术"，包括视频会议、音频式电话记录、只读光盘、国际互联网和私人内联网。或许还包括诸如交互式电视、移动电话和可接入互联网的个人数字式笔记本这样的新技术。一位观察家曾报道说，信息技术和电子政务现在已经成为政府所有其他部门中的关键要素（Kamarck 2004）。

瑞金斯（Frederick J. Riggins）和李贤淑［Hyen-Suk（Sue）Rhee］把电子商务定义为"借助电子通信网络共享商业信息、维持商业关系和进行商业交易的过程"。此外，电子商务代表的不仅仅是电子化的购买与销售，还包括利用网络通信技术在组织内外的价值链上下进行多种多样的商业活动。

电子商务的应用软件包括从顾客到商家、从商家到顾客、商家对商家以及组织间的通信。对地理上分散经营的公用企业来说，利用互联网、外联网或内联网的组织间应用程序具有特别重要的意义。当然，互联网是一个全球通信媒介。对于公用事业来说，互联网的主要用途之一就是与顾客进行通信。外联网是商家对商家的应用程序，公用企业把外联网用做合作网络，它用互联网技术把供应商、顾客和供应链上的其他组织连接起来。瑞金斯和李贤淑也定义了第四种网络，他们将其称为"超级网络"（supranet），它是由供应链上的各家公司联合资助的半开放网络。例如，天然气供应链中的公司包括天然气的井口生产者、管道公司、存储公司、分销组织，可能还包括一个或多个大型燃气用户，如工业公司。电力产业中也存在类似的组织间联系。供水与污水处理供应链也是类似的，但是通常没有那么复杂。除了供应链上这些主要的组织外，一些服务和设备的供应商也可能属于联营网络（consortium net work）。

公用事业目前正在使用的这种现代的综合信息系统，将知识管理系统与供应链管理系统及客户信息和关系管理系统融合为一体。以下各节将举例说明公用事业是如何使用这些新技术的。

公用事业业务架构

在从 20 世纪 60 年代开始就被运用的许多类型的应用程序中，有四种基本的计算机信息系统构成了公用事业所使用的早期系统：管理信息系统、交易处理系统、决策支持系统以及早期的专家系统。公用事业使用独立的应用程序和应用服务器执行特定的功能，如开列账单、计算薪金等（应用服务器是只运行具体应用程序的计算机）。以下的陈述指出了坚持使用独立开发的系统的危险性：

> 孤立设计和使用的信息系统，只能碰巧适合于为公用事业其他部门的需求服务。必须为系统设计数据共享的能力……否则，公用事业对现存数据的利用能力将达不到真正竞争所必需的程度，或者它将被迫在大量的内部系统中复制数据，经常要靠人工不断重新登陆。结果导致成本增加、数据偏差、数据库管理烦琐不堪以及混乱（Heller et al. 2001，pp. 280-281）。

尽管系统中的每一个组件都被设计为执行特定的功能，但是，在管理者的信息需求中，仍存在着大量的重叠交叉。因此，各系统间显然需要以某种方式相互协调和紧密配合。协调各系统能避免重复，同时也使所需要的信息能够随时随地提供给需要它的任何人。

现在，信息技术管理将所有孤立的系统连接在一起。信息系统是围绕着使用互联网、外联网或内联网技术的通信系统建立起来的。把组织中所有系统都连接起来并将其链接到互联网的过程，被称为"企业应用程序整合"（enterprise application integration）（Schneider 2003）。

公用事业的经营生态学

多年来，管理信息系统一直是公用事业中所有信息技术的核心；这里对这一应用程序的讨论，是将其作为对经营生态学的一种应用。管理信息系统第一个试图综合生产和消费数据，以改善对整个价值生成和传送系统的管理。许多还没有升级到现代综合系统的小型公用企业，仍然在使用基于管理信息系统的那种系统。以下是对管理信息系统的定义：

> 管理信息系统（MIS）是以计算机为基础的系统，它能够为具有相似需求的用户提供信息。用户通常是一个正式的组织实体——公司或一个附属子公司。这种信息描述了公司或其主要系统之一过去所发生的、现在正在发生的以及将来可能发生的事情。该信息的提供采取定期报告、专题报告和数学模拟输出的形式。这种信息输出既被管理者也被非管理者用于为解决公司问题而进行的决策（McLeod and Schell 2001，pp. 239-240）。

现在，这些以管理信息系统为基础的老式系统，往往被称为"留传系统"（legacy system），因为它们多年来被一个个开发出来，并几乎不加修改地被沿用到后来的管理中。公司新添的信息技术应用程序经常不得不与基础管理系统相啮合。其他被它支持的应用程序也被补充进来。此外，这些较新的应用程序必须反映公用事业管理的基本价值和信念（Frenzel 1999）。一些开发出来用于增强基础信息管理系统功能的主要组件包括：交易处理系统、决策支持系统和专家系统。信息管理系统的基本目的是收集、组织和分配管理者和其他人员在组织中执行特定任务所需的数据。管理者用信息管理系统生成的数据来追踪其方案、项目、人事、收入、支出以及类似活动的实际状况。

交易处理系统（transaction processing systems，简称 TPS）属于在公用事业经营中运用的首批计算机应用程序。交易处理系统出现于 20 世纪 60 年代，引进它的目的是通过将日常交易标准化和计算机化，以减少办公费用和时间。应用的例子包括仪表读数的解释与公用事业的计费和付款。如今，尽管现代综合系统已经吸纳了交易处理系统的许多功能，但是交易处理系统仍旧在许多小型公用企业执行着常规的、重复发生的交易功能。

决策支持系统

决策支持系统（decision support systems，简称 DSS）是信息系统计

算机化的又一个产品。开发决策支持系统，是为了帮助公共服务管理者解决那些非结构化的和半结构化的问题，而这些问题是大多数早期的交易处理系统和信息技术系统所不能处理的（Starling 1998）。决策支持系统能使公用企业收集、恢复、处理和提供管理者做出具体决定时所需要的信息。资本的项目规划和管理是决策支持系统的典型应用程序。

人工智能（artificial intelligence，简称 AI）一词被用来描述各种用来模仿人类行为的计算机应用程序。它包括从经验中学习、理解书面和口头语言以及根据证据作出推论。专家系统是人工智能的一种形式。这些专家系统利用从人类专家那里收集的知识，使计算机能够推断出具有相似特征的情况可能会有的相似结论。与公用事业经营有关的应用程序实例包括区分法律问题、建筑规制、定价程序以及类似的监管事项。

公用事业中的信息技术应用实例

现今，许多公用企业正在给它们的信息技术系统升级。例如，位于华盛顿的塔科马公司，是一家集电力、供水和铁路等公用事业为一体的公司。它于 2002 年与一家德国软件公司 SAP 公司以及一家全球咨询公司 TUI 咨询公司签订了建立一体化的企业系统的合同，开始对其信息系统进行重大改造。"塔科马公用经营系统改进项目"（Tacoma Utility Business Systems Improvement Project）的目标，是改善顾客服务、提高工作效率以及为管理者提供更多、更好的测评和分析工具（Tacoma Utilities 2002）。该公用事业公司正在重新设计工作流程，并正在执行新的顾客计费、财务管理和工作管理体系。当该项目完成时，该公用事业公司的四个主要计算机系统——客户信息系统、财务管理系统、工作管理系统和人力资源系统——将被整合为一体。它们将共享一个数据库，并以此改善对顾客和员工的服务。客户信息系统是被各种类型和规模的公用企业都采用的信息技术的一个范例。

缅因公共服务公司是一个小型的乡村电力供应公司，其业务在加拿大北缅因州和新布伦瑞克州。在 1947 年之前，该公司是电力与燃气总公司（Consolidated Electric & Gas Company）下设的一个全资子公司。

1999 年，这个被监管的并被充分整合的公用事业公司决定重组为一个控股公司，并申请改名为"缅因与滨海控股公司"。除了以前的缅因公共服务公司之外，缅因与滨海控股公司的营业子公司还包括大西洋能源公司及缅因与新布伦瑞克电力公司（Maine & New Brunswick Electric Power Co.）。这三个控股子公司的经营都仍然属于被监管的公用事业。增加对信息技术的投资，是该公司重组计划的一个重要组成部分。专栏 9.2 是关于该公司的信息技术投资的一份报告。专栏 9.3 则描述了几个其他的公用企业最近的信息技术规划和设计经验。在访谈中，这三个投资者所有的公用企业的信息官员勾勒了公用企业在 2003 年之后几年中的信息需要和规划。然而，在这些公用企业中，由传统系统向充分整合的、基于网络的信息系统的转变并不是没有任何问题的。例如，并非每个人都认为将组织的所有数据全部放在一个综合的、对所有用户都开放的知识库中是明智之举。专栏 9.4 指出了与这种发展相联系的一些危险。该讨论还包括了由数据库系统设计师建议使用的一些安全保障措施。

专栏 9.2　　　一个投资者所有的小型公用公司在信息技术上的投资

伴随着管理和治理上的改变，缅因公共服务公司对强化信息技术作出了进一步的承诺，其中包括一个重大的政策转变。这项新政策是基于这样的信念：即所有雇员都必须进行计算机扫盲，不管他们在该公司中处于什么样的位置。因此，每一位雇员都被提供接受计算机教育的机会。该项目的目的是提高所有雇员使用计算机技术的能力。

重视信息技术的第一步，是聘请一家全国公认的咨询公司，对公司的计算机使用和信息需求进行全面审核。这种基准研究产生了一个对公司所有信息技术进行升级的计划，包括对一线员工使用移动计算机的技术进行评估。其他的步骤包括：进一步强调对地理信息系统的应用，以及对新的财务系统进行评估，以促进向基于活动的财会方式的有计划转变。

资料来源：Maine Public Service Company，2002 *Annual Report*.

专栏 9.3　　　公用事业首席信息官们对计划和问题的讨论

2002 年 6 月，《公用事业经营》杂志的编辑采访了三位美国公用企业的首席信息官（CIOs），询问他们对其所在公司的信息需求的见解、他们的信息技术开支计划以及他们当时面对的各种内部信息技术问题。受访者分别是华盛顿州斯波坎市（Spokane）艾维斯塔公司（Avista Corp.）的吉姆·克尼瑟克（Jim Kene-sok），伊利诺伊州芝加哥市人民能源公司（People's Energy）的威拉德·埃文斯（Willard Evans），以及爱达荷州博伊西市（Boise）爱达荷电力公司（Idaho Pow-er Co.）的布赖恩·科尼（Bryan Kearney）。吉姆·克尼瑟克描述了艾维斯塔公司在信息技术方面的目标："通过对业务的、财务的和操作的应用程序和数据的整合，来改善收入、顾客管理、社区关系和雇员关注点；在引进战略应用程序的同时，兼容现有的留传系统。"

人民能源公司的首席信息官威拉德·埃文斯描述了其所在公司的信息技术经验："最近，我们对人力资源、信息技术及其他的支持服务进行了重组，以形成一个共享服务的组织……我们面临的挑战，是转变我们顾客的思维范式，从将信息技术看作一个成本中心，或在某些情况下看成是一项免费服务，转变到将它看作战略业务发展的启动器。"当被问及"数字化公用事业概念"（digital utility concept）对他意味着什么的时候，埃文斯回答道："数字化公用事业的范围超过了电子商务广告。数字化公用事业将信息技术应用到其业务流程的方方面面。例如，它涉及设施的数字化、商品供应和采购、自动计量、服务的通知和调度、自动电子账单和电子付款、智能家电和智能家居整合以及客户服务的自我提供。数字化公用事业提供了产品和客户服务的无缝隙自动整合。"

爱达荷电力公司在爱达荷州、俄勒冈州和内华达州提供电力。这家公司的大部分电力是依靠自己的 17 家水力发电厂和 3 家燃煤发电厂生产的。这家公司的首席信息官布赖恩·科尼阐述了他的信息技术目标："利用信息技术改善顾客服务、运营效率、可靠性和安全性，以及物理和网络安全。"科尼认为他面临的几个主要挑战是："处理各种新的而且有时是竞争性的技术之间的整合，有效地管理日益增多的物理硬件的财产清单，［以及］不断要对所有软件进行安装和修补"。

资料来源：Anonymous，*Utility Business*，June 2002，pp. 55－59.

专栏 9.4　　　　　　数据仓库的问题和保障措施

数据仓储（data warehousing）是一个热点问题。然而，按照《公用企业半月刊》（*Public Utilities Fortnightly*）的编辑詹尼弗·艾尔维（Jennifer Alvey）的说法，它具有"毁灭一家公司"的潜在可能。一项最近的调查发现，在所有的数据仓储项目中，有 41％是失败的。

数据仓储是将公司的全部数据和信息整合成一个单一的数据库，而不论是哪种应用程序生成了这些数据。信息技术的管理者知道，集成系统的各个部分并非都能很好地相互适应。因此，在开发数据仓库系统的过程中，他们经常转而求助于外面的顾问。

对于任何计划开发数据仓库项目（data warehouse project）的公用企业来说，以下六种保障措施被推荐使用：

- 在第一时间就要完全确认你正在提取、转化和下载数据；这对于数据仓库的正常运行具有关键性意义；
- 对使用数据仓库来解决的公用事业问题，要有一个明确的想法；
- 在开发进行的过程中，不要给该项目不断添加更多的功能；
- 在开始之前，计划好所有的附加物；
- 要特别当心避免"范围蔓延"——范围的扩展几乎必定会导致任务无法按期完成；
- 在项目实施的各个阶段，特别是在项目规划和发展时期，力求获得终端用户的参与和认可。
- 要计划当数据仓库建成并运营时所要花费的更多的维护资金。

资料来源：Jennifer Alvey，2003，*Public Utilities Fortnightly*，(October 1)，p. 25.

商业发电公司辛那吉（*Cinergy*），是公用事业公司扩大其信息技术投资的又一范例。据该公司的技术总监班尼特·盖尼斯（Bennett Gaines）的介绍，这家公司正在对信息技术的应用程序进行重大的投资，包括对其顾客管理、账单和财务系统的信息技术投资。辛那吉公司还将其各种数据库整合成一个被称为"数据仓库"的综合体，它具有通用的术语和一个每个人都能有共同理解的检索系统。它专注于将财务数据与运营数据联系起来，使这些数据能够被用于不同的经营环境。这个综合系统的终极目标，是使公司中的每个人都能获得完成其工作所需的数据（Wipro 2004）。

公用事业的客户信息系统和客户关系管理

客户信息系统（Customer Information System，简称 CIS）已经成为改进公用事业绩效和盈利的一个重要贡献因素。它的两个主要贡献是：能够帮助公用事业公司增加收入，同时更大程度地提升客户忠诚度（Burkhart 2004）。

如今，多数管理信息系统已经是现代信息系统的一个组成部分。客户信息系统是新的综合信息技术系统中的一个主要构成部分，在公用事业中，这个新系统正在取代旧的留传系统。客户信息系统好比由技术激活的关系管理这一车轮上的辐条。它是"客户关系管理"（或 CRM）这个更为广泛的概念下的一个部分（Lester 2002；Schneider 2003；Kennedy 2004；Seines 2004）。其他用于描述相同活动的术语还包括：由技术激活的客户关系管理，以及电子客户关系管理（electronic customer relation-ship management，简称 eCRM）。

每个公用企业都有不同的客户群；客户关系管理系统利用国际互联网收集这些客户的详细信息，包括其偏好、需求及购物风格。之后，这些数据被用于制定价格、将需求导向非高峰时段、协商条件、量身定制的促销活动、增加新的功能和服务，以及其他与客户相关的各项活动（Schneider 2003）。

在所谓的"客户组合管理"（customer portfolio management）中，第一步是开发一套综合的客户数据库，数据库中应包括每一类客户的需求—满足信息。客户关系管理项目的主要过程，是将客户关系信息中那些曾经孤立的部分合并为一个综合数据库（Kennedy 2004）。任何信息都不应视为该公用企业中的任何单位和个人所"占有的"。相反，所有的关键信息都必须通过该公司的内联网向每一个需要它的人开放。而且同样重要的是，该系统不应一成不变，它必须随着该公用企业经营环境的变化而改变。

客户信息系统这种动态性质的一个实例是信息技术顾问公司"惠普罗技术公司"（Wipro Technologies）。该公司被要求为其西北太平洋公司（the Pacific Northwest）中的一个公用事业公司重新设计它们较早前曾经为其开发的客户信息系统。该公用事业公司的这套客户信息系统的主要用户是客服中心、商务中心、工程和业务部门、外勤人员，以及公用企业的各级管理人员。由于该公用企业各种无法控制的原因，旧系统被发现不能满足这些用户的需求，该系统需要被更新。

由于所通过的州立法在公用电力的市场领域引入了选择和竞争，使得客户信息系统需要做出相应的改变。该立法规定：（1）该公司向其客户提供非捆绑式的服务；（2）增加客户的选择；（3）在非住宅能源服务市场引入竞争。这些变化造成了对该公用行业监管环境的广泛修正。综合客户信息系统以下的七项职能中的每一项都需要改变：

1. 电力服务供应商管理
2. 零售客户管理
3. 特许执照税

4. 产品供应管理
5. 零售客户的结算付款和收款
6. 零售客户的账单
7. 电力服务供应商的账单

公有的公用企业中的信息技术

公有的公用企业也正在对信息技术基础设施进行重大投资。最近的立法将批发电信的权力授予各公用事业区。这导致公用企业对光纤通信系统进行大规模的投资。例如，奇兰县公用事业区（Chelan County Public Utility District）正在开发一种可以开放访问的公共光纤网络，用以对其私人的和公共的客户提供宽带通信服务。梅森县第三公用事业区在其十个低压变电站之间建立了一个光纤电子通信系统，并安装了监控和数据采集系统（Supervisory Control and Data Acquisition，简称 SCADA），用以控制其运营活动。该项目的下一步是将商业和工业客户连接到这个公共光纤网络上。

奇兰县公用事业区是一个将电、水与污水处理整合成一体的综合一体化的公用企业，其网络扩张的经验展示了公用企业如何利用这次新的商业机会。该公用事业区在 2001 年到 2002 年间开支了 1 250 多万美元，安装了一个"60 英里加"光纤电缆系统（60-mile-plus system of fiber-optic cable），以及与其水坝、变电站和总部相关的设备。该网络的目标是改善公用事业的控制和通信系统。在过去几年里，该公用企业已经把其网络扩展到边远社区，以便将该县所有的学区、医院和社区设施都联结起来。企业和公民个人也将有机会进入该网络。

华盛顿的塔科马市政公用公司为其光纤网络设定了一个更为雄心勃勃的目标。该网络的主要使命是作为自动控制整个公用电力分配系统的核心工具。该系统能使该公用企业减少断电的时间、频率和范围。塔科马电力公司也尝试将现有的仪表、电缆调制解调器、计算机和软件与光纤电子通信结合在一起。该项目的目标是能更准确和及时地读取专业化的工业仪表，以便在最大负荷的情况下对用电量进行最终的实时计量。

在塔科马公用企业中，对信息技术最具深远意义的应用，可能要数综合光纤电缆网络的建设。该网络为该市及两个相邻社区的客户提供服务。该系统被命名为"**点击!**"（*Click!*），它包括有线电视、商务电子通信以及互联网连接。与"点击!"网络连接在一起的一种特殊的仪表可以使客户迅速读取他们能量使用的方式，因此能够控制取暖、制冷和空调的使用。此外，塔科马电力公司将能够从事这样的常规性公用设施管理操作，如以电子化的方式接通和断开服务，以及对仪表篡改的监测。

一个多元产品系统的实例

加拉马尼（Ghahramani 2003）描述了一套为一个生产多元产品、垂直一体化的市政公用事业公司设计的综合信息技术系统的开发和安装过程。建设该系统的目的是替代那些独立的应用程序和由批信息系统构成的旧系统，因为它不再能满足运营的需要。旧式的留传系统不仅缺乏灵活性，而且还很难维修和使用。留传系统用的是使用磁带的顺序批处理程序。对信息系统的主文档（Information System Master File）进行日常更新的资料来自于不同的地方，包括订单输入、现金、仪表读数、账单计算、税收、费率系统、审计系统以及其他子系统。留传系统不能生成管理随时需要的报告。

建设新的核电站，触发了对过时的留传系统的更换。为了建设新的核电站，该公用公司被迫提高费率。这一因素，再加上需求的增加，使得新系统的建设成为必需。管理层想以为客户提供更好的服务来弥补费率的提高。以旧的 IBM 大型机为基础的系统，以及后来不断附加的其他补充系统，被精益管理信息系统（Lean Management Information System，简称 LMIS）取代，该系统能够满足当前和未来预期增长的需要。

新的精益管理信息系统使用中程中央服务器，它具有磁盘转盘式存储器、甲骨文（Oracle）数据库系统，以及友好的用户界面（user-friendly screens）。在线处理取代了批处理。用户有机会通过友好的用户界面获得信息，并且能通过互联网提交报告和其他结果。精益管理信息系统也满足了当前的信息技术的要求，包括：（1）一种存储信息的新方法；（2）一个收集客户信息的新系统；（3）一个处理服务订单的新系统；（4）一个根据客户服务订单生成统计报告的高效过程；（5）友好的用户登录面板。精益管理信息系统包含三个主要的构成要素：

1. 客户申请维护系统（Customer Application Maintenance System，简称 CAMS）
2. 服务订单进入系统（Service Order Entry System，简称 SOES）
3. 报告系统（RS）

客户申请维护系统主要是被市场营销和能源服务代表用来收集客户信息。它被用于分析、监控和存储有关开户、账户拖欠、账户变更和注销的客户信息。服务订单系统被客户账户分析师登记和安排工作要求，并查询有关现金账户、工作要求的历史记录，以及一些新登记的项目。报告系统被用于生成标准化的报告，诸如日发出的服务订单数量，30 天内未完成的服务工作总量。管理者们还能通过选择他们需要的报告系统表格，并添加其他信息，来生成自定义报告。

客户信息数据库（CID）也是精益管理信息系统的一个组成部分。客户信息数据库中的数据被存储在磁盘转盘上，它允许公用企业的任何用户随时进入查询数据。客户信息数据库包括诸如客户姓名、账户号、工作要求记录、支付记录，以及仪表读数记录的信息。

小　结

信息技术自从 20 世纪 60 年代和 70 年代开始被广泛应用以来，就已经逐渐成为公用事业管理中一个强大的、不可或缺的功能，不论该公用事业是大型的还是小型的，是公有的还是投资者所有的，是营利的还是非营利的。现在，计算机和电子通信技术已是所有的电力、天然气、供水与污水处理系统的战略管理中一个关键性要素。在公用事业管理中引进信息技术已经带来了绩效的提高，而这可以追溯到四种应用程序模型的引入：信息技术、公用事业通信架构、公用事业业务架构以及经营生态学。

"信息技术"是一个描述性用语，它被用于描述组织中对信息的管理和应用。信息技术将公用事业的计算机系统与通信系统并为一体，既包括硬件，也包括软件。"信息管理"是指对公司内与业务相关的信息和通信标准、政策与程序的控制机制。"信息技术管理"被用于涵盖对全部信息技术资源的计划和管理，这些资源包括公用事业信息技术系统中的人、基础设施、标准和操作。

信息技术是以计算机为基础的。计算机被用于收集、处理、生成、管理、存储和检索数据。信息技术系统的产品是可供管理者和员工使用的信息。信息是管理者和员工所需要的，它使他们比没有该技术时更有创造力和效率。信息技术的目的是帮助人们解决组织中的管理、营销、生产、质量以及其他问题。

所有信息系统的五个主要构成要素是：（1）输入；（2）加工处理；（3）存储；（4）控制；以及（5）输出。输入是为该系统收集原始数据的过程。加工处理是指该系统及其操作者对数据进行控制、组织、分类和进行统计的能力。这些数据被保存在该信息系统的数据存储模块中。控制系统的存在是为了确保所传递的信息能够满足系统用户对时间、质量、完整性和相关性的要求。输出是指由该信息系统产生的许多不同类型的报告和其他信息。

四种基本类型的计算机化的系统囊括了在许多小型公用企业中发现的信息系统：管理信息系统、交易处理系统、决策支持系统以及早期的专家系统（人工智能）。管理信息系统是这些系统的核心，其他的应用程序必须支持该管理系统并加入其中。

包括国际互联网在内的信息技术的许多构成要素，在实施公共组织和私人组织活动的新方式中处于核心地位。在公共部门，这种运营的新方式被称为"电子政务"。在私营部门，它被称为"电子商务"，或简称"e-商务"。不论是电子政务还是电子商务，都将电子通信作为组织的价值创造和价值传递过程中的一个关键部分。经济领域的公用事业部门——它包括公有的和投资者所有的电力、天然气、供水与污水处理等公用企业——既涉及电子政务，也涉及电子商务。

目前，正在公用企业中使用的这种现代综合信息系统，将知识管理系统与供应链管理系统、客户信息和客户关系管理系统结合为一体。

客户信息系统及客户关系管理已经成为改进公用企业效率和盈利能力的重要贡献因素。这一方式的两个主要益处是：（1）它能够帮助公用企业增加收入；（2）同时更大程度地提高顾客忠诚度。

　　公有的公用企业也正在对信息技术基础设施进行重大投资。最近的立法将批发电子通信的权力授予各公用事业区。这些公用企业正在向本区域内的商业和社区机构提供光纤通信服务和互联网接入服务。

进一步阅读的文献

　　Frenzel，Carroll W.（1999），*Management of Information Technology*，Cambridge，MA：Course Technology（ITP）.

　　Laudon，Kenneth C. and Jane P. Laudon（2001），*Essentials of Management Information Systems：Organization and Technology in the Networked Enterprise*，4th edn，Upper Saddle River，NJ：Prentice Hall.

　　McLeod，Raymond Jr. and George Schell（2001），*Management Information Systems*，8th edn，Upper Saddle River，NJ：Prentice Hall.

　　Schneider，Gary p.（2003），*Electronic Commerce*，4th edn，Boston，MA：Course Technology.

第 10 章

经典教材系列
公共行政与公共管理经典译丛

公用事业财务与会计的各种挑战

公用产业的放松管制和结构调整，为其监管结构带来了实质性的改变。这反过来又在财务管理者所面临的传统问题的基础上，增加了一连串新的挑战。如今，公用事业财务管理者不仅必须关注该产业中投资回报和投资回收等传统问题，他们还要越来越多地对投资和经营决策的合理性进行论证。做出这些决策是为了满足被剥离的新设产业的需要，而这种新产业的特点就是财务上混乱不堪。

公用事业一直在很大程度上依赖于外来投资。几乎没有什么产业这样始终不断地需要大量的资本输入。以下基础设施改造的开销，必须在未来几十年偿付。

- 设计和建造大型煤电或核电系统；
- 建造水坝和水库；

- 探测和开采天然气；
- 建造一个全新的基础设施以接收、储藏和分送液化天然气；
- 铺设新的天然气管道；
- 升级北美输电网；
- 其他。

建设这些新设施所需的费用将被分摊到很长的时期——在某些情况下，会长达 50 年或更久。要偿还公用事业基础设施改造所产生的巨额贷款，就要求公用事业委员会允许公用企业从营业收入中提取偿债资金。否则，就不能保持投资的合理回报，投资者将不会再提供所需的资金。

当今，公用事业管理者面临的最重要的挑战之一，就是如何获得资金的问题。直到最近，规模经济效益，加上储备能力的要求，显示出特大型的公用设施是增加产能的最为经济的方式。特大型的公用设施需要巨额的外来资本。垂直一体化的、受管制的公用企业被视为可靠的、稳定的长期投资对象。有证据表明，这种状况将会逆转，因为在过去十年，建成了大量的小型天然气发电厂，这导致了天然气的严重短缺，这种短缺反过来又引起了前所未有的天然气价格上涨。一些工业观察家们因此认为，小型天然气电厂将不再具有经济可行性（Bezdek and Wendling 2004）。

财务与会计管理的挑战

总体来说，这些挑战是按照广义的财务与会计管理范畴来划分的。财务处理与资本筹集相关的各项过程；会计为这些资金的使用记账并提供报告。

公用事业管理者在制定财务管理计划时，头脑中至少要有三个主要目标：即如何增加经营所需的可用资源的数量，如何保持稳定的高增长率以吸引股权资本，以及如何保持对资源和经营的自主权与控制权。

在公用事业中，财务职能要求至少在四个主要领域制定决策：（1）资本结构，即在组织财务中债务与资本的比率；（2）经营费用与投资结构，它会受到监管环境的影响；二者又会共同对公用企业可容许的投资回报产生重大影响；（3）资本的获取及其成本，它是由该公用企业的财政能力所决定的；（4）营运资本要求，它是由流动性状况决定的，而流动性状况本身又受到公用企业的资本结构的影响。

公用企业中的会计决策与财务报告的制作，反映的是以下五个管理领域的决策过程：（1）保存所有交易的历史记录；（2）设计并维护内部控制系统；（3）为费率和收入监管提供财务依据；（4）联邦、州和地方税收；（5）在投资者所有的公用企业中，为赢得和维持投资者的信心而提供所需数据。

公用企业的资本结构

正如所有的企业一样，公用企业需要资金来支付它们的账单，它们经常需要更多的资金来发展壮大它们的企业。无论是公有的还是投资者所有的组织，都要通过贷款来赚更多的钱（对借贷资金的这种使用方式，被称为举债经营）。贷款可以是短期的，也可以是长期的。投资者所有的公用企业和公有的公用企业都努力通过出售债券来获得长期贷款，以为扩大规模和系统升级提供资金。公用企业的信用等级，经常反映着城市的信用等级。

投资者所有的公用企业的资本，来自于投资购买股票的个体投资者和机构；而公有的公用企业的资金，几乎无一例外地通过借贷获得。最终，由于所留存的经营收益可以为组织提供其所需要的营运资本，因此，与投资者所有的公用企业相比，公有的公用企业可以更少地依赖于短期借贷。

公用组织通过负债或资产，或二者兼而有之，来为其经营提供资金。债务与资产的比例构成了组织的资本结构。公用组织需要资金来启动经营，然后又需要更多的资金来维持经营。资产是企业家或投资者为企业运营提供的资金。股票销售获得的资金叫做股东资产（stockholder's equity）。但是，资产本身通常不足以提供企业快速发展所需的资金。因而就需要通过一些不同的渠道来获取额外的财政资源，包括但不仅限于以下方式：

● 通过从银行或其他金融机构贷款；

- 向投资者借款（直接借款或以债券销售的形式）；
- 向投资者出售更多的公司股票以增加其所有权来获得资金；
- 或通过使用留存的利润或收入（retained earnings or revenue）。

　　大多数公用企业采用长期借贷和相对少量的银行贷款相混合的形式来为企业提供营运资本。长期借款的形式是债券，银行贷款的形式是营运资本的信贷额度。

　　全球电力集团（Global Power Group）在雷曼兄弟投资银行（Lehman Brothers Investment Bank）的执行董事弗兰克·纳波利塔诺（Frank Napolitano），描述了三种不同类型的财务结构与其在投资者眼中的风险等级之间的关系。被认为风险最低的财务结构是传统的垂直一体化的公用企业（vertically integrated utility，简称 VIU）。垂直一体化的公用企业的财务结构有大约 50% 的公司可转债（recourse debt）（可转债是指这样的借贷资金，其借贷方保留将债券转换成普通股股票的权利）、45% 的资产以及大约 5% 的优先股（preferred stock）。投资者所有的公用企业总体上倾向于具有高比例的债务融资，而传统的垂直一体化的公用企业则被投资者们视为低风险，因为其投资回报是根据监管委员会所批准的"公平"水平（Napolitano 2004）。

　　第二种被认为具有低风险的财务结构，是那些手中握有长期购买合同，根据《公用事业监管政策法案》规定被确认为不受管制的电力生产厂家。这些电力生产的运营资金，有 80%～90% 是来自于可能在任何地方发行的不可转换的公司债券（不能转化为优先股股票的债券）和相应的 10%～20% 的股权资本。它们被称为"合同电力项目"。

　　具有最高风险的混合资本结构是商业电力生产项目，其资本结构由 60%～80% 的不可转换的项目融资债券和相应的 40%～20% 的股权资本混合构成。许多这样的小型发电组织在 2000—2001 年的电力危机中倒闭了，此次电力危机是由加利福尼亚重组其电力工业时造成的失误所导致的。结果，许多出借者发现自己竟然成了发电厂的拥有者。公用企业的财务管理者们仍然面临来自下面这段陈述所指出的那些问题的挑战：

　　银行市场和长期固定收益市场，或机构投资者，记忆犹新，伤痛依旧。在过去的几年里，它们眼睁睁地看着自己在电力基础设施上的投资惨遭损失、破产或重组……不可否认的事实是，投资者们将会记住在美国发生的一切，也会记住在外国私有化过程中他们所遭受的类似损失。简言之，投资者是会谨小慎微的（Napolitano 2004，p.53）。

公用企业中的财务职能

公用产业已经在财务上遭受了数年的连续危机。新世纪的头两年，被某观察家称为"胃痉挛式的评级下滑，令人痛苦的估价走低，使人尴尬的会计丑闻，急剧上升的燃气价格以及难以对付的气候变暖"（Stavros 2003 pp.31–38）。今天，公用企业的财务管理者关注的两大焦点，是展望未来找到如下问题的答案：投资者们会重新对投资公用事业股票产生兴趣吗？会有足够多的投资资本可被国家用于公用事业的升级和增加产能所需的巨额投资吗？

公用企业的管理者们借助于财务管理来指导他们渡过解决这些问题的难关。公用企业中的财务管理由两项主要活动构成：（1）规划和获取财务资源；（2）计划、监控、分析并报告这些资源如何被用于实现组织目标。财务管理者在这些过程中所致力的主要工作包括预算、预测、结算和财务报告、融资、审计和相关的财政分析，以及开发和运行金融信息系统（AWWA 1995）。财务管理有两个总体性的目标：确保现金流量为正，确保在需要时有充足的现金可用来使公用企业能够根据需求的要求而发展。遵循下列的五步过程，将使实现这些目标成为可能（Rachman et al. 1993，p.543）

1. 逐月评估来自所有来源的流入该公用企业的收入（收益）量。
2. 逐月评估流出该公用企业的资金量，包括营业费用和资本投资。
3. 比较收入和支出。如果需要更多的现金，就要确定获取现金的最佳方式。这可以包括削减开支或增加收入。如果出现了现金过剩，就要确定使用这些过剩资金的最佳投资目标。

4. 选择可持续增长的资本投资项目；确定最具成本效益的内外财务资金来源的组合。

5. 建立资金流动跟踪系统和投资收益监控系统。

综上所述，公用事业管理者所面临的财务挑战包括：（1）规划和获取财务资源，适当采用贷款或股权资本，或二者兼用的办法；（2）计划、监控、分析和报告这些资金的使用。财务管理者在履行其职责的过程中，所采用的工具包括记账与报表、预算与预测、审计与分析、财务信息系统以及保管与资源管理等。这项工作包括设备维护、人事、库存控制和金融服务。而会计职能则是后续的所有财务活动的基础。

公用企业中的会计职能

会计职能包括记录各种交易、处理经营数据、为财务报告提供信息、收集并传送管理信息。记账始于信息的积累。各种财务数据和统计数据从公司内部和其他经营部门流入会计部门。在一个公用企业中发生的所有交易——购买、销售、损耗、贸易、存储等——都必须被记录下来。这包括记录材料、人员及供给从一个位置到另一个位置的流动（Farris and Sampson 1973；Bozeman and Straussman 1991）。在美国，投资者所有的公用企业必须记录、报告和保留的数据，绝大部分是受证券交易委员会和（或）国内税务署（Internal Revenue Service，简称 IRS）所制定的规则的控制。公有的公用企业必须遵循由联邦和（或）州监管机构制定的各种会计规制。其他地方的记录和报告程序也受到类似的监管过程的控制。

在公用企业中，会计至少提供了四项主要服务：（1）保留该公司金融交易的历史记录；（2）为该公司中的其他人进行预算、预测和绩效监督提供可用的经营信息；（3）为建立组织内部的控制系统提供基础；（4）向投资者和所有者就有关该公用企业的财务健康状况和发展活力提供结果分析并作出报告，投资者和所有者们要依据这些信息作出投资决策。下面着重阐述公用企业会计的记账职能。

保存历史记录

公用产业的所有部门都采用了两个主要的会计系统：一是全国公用事业监管者协会的系统，它是供投资者所有的公用企业来使用的。二是政府会计准则委员会的系统，所有政府所有的公用组织都被要求使用这一系统。政府会计准则委员会（Governmental Accounting Standards Board，简称 GASB）是一个独立的、非营利性组织，它为州和地方政府建立与监督使用财务会计和报告标准。政府会计准则委员会具有以下目标：（1）确保财务数据的使用者（如政府证券评级机构、财政报告的咨询起草者和审计者）能够获得充分和完整的信息；（2）向公众说明和解释政府的财政活动；（3）改进州和地方政府所使用的财务会计和报告的标准（GASB 2004）。虽然这两个系统中的相似之处多于其差异之处，但下面还是要对每个系统分别予以更为细致的讨论。

为了使财务往来能够被有意义地加以记录和报告，首先必须用一个综合会计系统对公用企业的资产、负债、股本、收入和支出进行分类。这样才能为合乎逻辑而又切合实际的管理总结奠定基础。对于具有两个或两个以上营业公司的公用企业，也可以根据统一账户制度进行适当的账户合并。大多数投资者所有的公用企业，都使用他们的行业组织——全国公用事业监管者协会——推荐的会计系统。

各州的公用事业委员会在其监管活动中对会计信息的需求，以及其他利益相关方对会计信息的需求是非常巨大的，因此，被监管的公用企业所使用的会计系统，通常是基于公用事业委员会的要求来设计的。私人所有并经营的公用企业，将盈利作为投资动机。因此，投资者一般来说会比公有的公用企业需要更多的信息。此外，监管机构和其他团体也需要公用企业的详细收支记录。为了方便对比及其他一些原因，美国证券交易委员会（SEC）也要求一套统一的会计账目。

各个州的公用事业监管机构通常都会对投资者所有的公用企业所使用的会计系统提出最基本的要求。然而，实际上，大多数公用事业委员会所要求的系统，都遵循了全国公用事业监管者协会的系统，并且几乎是完全一样的。

全国公用事业监管者协会系统的核心构成要素

全国公用事业监管者协会的会计系统包括五个主要构成要素和几个辅助要素（AWWA 1995）。这些构成要素共同为作出和保存公用企业财务活动的完整记录提供了必要的信息。这五个主要构成要素是：

- 一般性说明和定义；
- 确认公用生产企业和营业支出的指南；
- 保存记录的各种账目的清单；
- 每个账目的定义，以及对每个账目中所记录的各种交易类型的说明；
- 按顺序编排的资产负债表和损益表。

前两个构成要素为公用企业的会计们全面了解该会计系统提供了指导。一般性说明是对被批准的会计标准所作的说明；定期发布新的说明，以反映系统的变化和各项新的规制。这些说明详细解释了该会计系统的内容和形式，它们是公用企业的会计们所必须遵循的。由于州公用事业委员会必须批准在费率基准中所包含的所有支出，所以确定、记录和证明经营支出是极为重要的工作。被允许的开支将被用于提出被核准的费率基准，以及计算该公用企业的回报率。

后三项构成要素确定并描述了必须被保持的账目的数量和类型。每个主汇总账目必须得到其他辅助账目的支持。在该系统中包括两套主要账目：（1）资产负债表账目（balance sheet accounts）；（2）损益账目（income accounts）。第三套账目是收益留存账目，它被用作将前两个主要账目中的信息联系起来的手段。

每个主要账目都包含两个或更多的明细账目。例如，两个主要的资产负债表账目是：（1）资产账目；（2）负债账目。这两个资产负债表账目被进一步分为11组汇总账目。此外，许多汇总账目本身又为其他的明细账目所支持。图10—1中展示了主要的资产负债表账目和11个主要的汇总账目。为了便于识别和整合，每个账目都被指定了一个数字代码；图中只给出了主要代码类别。

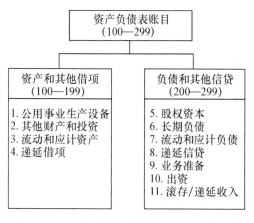

图 10—1　全国公用事业监管者协会系统中的
资产负债表账目

正如上面提到的，许多资产负债表汇总账目是由明细账目或记录所支持的。这些明细账目或记录为汇总账目的某些特定内容提供了一些详细情况的补充。一个这样的资产负债表汇总账目——公用事业生产设备——为全国公用事业监管者协会系统中六组功能性的公用事业生产设备明细账目所支持。运行中的生产设备是公用企业资产负债表中的最大资产。由于这项投资巨大，在一些州，州和市的规制都设立了某种融资和成本回收机制。所确认的"资本回收费"、"影响费"和"土地开发费"，都要求在会计上作出特殊考虑。根据不同的服务成本和费率制定方法所采取的各种特殊用法，会对费率的计算产生影响。

这种细化的结构是必要的，因为工厂和生产设备的信息对于监管委员会确定恰当的费率基准和恰当地记录折旧损耗具有重要的意义。详细的公用事业生产设备信息也给设备资产的有效管理控制提供了便利。举例来说，一个公用水务企业的生产设备账目的各种明细账目，包括以下部分：无形设备、资源供应设备、泵站设备、水处理设备、输配设备以及总生产设备。在电力和燃气公用企业的资产负债表中，也会发现类似的分科。

损益账目

第二套主要的资产负债表账目是一套损益账目。损益账目由四个主要部分构成：（1）公用事业营业收入；（2）其他收入和减免（deductions）；（3）利息费用；（4）非经常性项目（extraordinary items）。公用事业营业收入等于营业收入减去营业支出。只有运输公用产品所产生的营业支出被允许作为营业支出；收入是来自公用企业正常运营的进款项。

根据公共服务监管委员会的观点，营业收益通常被说成位于线上或线下。受管制的公用企业有权获得足够的营业收入，不仅可以抵消营业支出，而且可以提供"公平"的投资回报率。回报是营业收入减去营业支出后的盈余。其中的一些钱用来给投资者分红，而另一些则被留下来用于支付未来的营业费、改造费或维修费。在确定营业收益时，监管委员会所认可的收入和支出被称为线上项目（above-the-line items）。如果支出在数量上被认为是合理的，并被认为是可以因所提供的公共服务而向顾客征收的费用，那么这部分支出就被列入线上项目。

在计算费率和确定公平或合理的回报时，线下项目（below-the-line items）不被计入营业项目。然而，在确定公用企业的净利润时，这些线下项目作为营业收入的调整项目被包括进来。而且，来自非公用事业活动和非公用事业收入减免（income deductions）的收益，以及相关所得税，都被计为线下项目。利息费用没有被列入营业支出中，因而也被认为是线下项目；但是在计算合理的投资回报率时，要将利息费用考虑进来。

其他收入和减免

损益账目中第二类主要的信息是其他收入和减免（deductions）。该账目包括那些并非来自提供公用事业产品的正常经营的收入。例如：安装费，电器的销售或租赁收入，利息和分红收入，等等。

那些没有包括在公用事业营业收入和杂项扣除中的各项摊销费用，被包括在其他收入减免账目中。例如：慈善捐款，影响公众舆论的工作，官员的选举或任命，资产减值或证券销售的损失，可抵税款（allowable taxes）以及其他相关项目。

利息费用

利息费用是全国公用事业监管者协会系统损益账目中的第三个组成部分。这个账目包括长期债务和短期债务的利息，债券折扣、债券担保费和债券发行费用的摊销，付给相关公司的债务利息，以及所有其他的利息费用。

非常项目

非常项目包括任何非预期的收入或损失，如果它们被报告成营业收入或支出，则可能会扭曲当年的收益情况。例如，一项非常收益可能来自于一块地皮的销售。再如，一项非常损失可能是由于无法完成对产业的另一部门、一块地皮或类似资产的收购所产生的非常成本（定金）。

公用企业综合资产负债表实例

表 10—1 展示了一个典型的天然气公用企业作出的五年综合资产负债对照表（科目是真实的，但对原始数值做了修正）。在这个案例中，综合资产负债表包括了该公用企业受管制的和不受管制的全资子公司的业务数据。该公用企业的服务区域横跨了几个州，因而要受几个州监管委员会的监管。

表 10—1　　　　　　　　**某天然气公用企业的资产负债对照表**

	综合资产负债对照表				
	2003 （1 000 美元）	2002 （1 000 美元）	2001 （1 000 美元）	2000 （1 000 美元）	1999 （1 000 美元）
长期资产					
公用事业生产设备原价	1 945 694	1 729 722	1 584 425	1 493 321	1 303 669
减：累计折旧	(627 983)	(568 395)	(545 200)	(478 675)	(443 555)
公用事业生产设备净值	1 317 711	1 161 327	1 039 225	1 014 646	860 114

续前表

	综合资产负债对照表				
	2003 (1 000 美元)	2002 (1 000 美元)	2001 (1 000 美元)	2000 (1 000 美元)	1999 (1 000 美元)
非公用事业资产	17 221	14 222	9 455	8 320	7 016
减：累计折旧和磨损	(3 879)	(3 687)	(3 872)	(3 453)	(3 250)
设备和财产合计	1 331 053	1 171 862	1 044 808	1 019 513	863 880
其他长期投资	19 584	27 450	15 756	14 500	17 822
长期资产合计	1 350 637	1 199 312	1 060 564	1 034 013	881 702
流动资产：					
现金及现金等价物	11 212	10 455	12 586	8 479	9 275
应收账款	51 369	61 258	60 457	51 227	40 789
应计的未入账收入	45 875	59 878	54 921	48 119	41 272
存货、原材料、物料	61 321	52 473	47 852	46 245	41 095
预付款项及其他资产	27 465	29 527	21 545	17 982	16 532
流动资产合计	197 242	213 591	197 361	172 052	148 963
调节税资产	49 523	48 588	47 300	47 895	49 525
递延的应收燃气费			15 745	19 256	25 421
非交易性衍生产品的未 兑现损失					
递延借项	83 694	75 982	76 337	68 215	64 215
资产总计：	1 681 096	1 537 473	1 397 307	1 341 431	1 169 826
资产值与负债					
资产值：					
普通股资本	633 850	594 118	691 124	511 690	479 785
可赎回优先股	7 850	7 679	6 936	6 520	6 129
股本总计	641 700	601 797	698 060	518 210	485 914
长期债务：					
第一抵押权债务	593 750	522 500	459 800	404 624	359 069
无担保债务	5 655	6 503	7 479	18 605	21 396
长期债务合计	599 405	529 003	467 279	423 229	380 465

续前表

	综合资产负债对照表				
	2003 (1 000 美元)	2002 (1 000 美元)	2001 (1 000 美元)	2000 (1 000 美元)	1999 (1 000 美元)
资产值合计	1 241 105	1 130 800	1 165 339	941 439	866 379
流动负债：					
应付票据	82 158	75 996	70 296	65 024	60 147
应付账款	63 899	59 107	54 674	50 573	46 780
一年内到期的长期债务	35 000	32 375	29 947	27 701	25 632
应计税款	8 295	7 673	7 097	6 565	6 073
应计利息	3 120	2 886	2 670	2 469	2 284
其他流动和应计负债	28 474	26 338	24 363	22 536	20 846
流动负债合计	220 946	204 375	189 047	174 868	161 762
其他：					
递延投资税收抵扣	8 542	7 517	8 419	7 409	8 372
递延所得税	157 695	65 641	15 737	205 150	121 550
公允价值的非交易性衍生产品		97 825			
递延应付燃气费	11 278	10 425			
制度性责任及其他	41 530	22 890	18 765	12 565	11 763
其他合计：	219 045	204 298	42 921	225 124	141 685
资产值及负债总计：	1 681 096	1 539 473	1 397 307	1 341 431	1 169 826

该公司的收入来源于销售和运输天然气。当天然气被输达并被顾客接收后，收入就被确认。这个资产负债对照表中包含了一个有趣的项目，而这在大多数其他类型的企业中是没有的：即一种储备基金，当在未来期间出现的佣金率诉讼要求向公用事业用户退款时，就要使用这项基金。在2003 年，这项调节税资产为 4 980 万美元，2002 年为 4 860 万美元。

收益留存账目

收益留存账目的目的，是解释在特定期间内公用企业收益留存余额的变化。在某些情况下，此项会计科目被包含在被称为"关于投资该业务的收益结算表"（statement of earnings invested in the business）的明细表中。这组账目用来解释在某一期间内——例如一年中——公用企业收益留存余额的变化。表 10—2 是某天然气公用企业收益留存账目的实例。

表 10—2 　　　　　　　　　　　**收益留存账目**

年末 12 月 31 日	2003 （＄000）	2002 （＄000）	2001 （＄000）
在该业务投资中的收益：			
年初余额	147 950	134 189	118 711
净收益	43 792	50 187	50 224
已付现金股利：			
优先股	(2 579)	(2 410)	(2 466)
普通股	(32 024)	(31 307)	(31 198)
普通股回购	—	(2 688)	(1 080)
普通股费用	(3)	(21)	(2)
年末余额	157 136	147 950	134 189

公用企业收益留存余额的变化可能是由以下几项变化引起的：净收益的变化，在该期间内收益留存的分配，股利分配的宣布或将其转移至其他市政基金，以及其他各项会计调整项目。

公有制公用企业中的会计制度

全国公用事业监管者协会系统仅适用于投资者所有的公用企业的经营；如果要将它应用于市政所有的公用企业中，那么就必须对这一系统进行调整，包括市政所有的公用企业在内的政府所有的组织都必须遵循一个统一的、特定的会计系统，即政府会计准则委员会的系统，这一系统是以国家政府会计咨询委员会（National Council on Government Accounting）的建议为基础而建立的。

政府会计系统与全国公用事业监管者协会系统具有许多相同的特点，但由于市政公用企业不要求盈利，因此在会计系统上存在着一些差异。在对实体的生产设备的融资和成本回收的监管方面，在集中化的支持服务方面，以及在对同一城市其他公用企业所提供的服务的成本核算方面，都存在着差异。例如，供水与污水处理服务经常被结合为一个市政公用企业。由账单和其他服务所产生的成本必须被适当分摊。

以自负盈亏的方式来经营的市政公用企业，必须要获得足够的收入来偿付支出，其支出可能包括各种税或代税金以及折旧。如果扩大生产规模需要更多的资金，它还必须额外增加收入。当市政公用企业的经营导致财务上的盈亏平衡或亏损（被补贴）时，就会出现挑战。该公用企业就要设法获取足够的收入来支付未来的成本开支。

在大多数城市，一个城市拥有的公用企业是作为独立核算实体来进行经营的。为了进行像购买和运输这样的集中化服务，它与其他的基金保持着重要的联系。例如，这种公用企业可能会从市或县租用办公场地和共用维修设备。或者，它会将钱存入一个共同退休基金，并被收取相应比例的基金管理费，同时，参加其他的集中化服务。集中化服务通常是通过一个周转基金进行结算，并以转账的形式来支付的。

在这样的公用企业和该市政的其他基金之间，可能存在着其他的转账方式。可以举出的例子包括：（1）公用企业将一部分收益留存转移至普通基金；（2）因财务需要，将资金由普通基金转移至公用企业；（3）将钱存入特种收入基金，以代替财产税或投资回报。会计系统的设计，必须能够记录各市政基金之间的账务往来。市政所有的公用企业应该被作为一个独立的企业基金来进行核算，而不是像其他大多数政府业务一样根据基金会计基准来核算（AWWA 1995）。

政府会计准则委员会系统的最近修订

最近，人们已经确认了政府所有的公用企业经营所面临的一系列严峻的挑战。公有的公用企业的财务经理们必须要学会如何实施政府会计准则委员会系统所要求的一系列大范围的改变。所有的政府机构，包括州、市、镇、村以及公用企业，都被要求采用这种新的会计系统。新的系统会对政府必须提供的大部分信息作出结构上的调整，以便使年度报告更加全面，更加易于理解和使用。这些变化被写在《第 34 号政府会计准则说明》

(Statements of governmental accounting standards No. 34) 中（AICPA 1999）。

政府组织作出年度报告的方式，与投资者所有的企业是一样的。这些报告提供了有关由政府机构建立的基金的信息。这样的信息被用于表明对各种资源的使用计划，同时也表明该机构将如何监控由其活动所产生的短期收入和开支。此外，负责任政府的一个重要方面，就是要表明政府组织是遵守财政预算的。包括公用企业在内的政府机构，必须在其年度报告中不断提供预算的对照信息。然而，根据新的准则，它们必须在对比中提交原始预算，而不是在相关期间内已经过一次或多次修订的预算。

另一个重要的改变，是要求政府的财务管理者更多地参与年度报告的写作。政府的财务管理者首次被要求必须在年度报告所要求的管理层讨论与分析（MD&A）环节交换意见。在管理层讨论与分析的环节，财务管理者必须对本年度政府的（即该公用企业的）绩效向读者作出客观的、可以理解的分析。这项分析将向使用者提供所需的信息，以帮助其评估该组织的财务状况在经过一年的经营后是改善了还是恶化了（anonymous 1999）。

表 10—3 是太平洋西北地区的一个区域性公用事业区的综合损益表实例。尽管该表包括了所有的信息科目，但它并没有严格遵循人们常用的系统。

表 10—3 公有制公用企业综合损益表实例

	2000（$）	1999（$）
营业总收入	62 381 445	57 343 636
营业开支	24 975 435	24 259 960
维修开支	5 585 085	6 199 837
折旧费	6 170 201	5 932 336
税	2 259 303	2 493 404
营业总支出	38 990 024	38 885 537
营业净收入	23 391 421	18 458 099
利息及其他收入	4 508 809	3 113 251

续前表

	2000（$）	1999（$）
提前偿还长期债券的收益	298 080	170 834
非营业利润及其他	46 827	147 954
偿债可用余额	28 245 137	21 890 138
长期负债利息	9 645 426	9 244 091
其他债务开支	990 159	978 381
利息总额及其他开支	10 635 585	10 222 472
超出服务成本的收入	17 609 552	11 667 666
收益留存净增值	17 609 552	11 667 666
1 月 1 日收益留存	141 543 487	129 876 269
12 月 31 日收益留存	159 153 487	141 543 935

　　对公用企业执行新标准的时间有着不同的要求。年收入总额达到或超过 1 亿美元的组织和政府，须在 2001 年 6 月 14 日前执行第 34 号说明；年收入总额介于 1 000 万美元到 1 亿美元之间的，须在 2002 年 6 月 15 日前执行；年收入总额低于 1 000 万美元的须在 2003 年 6 月 15 日前执行。

　　公有制公用企业年度报告所包括的财务信息，几乎与投资者所有的公用企业的年度报告完全相同。两份主要的汇总报表依然是资产负债表和损益表。资产负债表也必须要显示资产及负债情况；损益表包含了与投资者所有的公用企业的损益表相似的四个组成部分：（1）公用事业营业收益（包括经营收入和支出）；（2）其他收益和扣除；（3）利息费用；以及（4）可能出现的非常项目。

会计信息的提供

　　为管理和经营提供可用的信息，是会计职能的重要目标。水的计量销售（metered water sales），是经营信息的一个实例。经营信息的另一种形式，是预算差异报告。图 10—2 显示了会计信息的各种来源与使用会计数据的各种报告类型之间的关系。

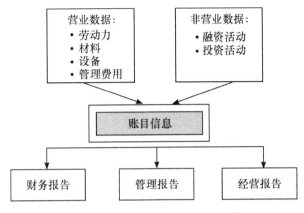

图 10—2　账务信息流程图

资料来源：AWWA：*Water Utility Accounting*，1995.

在这个系统中，原始数据来源于内部和外部。内部数据包括像生产成本数字这样的信息。外部数据的例子可以是预扣税款或利息率、通货膨胀率，以及类似的不可控制因素。

在全国公用事业监管者协会系统中的控制手段

国家公用事业监督者协会的会计系统强调成本数据应按照功能进行划分：如供给来源、加工处理、传输、分配和营销服务。为了进行计划和控制，管理层感兴趣的是基于自然分类的成本信息，如劳动力、燃料和租金。因此，在每个功能类别内部，成本是按照其自然分类来界定的。

有效的成本控制，要求对各项成本建立明确的责任。管理者只应对他能够控制的那些成本负责。因此会计系统必须考虑由公用组织的每个责任部门（组织单位）对所产生的成本进行确认和报告。成本数据和相关的经营统计数据，使得公用事业管理者能够建立绩效标准，并拟订实际可行的经营预算。将实际成本及经营统计数据与计划成本及按单位责任分类的绩效标准进行对照，使得财务管理者能够采取行动控制成本和提高绩效。

除了交易数据之外，像客户存款对账、应收账款、银行结算清单这样的程序，也为公用企业提供了非常重要的内部控制手段。各种政策和程序为公用企业及其员工处理这些交易提供了基本的指导和说明。标准的操作程序能够以一致的方法处理在不同情境下发生的交易，或使不同个人处理交易的过程达到统一。统一的报告形式也使得对不同报告期之间进行比较成为可能，并因此加速了管理层的分析和决策。

两种会计制度

会计核算可以遵循两种制度：收付实金制和权责发生制。一般来说，在市政所有的和投资者所有的公用水务企业中，推荐使用权责发生制。在收付实金制（cash basis）下，只有当收到付款时才能确认收入已经取得，只有当已经付款时才能确认开支已被收取。在权责发生制（accrual basis）下，服务发生后，即计入本期收入，尽管款项可能是在之前或之后的会计期间收到的。结算方式也可以部分采用权责发生制，部分采用现金收付制。这种情况被称为修正的权责发生制或者修正的现金收付。

例如，在权责发生制下，一月份发生的公用服务（电、气、水）输送成本将计入一月份的收入，尽管该服务的收入可能到三月份才会收到。权责发生制的开支也被记录在受益的会计期间内，尽管支出很可能在前一期或者下一期才支付。例如，一个分销公用公司在一月份从一个发电公用公司购买并支付了一批电，但是直到三月份才提取这批电，那么这笔交易会被计入三月份的支出中，不论付款是在何时。

小 结

当今，公用事业管理者面临的最重要的挑战之一，就是如何获得资金的问题。直到最近，规模经济效益，再加上对储备能力的要求，显示出特大型的公用设施是增加产能的最为经济的方式。特大型的公用设施需要巨额的外来资本。垂直一体化的、受管制的公用企业被视为可靠的、稳定的长期投资对象。

公用事业管理者在制定财务管理计划时有三个主要目标：（1）如何增加经营所需的可用资源的数量；（2）如何保持稳定的高增长率以吸引股权资本；以及（3）如何保持对资源和经营的自主权与控制权。

在公用事业中，财务职能要求至少在四个主要领域制定决策：（1）资本结构；（2）经营费用与投资结构；（3）资本的获取及其成本；（4）营运资本要求。

公用企业中的会计决策和财务报告的制作，要求在五个方面作出决策：（1）保存所有交易的历史记录；（2）设计并维护内部控制系统；（3）为费率和收入监管提供财务依据；（4）联邦、州和地方税收；（5）为赢得和维持投资者的信心而提供所需数据。

公用事业管理者所面临的一些关键的财务挑战包括：（1）规划和获取财务资源，适当采用贷款或股权资本，或二者兼用的办法；（2）计划、监控、分析和报告这些资金的使用。财务管理者在履行其职责的过程中，所采用的工具包括记账与报表、预算与预测、审计与分析、财务信息系统以及保管与资源管理（包括设备维护、人事、库存控制和金融服务）。

在公用企业中，会计提供了四项主要服务：（1）保留该公司金融交易的历史记录；（2）为该公司中的其他人进行预算、预测和绩效监督提供可用的经营信息；（3）为建立组织内部的控制系统提供基础；（4）向投资者和所有者就有关该公用企业的财务健康状况和发展活力提供结果分析并作出报告，投资者和所有者们要依据这些信息作出投资决策。

公用产业的所有部门都采用了两个主要的会计系统：一是全国公用事业监管者协会的系统，它是供投资者所有的公用企业来使用的；二是政府会计准则委员会的系统，所有政府所有的公用组织都被要求使用这一系统。

进一步阅读的文献

American Water Works Association (AWWA) (1995), *Water Utility Accounting*, Denver, CO: American Water Works Association.

AICPA (1999), "Statement of governmental accounting standards No. 34-basic financial statements-and management's discussion and analysis- for state and local governments" *Journal of Accountancy*, 188 (October), 112-31.

第 11 章

公用事业人力资源
管理的各种挑战

几种外部因素正在改变着公用事业劳动力的构成。反过来，它又给人力资源（HR）管理实践提出了一些严峻的挑战。大多数公用事业管理者都在考虑的基本问题是：能否找到充足的具备必要技能的工人，以取代大量在"生育高峰"中出生的、现在将近退休的老龄工人。美国的劳动力无疑正在从白人男性占多数的状态，转变成少数族裔男性及白人女性占多数的状态。某公用事业观察家称这种趋势为公用产业的"最大趋势"，公用事业很快将无法得到其所需的具有必要专业技能的员工来维持已经安装的技术设备的运转（Manning 2003）。

该产业本身的特性，增加了鉴别和录用当今最优秀、最聪明的大学毕业生的难度。放松管制、结构重组、私有化、破产倒闭和体制失灵等一些对该产业产生影响的因素使有可能被录用的雇员们质疑他们是否应该致力于公用事业这一职业。另外，许多公用企业被迫面对基础设施老化甚至破损的问题。其他改变公用产业的因素，还包括联邦政府对巨资投入环境保护的强制性要求。当今在对公用产业的描述中，丑闻和不道德的行为是新增的主题。在这一章，我们将考察这些主题中的部分内容，考察的背景是它们在投资者所有的和公有的天然气、电力、供水及废水处理等公用企业中对人力资源管理的影响。

人力资源的一些主要挑战

公用产业的构成，是各种类型的组织的混合兼有，包括私有的和公有的，受管制的与不受管制的，小型的和特大型的，地方性的和全球性的，竞争性的和垄断性的，它们在一个复合产业的不同部门中为不同的供应链经营者提供服务。公用产业的员工范围，从挖掘工人和保卫人员到核工程师和高薪主管。一些员工签有工会合同，而有一些却没有，而这导致找不到一个共同基础来建立一个适用于所有公用业务的人力资源工作范本。

人力资源管理涵盖一些不同的任务和角色。以下是人力资源员工最常执行的任务：

- 寻找、雇用并在必要时解雇相应人员；
- 开发和进行管理改进项目与员工培训项目；
- 确立公平的补偿计划；
- 确定适当的激励活动；
- 在危机时向员工提供咨询服务。

当 20 世纪即将结束时，《公用事业半月刊》（*Public Utilities fortnightly*）的编辑（Schuler 1999）邀请了五位人力资源副总裁，一起讨论预测在新世纪的头几十年将对公用事业运营产生重要影响的各种事项。这五家公司的规模，从不到 5 000 名员工到 32 000 名雇员不等。所有这几家公司近期都进行了缩编，裁员达 20%。他们所讨论的议题包括：

- 重新培训
- 走向全球化
- 聘请专家
- 关键岗位的招聘
- 弹性名册（elastic rosters）
- 员工保护
- 工会化企业[①]（union shops）
- 招聘的盛衰
- 公用事业的未来变化

虽然是分别进行的调查，但是人力资源经理的反应却不同寻常地相似。他们都发现在以下两个方面难以满足员工的需要：信息系统，以及交易和风险管理。因为企业正面临着激烈的竞争，这些公司意识到，对雇员进行培训，必须采取那种能在竞争环境下起作用的方式，而不能采取从前那种在受管制的垄断环境下经营的方式。一些公用企业建立了培训项目来提高员工在受管制和竞争的两种业务部门从事工作的技能。几乎所有的人力资源经理都认为，工会将在未来员工的交往相处中持续地发挥作用。

基西米公用事业局（KUA）所属的公用电力公司，是人力资源在市政所有的小型公用企业中发挥作用的一个典型范例。基西米公用事业局在佛罗里达的基西米和周边地区有着 58 000 名客户，是该州第六大公用企业。人力资源部管理着招聘、人员配备、安全、通信活动。该部门管理着退休金、医疗和失业补偿计划，并负责所有针对该公用企业的保险索赔。不久前，风险管理的职能还被安排在人力资源部，但后来被转移到财务办公室（Gent 2004）。

劳动力消失的挑战

据报道，在美国公共能源协会（APPA）2003 年所做的一项研究中，

---

① 指企业的工会化，即将加入工会作为所有员工被公用企业录用的一个条件。——译者注

有近一半参与研究的公用企业到 2006 年将会有 15％～50％的劳动力到达退休年龄（Burr 2004a）。各种关键职位将出现大范围的人才短缺，但是最大的挑战将发生在寻找管理、行政和技术职务的替代人员方面。此外，准备进入公用事业这一行的工科毕业生的人数却相对较少。高校授予的能源工程学位的数量，已从 20 世纪 80 年代的每年 2 000 多人，下降到了现在的每年不足 500 人。

对公用事业来说，关键知识的流失可能是最大的伤痛。在采取削减成本措施期间所出现的人员削减和培训减少，也使许多公用事业公司面临"人才流失"的危险。20 世纪 90 年代的成本控制和缩减劳动力计划，加剧了许多技术及管理人员即将退休将会产生的问题。成本控制的一项重要内容，是削减甚至有时取消工作培训和管理发展项目。

对可能出现的员工短缺，美国公共能源协会推荐了下列应对策略（Burr 2004a，p.53）：

- 追踪劳动力统计数据（平均年龄、年龄段分布、工作年限）；
- 制定退休计划，并确定可能短缺的人才；
- 根据组织、市场和技术需求的变化，规划公用事业的未来劳动力；
- 向公司内外股东通报相关问题及其潜在影响；
- 收集和存录现有员工的知识，促使知识由老员工向其继任者转移；
- 招聘、培养和挽留更年轻的员工；推进领导和关键技能发展项目；
- 在适当情况下，有选择地返聘已退休人员；
- 延缓老员工的离职；
- 发展并维护一种促进所有员工相互尊重的企业文化。

华盛顿州韦纳奇市（Wenatchee）奇兰县公用事业区的经验，代表了公用事业所面临的人力资源挑战（Abbott 2003）。该区曾估计，在 21 世纪第一个十年的大部分时间里，它将每年失去 10％以上的劳动力。此外，它预计最大的困难是寻找退休技工和管理人员的替代者。为了应对缺少管理人员的挑战，该公用企业制定了一个正式的承继方案，它被称作"来自内部的领导"（Leadership from Within）。该方案是由组织发展经理及人力资源管理部门来设计和管理的。

该区确定了四个被认为对其未来的成功至关重要的战略因素：客户服务、卓越经营、环境责任和社区回应。此项承继方案要发展与上述四个成功因素相联系的八种基本能力。它包括一个补偿规划，这个规划被用于对个人的增值技能、领导能力和工作绩效进行奖励。该方案在组织的四个层级上被执行：协商部门（bargining unit）、专业/技术部门（professional/technique unit）、主管（supervisors）和董事（directors）。

高昂的退休费用

人力资源部门负责管理各种员工福利计划。在这些福利计划中，成本最高的是退休基金。投资者所有的公用企业的退休计划，往往比为公有的公用企业员工制定的退休计划更复杂。这是因为在投资者所有的公用企业的退休福利组合中，通常包括股票购买权。公有的公用企业员工的退休福利，往往被放在为市、县或州的雇员所制定的更大规模的员工福利统筹计划中。下面将讨论两个投资者所有的公用企业的退休计划：位于加利福尼亚州圣何塞市（San Jose）的卡尔派恩公司（Calpine Corporation），以及特拉华州纽瓦克市（Newark）的阿蒂西安资源公司。华盛顿州塔科马市（Tacoma）的市政公用公司的退休计划体系也在描述之中。

国际组合产品公用公司卡尔派恩公司的退休福利计划，是大型公用企业退休计划的典型。在其 2002 年的年度报告中，描述了三项投资计划：供款储蓄计划、员工股票购买计划、股权激励计划。供款储蓄计划（contribution savings plan）是根据《国内税收法案》（the Internal Revenue Code）第 401 节第 a 款和第 501 节第 a 款制定的，它包括递延薪酬扣除（deferred salary deduction）、税后员工供款（after-tax employee contributions）和利润分享供款（profit-sharing contributions），其最高限额为员工薪酬的 4%。员工一经聘用即有资格参与供款储蓄计划。利润分享供款额在 2002 年总计达 1 160 万美元。

员工股票购买计划允许合格员工每隔半年通过定期的工资扣款购买普通股。每年购买的最高限额为 25 000 美元。股票的购买价格或者是员工进入股票发行期当天股票公允市场价格的 85%，或者是半年购买日当天股票公允市场价格的 85%。卡尔派恩的股权激励计划提供特定价格的股票购买期权。股票购买期权在员工为公司工作四年后可以行权（完全的拥有权），10 年后到期。

　　阿蒂西安资源公司是一家非经营性的控股公司，拥有四个全资子公司，以及一个污水处理营销公司的 1/3 的股权。其最重要的子公司是阿蒂西安水务公司，它是特拉华州最大的公用水务公司。这个受管制的公司为大约 68 000 名使用水表的客户提供服务。人力资源部门执行着三项员工退休福利计划：一项"401（k）薪酬扣除计划"[1]、一项退休后福利计划以及一项养老金补充计划。"401（k）计划"将所有员工纳入其中。阿蒂西安资源公司将总额相当于所有符合资格的员工薪酬的 2％的资金存入员工退休基金，而员工自己为其退休计划供款的最高限额是 6％。除了这 2％的供款外，阿蒂西安还将额外补充总额相当于员工供款额一半的退休金。这家公司 2002 年的年度报告显示，当条件允许时，可提供最高限额相当于合格薪酬 3％的额外补充供款（在 2002 年或 2001 年没有提供额外补充供款）。

　　阿蒂西安资源公司的退休后福利计划为一些退休员工提供医疗和人寿保险福利。会计准则（第 106 号）要求该公司在雇用员工时，就应累计提供该福利所预期支持的成本。阿蒂西安资源公司的补充养老金计划，为 1994 年 4 月之前雇用的全职员工提供补充退休福利。该计划的设立是要帮助员工为将来的退休医疗费用进行储备。阿蒂西安水务公司的供款额是根据服务的年限，从员工薪酬的 2％到 6％不等。该计划的第二种形式是在 1994 年该计划开始实施时为年龄超过 50 岁的员工开发的。

　　华盛顿的塔科马市经营着一个有着三个分立部门的公用事业部。这三个分立部门的管理方式，更像是投资者所有的控股公司的管理方式，而不是一个子公司的管理方式。塔科马公用公司（Tacoma Utilities）下属的三个独立经营的公用公司是：塔科马能源公司（Tacoma Power）、塔科马水务公司（Tacoma Water）和塔科马铁路公司（Tacoma Rail）。塔科马铁路公司拥有并经营着一个机车转换系统，为该城市的港口设施和谷仓的大范围体系提供横贯大陆的铁路服务。公用能源公司和公用水务公司的员

---

　　① 该计划起源于 20 世纪 80 年代初美国税法修改时相关免税条款的出台。其名称来自《国内税收法案》第 401 节，它允许员工将一部分税前工资存入一个储蓄计划，积累至退休后使后。——译者注

工被纳入到塔科马雇员退休体系中，该体系是该市为所有雇员投资和管理的。被纳入的雇员被要求向该系统缴纳其总工资6.44％的金额，公用企业的雇主再缴纳相当其员工总工资7.56％的金额，合计总工资的14％。所有这些资金都被投资于股权证券、固定收益证券、不动产和短期投资项目。塔科马公用公司在2002年为该计划缴纳了1 160万美元，雇员则缴纳了980万美元（Tacoma Utilities 2002 *Annual Report*）。

公务员制度改革的挑战

许多公有的公用企业的人力资源活动，是根据公务员体制或考绩制的规定来进行的。然而，在过去的十年中，一些州和市政公用企业被卷入了有着广泛基础的改革传统考绩制的运动中（Seldon et al. 2001）。这些改革极有可能属于以下三种不同类别之一：（1）旨在缩减公务员规模及范围的改革，它要使政府机构更容易终止与员工的雇佣关系，同时还要取消公务员享有的某些权利；（2）旨在使现存的公务员体系内部具有更大灵活性的改革，它要将一些人事职能下放给各职能机构及其管理者，减少人事规制，并为改善绩效建立激励机制，同时又不偏离考绩制的核心原则；（3）旨在彻底废除公务员体制的改革。这些改革的根本目标，是要通过人力资源管理实践的现代化以及创新人事技术，建立一个改善政府绩效的规划。

虽然人事服务（personnel services）已经历了百年的沧桑演变，但在政府雇佣——包括公有的公用企业中的雇佣——制度方面发生的这些变革导致了一种全新的人事服务方式。在一项为期四年的全国性研究报告中，作者以下述方式描述了人事关系体制所出现的各种变化：

> 对各州工作任务陈述的分析显示，可能正在出现一种范式的转换。[政府]似乎正在用注重服务、一线员工、效率和结果的新范式，取代曾经在人事部门的文化中占主导地位的官僚制范式（由科层、控制和等级构成）（Seldon et al. 2001，p. 602）。

在公有的公用企业中发生的一些重大变化包括：（1）劳动力规划的采用；（2）分权式的选择程序；（3）因简化而更加灵活的员工分级体制。分级体制的改变包括减少职级的数目［被称作"宽幅薪酬"（broad band）程序］和新的绩效评估方法。新的绩效评估体系要求员工和管理人员共同制定绩效目标，而这些目标直接反映着机构的目标。

集体协商的挑战

公用事业的很多雇员都是根据工会合同雇用的。因此，工会与管理层的关系是公用事业管理过程的一个重要部分，并且是公用事业管理者所面临的最大的挑战性问题之一。公用企业，无论是受管制的还是不受管制的，投资者所有的还是公有的，都被期望以合理的费率来提供其产品和服务。因此，如果要满足工会增加薪酬的要求，有时就会与上述方针发生冲突。

费率制定的过程可能采取公开听证的方式。在听证会上，公用企业各方面的成本都要受到公开的核查并接受公众的质询。同时，人们要求公用企业提供持续的服务，并满足对其产品的所有合理要求。如果公用企业的员工选择参加久拖不决的罢工，那么该公用企业满足这些合法要求的能力就会受到严重的削弱。另一方面，为了避免罢工，公用企业的管理层可能会认为，大幅度地提高工资和福利符合该公用企业及其客户的最佳利益。由于这一行业的垄断性质，公用企业肯定会保证其投资回报率。因此，为了支付所提高的劳动力成本，只能提高客户支付该服务的费率——这导致了客户的反对和来自监督委员会的抵制（Farris and Sampson 1973）。公有的公用企业或许不必获得监管机构的许可，但必须向其所有者和客户证明费率的提高是合理的，否则管理层可能就会陷入麻烦，不得不想方设法避免选民的反抗，这些方法包括罢免董事，但并非仅限于此。

劳资关系过程中的主要任务

劳资关系过程中的两个主要任务，是管理现有合同和协商新的合同。

对有效期内的合同的管理，包括掌管申诉程序，这通常是人力资源部门的职责。在一些小型的公用企业中，合同条款可能是由执行董事、法律事务人员或其他一些管理人员来协商进行的。在较大的公用企业中，新合同的协商和老合约的重新协商，通常是由负责劳资关系的副总裁牵头的。然而，无论小型的还是大型的公用企业，都会雇用一些专业顾问来执行集体协商的任务，以避免由于谈判破裂所造成的不必要的对抗。工会的谈判人员可以是当地工会的商务代理人，也可以是由该工会的全国总部所提供的谈判代表。

以系统化方式来协商劳动合同，通常被称为 **"集体协商"**（collective bargaining）。这种协商方式的意图，应该是友好解决双方在需求和愿望上的分歧。这种分歧解决方式应当基于这样一种评估，即如何才能为与该公用企业的健康和繁荣有关的各方提供最大的收益。然而，协商并非总是在诚恳和相互尊重的氛围中进行的。合同的协商经常会变成尖酸刻薄的争吵，从而达不到预期的效果。一份管理层的文件这样描述这种事态：在协商接近尾声时，会议可能已经持续了 12～15 小时——并且冷静的讨论可能会转变为人身攻击（Rachman et al. 1993，p. 304）。

实践充分证明，集体协商要经历一系列由双方参加的步骤。该过程要经历四个不同的阶段：（1）前期策划，或会议筹备；（2）双方会面，提出各自的要求；（3）达成协议；（4）合约的表决和批准。

在准备阶段，工会的谈判组将对其成员进行民意调查，以确定他们的基本需求，然后根据调查的结果拟订一个解决方案。与此同时，管理层将试图预估工会方案的预期成本。管理层必须计算出在多大程度上满足这些要求的成本会超过出现罢工的成本。在会面阶段，双方将提出各自的方案。此后，便是双方的谈判，最后或达成协议，或谈判陷入僵局。如果没有达成协议，则可能会邀请一位外来的仲裁人。仲裁人不能进行谈判，但是被授权对争论双方进行研究，并提出建议。由仲裁人作出的决定具有约束力，同时，该协议必须被送交给工会成员进行批准表决。如果遭到拒绝，各方将重返谈判桌，继续谈判。

今天，对抗式的合同谈判似乎只是例外，而不是常态。在谈判破裂之前达成一项协议，有利于每一个人，而且免去了各种劳民伤财的行动，如罢工、闭厂、怠工、纠察、抵制，以及类似合法的但却常常具有破坏性的行为。WGL 控股公司的经历，就是一个所有的利益相关者——雇员、管理层、股东和客户——如何从非对抗性的合同谈判中获益的实例。

WGL 控股公司是一个公用事业控股公司，它为哥伦比亚特区、马里兰州和弗吉尼亚州的客户提供服务。其受管制的天然气分销子公司为近96 万客户提供服务。该公司不受管制的子公司在竞争激烈的市场中销售天然气、电力以及与能源相关的产品和服务。WGL 控股公司将其 2002年集体协商过程的成果描述如下：

> 公司的成功依赖于企业和其员工的努力。在华盛顿燃气公司（Washington Gas）今年与公用事业员工成功协商的三个劳动合同中，规定了获得与客户服务绩效和安全标准相联系的红利的机会。绩效标准还与该公司在每个辖区所提出的激励费率计划结合起来（WGL Holdings，Inc. 2002 *Annual Report*，p.14）。

应对私有化的挑战

市政公用企业的所有权与经营权，正在通过与私营公司的合作而被私有化。这一趋势使得市政公用企业的人力资源管理者面临着一个重大的挑战。从全国来看，85％以上的公用水务企业和 95％的污水处理公用企业，都是市政所有的。越来越多的市政当局正在将它们的公用企业经营权私有化。与私人承包商合作，可以使市政当局减少费用，并改善服务质量。它们这样做，是因为承担不起为满足需求增长而进行扩张所需要的资金，支付不起新的监管法规所要求的更清洁、更安全的系统所需的改善费用。据公用水务产业估计，重建和维修美国供水与污水处理系统的耗资将超过3 000 亿美元（Ruth 1999）。

许多市政公用企业的员工是政府雇员，享有所有其他市政员工所享有的保障和福利，包括医疗保障和退休保障计划。许多人还是强大的市政雇员工会的会员。当这个系统的经营权被交给一个私营公司时，这些雇员将会面临什么样的结局？这是这些雇员及其工会都在关心的一个重要问题。这里有一个关于新泽西州的珀斯安博伊市（the City of Perth Amboy）的实例。它与一个英国的公用事业管理公司米德塞克斯水务公司（Mid-dlesex Water）签订了一份为期 20 年的合同，让该公司来管理这个城市的供水服务。以该合作项目为先导，员工们共有的一些恐惧被消除了，正如下面的报告所表明的：

> 很多时候，人们把公私合营看作是排挤公共雇员［的伎俩］，因为他们认为公共雇员是负担。但是，公共雇员并不是负担。他们［只是］需要用私营部门的方法来进行管理，特别是在一个受管制行业中进行管理，以便使工作更加顺畅。米德塞克斯水务公司在接手珀斯安博伊市政公司的过程中，通过续用原有的员工来消除这些恐惧……真正使过渡平稳无痕的原因，是［私人承包商］留用了所有雇员（Ruth 1999，p. 18）。

人力资源管理的角色改变

无论是在投资者所有的公用企业，还是在公有的公用企业，人力资源工作的角色和作用都在经历着剧烈的转变。下面这段话，描述了在商业企业和各级政府中人力资源管理（HRM）的变化；它显然同样适用于所有层次的公用产业。

> 人力资源管理目前在其工作方式方面正经历着一场近于革命的变革。据报道，人事管理职业内部，为人们所钟爱的各种技术正遭到抛弃，大量人力资源管理的新方法正在被采用。对人事管理者来说，劝说式的控制手段正让位于咨询性的角色。人力资源管理据称被视为与组织的价值观、使命和愿景密切联系的一种员工战略计划。人事职能正被分权给公共组织的较低层次（Hays and Kearney 2001，p. 586）。

早在四年前，PECO 能源公司（PECO Energy, Inc.）的副总裁威廉·卡舒博（William Kaschub）就曾用类似的概念来描述当时发生在宾夕法尼亚州这家投资者所有的公用电力公司中的人力资源职能的重新定位（Kaschub 1997）。PECO 能源公司是爱克斯龙电力公司（Exelon Corporation）的一部分。爱克斯龙电力公司成立于 2000 年，是通过合并费城的 PECO 能源公司和联邦爱迪生公司（Commonwealth Edison）在芝加哥的母公司——联通公司（Unicom）来组建的，联通公司服务于北伊利诺伊州的能源市场。PECO 能源公司仍然保有一个能源服务公司，该公司在宾夕法尼亚州东南部拥有 150 万电力客户和 43 万天然气客户（Exelon 2002）。1995 年，PECO 能源公司的六个营业单位被改组，以回应电力行业的放松管制和强制性竞争。

PECO 能源公司的中央人力资源处，是在第一阶段的公司重组中唯一保持不变的单位。然而，人们很快发现，当时原有的人力资源工作不可能像其过去那样继续进行。这个单位不仅要在其日常工作中变得更具成本效益，它还必须在满足那些重组部门的人力资源管理需求方面变得更有效率。与业界标准相比较，该单位被认为是超员。然而，它仍难以应付六个部门所要求的大量的个体雇员事务。各部门还要继续依靠公司的人力资源员工所提供的服务，这些服务使得这些部门运用可轻松获取的信息技术更加容易地履行自己的职责。当时，人力资源处有 230 名员工，或者说，每 35 名雇员就拥有一个人力资源工作人员。此外，过时的申诉程序要求工作主管在正式对员工提出谴责之前，须先获得人力资源部门的批准，并且招聘程序也亟须改变。

该公用企业开展了一个以员工为中心的四阶段全面重组计划，其目的是要改变工作的重点，变成卡舒博（Kaschub 1997）所描述的"高级战略顾问单位，这些顾问进行教练和指导，但不去管理。所有雇员都对他们自己负责，这一新的愿景使得现在每个人都对 PECO 能源公司的成功经营负责"。该计划的四个阶段包括：（1）提出愿景；（2）程序设计；（3）组织设计；以及（4）执行与规划。每次由 200 名员工轮流组成的小组，代表该公司的每一层级员工参加历次会议。最终，将近 800 名员工参与制定了 PECO 能源公司人力资源的使命、愿景、过程和组织文化。

业务流程被计算机化的服务中心取代，该中心预期能满足员工 80% 的信息需求，这些需求集中在福利更新、退休计划和政策指导方面。当出现重大需求时，人力资源的工作人员便可以有时间作为顾问来提供战略性服务。

KBC 高级科技公司（KBC Advanced Technologies，Inc.）是一个独立的程序工程集团，它为英国、美国、新加坡、日本和荷兰的办事处的公用设施提供服务。专栏 11.1 显示了该公司在其 2002 年的年度报告中所阐述的对其人力资源管理所采取的明智做法。

专栏 11.1　　　　　　　KBC 高级科技公司的人力资源政策

本集团继续高度重视吸引、保留和发展雇员，以实现集团的业务计划目标。集团奉行积极的员工参与和发展的政策，包括员工会议的交流，对所有员工的书面交流、内部通信简报，以及集团内联网的使用。就影响雇员自身的各种事项、业务的发展状况和影响集团业绩的各种因素，向雇员提供相关的信息。集团的政策和做法会根据满足雇员和业务需求的要求而进行不断审核和改进。

本集团承诺为所有雇员提供平等的机会，特别是确保采用公平的选拔和发展程序。本集团政策的目标是确保每一个求职者或雇员与其他任何人一样受到同等的友好对待，而不管其年龄、性别、性倾向、残疾、婚姻状况、肤色、宗教、种族或民族出身。

本集团通过认股期权计划，以及侧重于业绩及业务计划目标实现的奖金计划，鼓励员工共同致力于集团的成功。

正式的奖励和表彰项目按季度鼓励与奖励优秀的员工和团队绩效。该项目提供现金奖励，这是独立和区别于工资的。还要对那些对本集团的盈利、生产或效率作出特殊的、非凡的和重大的贡献的雇员给予正式的表彰。

资料来源：KBC Advance Technologies，plc，*Annual Report and Accounts 2002*，p. 18.

海斯和科尔尼（Hays and Kearney 2001）对由来自于国际人事和劳资关系协会（the International Personnel and Labor Relations Association）和美国公共行政协会的人事和劳资关系部（the Section of Personnel and Labor Relations of the American Society for Public Administration）的 295 名成员所构成的最终样本进行了调查。他们要求被调查者对 80 项人事技术和活动在过去和当下（1998 年）的重要性作出评价，然后预测它们到 2008 年的重要性将会如何。在这些诸如人员编制、回应机构和部门负责人的要求、福利管理、薪酬管理和提出人力资源管理政策的行动方面，受访者对其重要性的预测几乎没有什么不同。被认为在过去、现在和将来都不太重要的行动包括：回应民选官员的要求、处理申诉、参与集体协商，以及管理劳动合同——这显示工会的影响力将延续其数十年的下降趋势。

小　结

几种外部因素正在改变着公用事业劳动力的构成。反过来，它又给人力资源管理实践提出了一些严峻的挑战。美国的劳动力正在从白人男性占多数的状态，转变成少数族裔男性及白人女性占多数的状态。某公用事业观察家称这种趋势为公用产业的"最大趋势"，公用事业很快将无法得到所需的具有必要专业技能的员工来维持已经安装的技术设备的运转。

放松管制、结构重组、私有化、破产倒闭和体制失灵，是一些对该产业产生影响的因素，它们使有可能被录用的雇员们质疑他们是否应该致力于公用事业这一职业。另外，许多公用企业被迫面对基础设施老化甚至破损的问题。其他改变公用产业的因素还包括：（1）联邦政府对投资于环境保护的强制性要求；（2）公司丑闻；以及（3）高层和中层管理人员的不道德行为。

五位人力资源副总裁预测在新世纪的头几十年将对公用事业运营有重大影响的各种事项：重新培训、走向全球化、聘请专家、关键岗位的招聘、弹性名册、员工保护、工会化企业、招聘的盛衰以及公用事业的未来变化。这些人力资源管理者发现在以下两个领域难以满足员工的需要：信息系统，以及交易和风险管理。因为企业正面临着激烈的竞争，这些公司意识到，对雇员进行培训，必须采取那种能在竞争环境下起作用的方式，而不能采取从前那种在受管制的垄断环境下经营的方式。一些公用企业建立了培训项目，以提高员工在受管制的和竞争的两种业务部门从事工作的技能。几乎所有的人力资源经理都认为，工会将在未来员工的交往相处中持续地发挥作用。

据报道，在美国公共能源协会 2003 年所做的一项研究中，有近一半参与研究的公用企业到 2006 年将会有 15%～50% 的劳动力达到退休年龄。各种关键职位将出现大范围的人才短缺，但是最大的挑战将发生在寻找管理、行政和技术职务的替代人员方面。此外，准备进入公用事业这一行的工科毕业生的人数却相对较少。

　　投资者所有的公用企业的退休计划，往往比为公有的公用企业员工制定的退休计划更复杂。这是因为在投资者所有的公用企业的退休福利组合中，通常包括股票购买权。公有的公用企业员工的退休福利，往往被放在为市、县或州的雇员所制定的更大规模的员工福利统筹计划中。

　　许多公有的公用企业的人力资源活动，是根据公务员体制或考绩制的规定来进行的。然而，在过去的十年中，一些州和市政公用企业被卷入了有着广泛基础的改革传统考绩制的运动。

　　在公有的公用企业中发生的一些重大变化包括：（1）劳动力规划的采用；（2）分权式的选择程序；（3）因简化而更加灵活的员工分级体制。分级体制的改变包括减少职级的数目和新的绩效评估方法。

　　公用事业的很多雇员都是根据工会合同雇用的。因此，工会与管理层的关系（union management relations）是公用事业管理过程的一个重要部分，并且是公用事业管理者所面临的最大的挑战性问题之一。劳资关系过程中的两个主要任务，是管理现有合同和协商新的合同。对有效期内的合同的管理，包括掌管申诉程序，这通常是人力资源部门的职责。

　　对劳动合同的协商，发生在系统的集体协商过程中。该协商过程的意图，应该是友好解决双方在需求和愿望上的分歧。集体协商要经历一系列由双方参加的步骤。该过程要经历四个不同的阶段：（1）前期策划，或会议筹备；（2）双方会面，提出各自的要求；（3）达成协议；（4）合约的表决和批准。

进一步阅读的文献

　　Gomez-Mejia, Louis R. , David B. Balkin and Robert L. Cardy (2001), *Managing Human Resources*, 3rd edn, Upper Saddle River, NJ: Prentice Hall.

　　Lauer, William C. (ed.) (2001), *Excellence in Action: Water Utility Management in the 21st Century*, Denver, CO: American Water Works Association.

　　Starling, Grover (1998), *Managing the Public Sector*, 5th edn, Fort Worth, TX: Harcourt Brace.

第 *12* 章

公用事业治理的各种挑战

　　自 20 世纪 30 年代中期治理问题首次成为公共事业管理中的一个议题以来，它再次成为公用事业管理中的一个议题。新一轮的股东行动主义（stockholder activism）热潮大行其道，它是由一些大机构股东所推动的，他们指责公司在努力确保善治方面做得还远远不够。像某些其他产业一样或更甚，公用产业一直被迫饱受自 20 世纪 90 年代后期以来袭击美国公司的各类丑闻的困扰，包括会计违规、市场操纵和行政腐败。另外，各州的公用事业委员会已经制定了改善公司治理状况的各项要求。一些委员会还提出了直接针对治理政策和行动的规制改革（Finon et al. 2004；Genieser 2004）。

　　基欧汉（Robert O. Keohane）和奈伊（Joseph Nye）（Keohane and Nye 2000，p. 12）将治理定义为"引导并制约一个团体的集体行为的正式和非正式的过程和体制"。将该定义用于此处，指的是对公有的和投资者所有的公用产业的所有部门实施内部和外部的指导、控制、管理和政策制定。

治理不是而且从来不是一个静态的原则。行动主义的三大浪潮反映了变革和适当控制公用事业治理的要求。这些要求首先出现在进步主义年代（Progressive Era），并在 20 世纪初期西奥多·罗斯福总统当政时期解散托拉斯的行动中达到了巅峰。在那时，这个问题是所提议的美国经济体制改革中的首要议题。对善治的推动，体现在 1887 年对有关建立州际贸易委员会的法案的通过，以及 1890 年对《谢尔曼反托拉斯法案》（Sherman Antitrust Act）几乎一致的通过方面（Bruchley 1990）。

第二次浪潮正值 20 世纪 30 年代的大萧条。1929 年股票市场的崩溃，造成了许多公司的破产，其中包括几个大型的公用事业控股公司。对完善治理的要求，导致了 1934 年的《证券交易法案》和 1935 年的《公用事业控股公司法案》的通过。

治理改革的第三次浪潮，始于 20 世纪 80 年代该产业的结构调整。它达到巅峰是在 2000—2001 年加州放松管制的失败以及曾为世界最大能源贸易公司的安然公司倒闭之时。直到 21 世纪的前几年，公用事业治理的趋势是由摆脱政府的所有权和控制权，转向放松管制和将政府所有的系统私有化。从那时起，结构调整及其备受争议的产物——放松管制——完全被搁置了。在可预见的未来，它们可能仍将如此。

在美国，对公用事业的治理，可能是所有产业中最为复杂的。首先，公用事业的所有权归属于两种截然不同的企业形式：私有的、投资者所有的企业，以及至少三种不同的公有组织形式。在大多数城市地区，投资者所有的公用企业和几个大型的市政所有的公用企业为客户提供服务。两个大型市政公司的实例，是华盛顿州西雅图市和塔科马市的电力和水务公用企业（然而，这两个城市的天然气服务均是由投资者所有的公用企业提供的）。

直到 2000—2001 年间加利福尼亚州出现能源问题，以及 2004 年美国东北部和加拿大发生区域性停电事故之前，某些市政公用企业似乎愿意追随少数人的主张，它们选择继续拥有其公用事业系统，但将系统的运营外包给私人公司。很多私人承包商对在欧洲、南美以及其他地方的承包经营有着相当丰富的经验。然而，由于加利福尼亚、美国东北部以及加拿大所出现的困难，在公用产业放松管制的趋势被放缓。

除市政所有的公用企业之外，公有的公用企业的最为重要的类型还有：公用事业区（PUDs）和消费者合作社（Coops）。公用事业区是独立的地方性特别纳税区；它们由该区内其所服务的所有选民选举出三至五名董事进行治理。董事会制定指导方针，并聘请经营人员。消费者合作社与相互保险公司或农民合作社相类似；它们由其服务的客户所拥有。公用事业区是在 20 世纪 30 年代建立的，负责分销大型联邦水电工程所生产的能源——这些工程大部分都坐落于遥远的美国西部。消费者合作社的企业形式已经存在了数百年，是北美发展公用事业及交通基础设施的最早方式之一。

公用事业区和消费者合作社均可提供电力、天然气或水——或是三者都提供——但它们最常见于公用事业中的电力部门。作为公用电力企业，它们往往作为其产品的地方分销商来进行经营，但有些也有一定的发电能力，或可能拥有并经营一些长途输电线路，这是最近才出现的。随着小型、高效燃气涡轮发电机的问世，越来越多的公用事业区和消费者合作社都配备了一个或多个自己的小型发电厂，以满足其负荷高峰时的需求，以备在公开竞标市场上的购电价格无视市场的承受力。

大约 25％的美国人从公用事业区获得电力，而合作社则给约 12％的人口供电。公用事业区主要分布在美国太平洋沿岸的西北地区。合作社则常见于美国中西部乡村地区，在那里每 10 个县中有 8 个县的客户享受它们的服务。与多在市郊或城市服务区经营的投资者所有的公用电力企业平均每英里配电线路 34 个客户相比，合作社的客户密度是每英里配电线路不足 7 个客户。因为其客户彼此距离相对较远，所以，合作社拥有并维护着大约 43％的北美配电线路。

地方当局的控制

在城市地区，公用产业中的治理，通常是由州和地方监管当局来进行的，它们控制着私有的或投资者所有的公用企业的经营。投资者所有的公用企业为大约 75％的人口提供服务。直到最近，供水及污水处理等公用事业的所有制，还大体上采取市政所有或互助会社所有的模式。然而，当今，很多该类系统已被出售或出租给私人经营者，但其他很多传统的公用服务现在仍交给公共部门承办——这就是充满争议的外包实践。

治理一词被用来界定管理组织运作及其与内部和外部股东之间关系的过程。在大多数行业中，战略通常由董事及高层管理者来制定，而执行经营的责任则被授予经理和主管人员。这些经营者通常可以自由地管理其组织，不必担心来自政府的过度外部干涉。然而，公用产业却是另一番景象。该产业的构成人员，包括各种各样的公共的与私人的参与者。投资者、选民、个体公民以及政府企业都在产业治理中发挥着作用。除提供服务的私人的和公共的组织之外，由联邦、州和地方政府机构所构成的一系列多重化的组织也在监管和监督着企业的经营。这些机构有权监督和批准或拒绝投资者所有的公用企业制定费率的投资决定；它们也必须审批可被允许的投资回报，还可以强制公用企业安装环境保护设备。

在电力和天然气行业，以及越来越多的供水服务行业，大部分的组织都是投资者所有的公用企业。多数私有公用企业是以公司的形式来组织的。在公司中，普通股所有者有权选举他们在公司董事会中的代表。董事会成员负责监督、指导和任命公司高层管理人员。通过这种方式，股东们便能够确定公司的发展方向、评估管理人员的业绩，并控制公司的利润分配。董事会有权利——并有义务——辞退业绩不佳的经理人（Lashgari 2004）。

兼并对产业治理的重要影响

公用事业在传统上一直属于国家中资本最密集的产业。直到最近，它建造了各种特大型的公用设施，从而能够受益于人们所说的规模经济，并提供强制要求的超量产能，以满足未来需求的增长和可能出现的应急要求。只有公共机构和大型公共服务公司才有可能获得大型项目所需的巨额资金。在该产业发展的早期，其通过兼并和收购将许多小型的竞争性公用企业合并成一体，从而使该产业一度被归入巨型的、联结起来的"自然垄断"行业。到 1910 年，早期私营公用产业的这种一体化进程接近完成（Glaeser 1957）。最终，这些兼并后的垄断组织不断扩大，成为了庞大的并经常是全国性的垄断组织。产业兼并的下一步，是公用事业控股公司概念的广泛扩展。

控股公司，是为了拥有其他公司或企业的股票而组建起来的公司。控股公司不是经营性公司，但它却可以拥有一个或多个经营公司的普通股票和其他证券。通过这种方式，控股公司可以控制各经营公司的经营方针和业务。专栏 12.1 描述了一个典型的现代公用事业控股公司及其子公司的状况。

专栏 12.1　　　南泽西产业公司：一个典型的公用事业控股公司

位于新泽西州福尔松（Folsom）的南泽西产业公司（SJI），是一个能源服务控股公司，拥有四个全资能源子公司和一个合资公司。南泽西燃气公司（South Jersey Gas Company）——一个受管制的天然气运营公司——是南泽西产业公司经营的核心业务。该子公司向新泽西南部 7 个县近 30 万居民用户、商业用户和工业用户输送天然气。通过其燃气供应公司（Gas Supply）和分系统公司（Off-System）的业务，南泽西燃气公司也将天然气出售给州际市场上的天然气批发商，并管理着子公司的管线和储存设施。基于竞争的考虑，它还有另外的为家用和商用电器提供维修的业务。

南泽西能源公司（SJE）是它的第二大子公司。它收购和推销天然气给零售终端用户，并向商业和工业用户提供能源管理服务。南泽西能源公司有一个子公司——SH 能源贸易公司（SH EnerTrade），它向大西洋城娱乐行业提供能源服务，并销售空气质量监测系统。第三大子公司是南泽西资源集团（South Jersey Resources Group）。它的业务是在中部濒临大西洋各州和南部各州进行燃气储存和运输的批发销售。该资源集团还从事价格风险管理的业务。

玛利娜能源公司（Marina Energy）是南泽西产业公司的第四大子公司，在南新泽西开发和经营与能源相关的项目。该公司最近的一个项目是为大西洋城的度假胜地开发一个制冷、供暖和提供热水的设施。最后，南泽西工业公司还与供电商克耐特解决方案公司（Conectiv Solutions）合资建立了千禧年账务服务公司（Millennium Account Services），这是一家承包性的抄表公司，其为新泽西州南部的合作伙伴提供服务。

资料来源：South Jersey Industries，Inc.，2002 *Annual Report*.

要取得控制权，控股公司只需要控制子公司的简单多数的有表决的股票。通过委托代理制度，少数股股东也能够取得控制权。在委托书制度下，很多经营公司股票的所有人被鼓励将代理权给予（即将在股东会议上的投票权指派）该公司的一些代表——通常是控股公司的管理人员或董事——他们能按照他们自己的想法对提交到董事会的事项进行投票。通过收集公司大多数股东（其中许多人也许只有少量的股份）的投票权，管理层便能取

得对公司经营的控制权。尽管委托代理制度是完全合法的，并且至今仍在继续起作用，但是控股公司系统中的层级数和所有财务计划都受到美国证券交易委员会的监控。因此，控股公司的"资本"不是一些实际的物质财产、专利，或者其他类似资产，而是其他公司或企业的股票和证券。

根据布鲁奇利（Bruchley 1990）的研究，控股公司的成长，是 1895 年到 1904 年席卷美国产业合并浪潮的主要推动因素。在这一短暂时期，控股公司卷入了 86％的合并案。被并入控股公司的各个企业，仍保留着它们自己的名称和主营业务。控股公司的主要收入来源，是各受控经营公司所付的股息。在大萧条之前控股公司流行的高峰期，某些控股公司也能利用其对所有权的控制关系，向子公司收取额外费用，以支付在诸如工程、管理和财政支持等方面提供的服务。1934 年，美国证券交易委员会被授权监督和控制该系统中存在的任意妄为。在 1935 年，控股公司对子公司的所有权被限定在四层之内。

今天，控股公司再次成为公用产业的重要参与者。有望在 2004 年或 2005 年通过的《能源法案》，包括了废除 1935 年的《公用事业控股公司法案》的规定。该联邦法律规定，控股公司在进行兼并活动之前，必须得到美国证券交易委员会的批准。发行新股和其他财务往来，也需要得到美国证券交易委员会的批准。如果《公用事业控股公司法案》确实被撤销了，新一轮的控股公司兼并热潮有望随之而来。至于这种状况会对该产业产生什么影响，各方存在着不同的预测（Genieser 2004）。

政府在公用事业治理中的角色

有三个层级的政府涉及公用事业的治理功能：联邦政府、州政府和地方政府。联邦政府拥有并且经营着全国最大的发电厂，并负责对私人公司的经营和欺诈指控的大多数调查活动。它还监管证券发行，对通航河流上的水电设施建设进行控制并发放许可证，并且负责核电站的选址和建设。州政府行使最直接的费率监管权力。

只有少数州政府积极涉足一个或多个从事公用事业服务的部门。纽约州电力管理局（NYSPA）始建于 1931 年，主要管理与加拿大共同开发的圣劳伦斯河工程（St. Lawrence River Project）所生产的电力。纽约州电力管理局也从尼亚加拉河发电。1934 年，南卡罗来纳州也成立了一个类似的管理局，来管理产自桑提−库珀工程（Santee-Cooper Project）的电力。在 20 世纪 30 年代，得克萨斯州和俄克拉何马州均成立了兴建及经营水电厂的公共机构。对公用电力涉足最深的是内布拉斯加州，在那里，全部公用电力企业都是公有的。1939 年，内布拉斯加创建了一个消费者公用电力区（Consummers Public Power District），随后便着手收购现存的私有公用企业。到 1946 年，该州的全部电力配送企业都归公共所有。

市政府仍然拥有许多公用事业系统，其主要是在该产业的配送环节。市政公用企业很少自行生产电力，而是从公共的或私人的生产商那里购买。但是，它们确实拥有并经营着大量它们自己的供水与污水处理系统，即使污水系统如今更可能在范围上是地域性的。市政当局还就公共路权的使用向私人公司和非市政公用企业发放特许证和许可证。在 20 世纪 20 年代，在美国大约有 3 000 个市政系统在经营。但从那以后，其数量开始下降，尽管市政当局拥有公用事业——特别是公用电力事业的兴趣在 30 年代一度出现回升。除了金字塔形的控股公司的崩溃之外，其他一些因素也促成了这种兴趣的回升（Farris and Sampson 1973）：

● 柴油机的研发，使得市政府有可能安装相对便宜的小型发电设施，其中一些可以在全社区进行战略性布局。

● 廉价的联邦电力在全国的大部分地区都可以使用。购买联邦电力还有对公共购买者优惠的条款。这极大地刺激了太平洋西北沿岸大部分地区公用事业区的发展。

● 1929 年的股市崩盘，导致了很多金字塔形公用控股公司的倒闭。这使得许多小股东失去了全部积蓄。结果出现了对控股公司经理层的任意妄为的强烈反对。

到 20 世纪 70 年代，在美国仅有 2 000 个市政公用企业出售电力——比 20 世纪 20 年代高峰期时的城市拥有的系统数量减少了 1 000 多家。虽然它们的数量还在持续减少，然而多数的供水与污水处理系统仍然属于市政所有。

体制演进之路

联邦、州和地方政府对公有的和投资者所有的公用企业行使着某一层次的控制，由此构成的复合治理体制已经经历了六个不同时期的演变（Dimock 1935）。先是由殖民地及后来的各州政府发放许可证。这一时期一直持续到南北战争之后，其突出的特征是腐败和对所授予的特许权利的滥用。市政当局几乎不对获得特许权的公司进行监控。最终，对该体制的普遍不满，导致人们要求地方自治，并由市政当局掌握所有权。

第二阶段是自内战结束后持续的十年，其标志是各州通过法律规定了特许权的获得者必须遵守的基本标准。第三阶段始于 1875 年前后，在此期间较大的市政当局终于赢得了地方自治宪章，各市自此可以发展并经营它们自己的公用事业系统。在这一时期，公共所有权的倡导者的论证主要基于以下两个前提：第一，公有制将为所有人提供基本的公共服务，而不会以牺牲他人来为任何特定个人或团体谋私利；第二，随着公共服务取代利润成为推动力，公共服务将惠及每一个人，而不只是特定的少数人。

1887 年关于成立州际贸易委员会法案的通过，迎来了体制发展的第四个阶段。在 19 世纪行将结束时，很少有投资者愿意对建造发电设施、架设输电线路、建筑水坝和安装输水管道进行投资。因此，几乎只有在较大的城市才有煤气灯和电力，城市的商业和工业可以因此而受益；同时，只有少数富裕市民能支付得起这一费用。这一期间，各州制定了更多的规制来控制特定的公共服务，这种规制是从铁路开始的。

当美国最高法院支持伊利诺伊斯州的第一个判例案件时（Munn v. Illinois，1877），政府对所有公用事业的治理的涉足就向前迈出了一大步。在对该案做出支持伊利诺伊州的裁决时，最高法院援引了英格兰首席大法官 1676 年所做的一项研究。这位英国法官发现，如果私人所有的码头被所有人用来装卸货物，它就会"关系到公共利益"，对其使用的收费就必须是公平、合理的。美国最高法院认定，在伊利诺伊案中的私有谷仓关系到类似的公共利益；该谷仓实际上是一个公共仓库

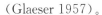
（Glaeser 1957）。

　　政府介入公用事业治理的演变过程的第五步，始于 20 世纪的头几十年。当时，许多州已经建立了正式的公用事业委员会，并着手构建一套标准，希望能用来控制私营公司潜在的不当行为。联邦政府真正开始介入电力设施和私营公用部门的所有权及其治理，是在西奥多·罗斯福总统执政期间。根据查尔斯·沃伦（Charles Warren 1928）的研究，从 1873 年到 1888 年，美国最高法院只审理了 70 件与政府和公用事业相关的案件。但是从 1888 年到 1918 年，大致对应着进步主义年代，法院审理了 725 例这种案件。最终导致许多公用控股公司崩溃的灾难之种，在第一次世界大战结束之后已真正开始发芽。

　　20 世纪 20 年代是美国城市人口的一个相对膨胀期。私人的和公共的公用电力企业只要找到资金，就会立即扩大它们的发电和配电设施。越来越多的农村人口迁入全国的各个城市，也推动了市政供水和排污公用企业的扩张。尽管它们拼命地努力，但公用事业还是难以满足与日俱增的电力和供水需求。

　　许多投资者所有的电力公司合并到一起，形成了庞大的、多层次的控股公司，这一方面是为了确保它们扩大规模所需要的投资基金，另一方面也是为了整合它们的财政收益。很多市政系统经常是"陈旧和低效得令人可怜"，因而也需要投资。然而，一些政治领导者却不愿意承担对电力、供水与污水处理设施的无休止需求的满足责任，而将其卖给私人公司。因此，在 20 世纪 20 年代，公有制企业的绝对数量出现了下降（Sparks 1964）。

　　第六阶段始于 1929 年股市大萧条之后的经济剧烈动荡。在这个阶段，政府直接干预该行业各个部门的行为随处可见。在富兰克林·罗斯福总统推行新政时期，联邦政府开建了田纳西流域管理局工程，开始着手在科罗拉多河上建造胡佛水坝，并在哥伦比亚河上建造了多处水坝——它构成了波纳维尔电力管理局的核心。在这些和其他一些联邦发展项目中，还包括大面积的荒地开垦工程和灌溉系统，用以分配储存在新建大坝内的水资源。当时，对大部分人来说，更重要的是乡村电气化工程的确立，它最终给全国各地的农民带去了电力。

　　在新政时期，确立联邦对公用产业控制权的主要立法，是 1935 年的《公用事业控股公司法案》（Koontz 1941）。在此之前，联邦政府的控制权是微不足道的。它根据的是 1920 年《水电法案》的规定，该法案主要关注的是水电厂的选址和建设中的环境保护和控制。1920 年的这项法案创建了联邦能源委员会，该委员会直到 1935 年被取代之前一直发挥着作用。

如今，公有的公用企业所提供的服务大约占电力市场的 25%。它们包括市政经营公司、合作社和少量的互助经营组织。这些组织大都规模很小，其中能够自行产电的不到一半。因此，它们仍然需要购买联邦生产的电力，再进行转售。最近，联邦政府的特惠条款体制出现了变化，它也向投资者所有的公用企业开放这个市场。这引起了公有的公用企业的忧虑，它们提起诉讼，要求取消该决定。

公用事业治理的各种模式

伯查尔（Birchall 2002），一位公用事业重组和私有化的批评家，区别了六种目前盛行的公用事业治理模式，两种他称为"极端"的模式是私有制和公有制，其他四种模式介于这两种"极端"模式之间。这四种介于两极之间的所有制是：（1）非营利信托组织或公司（nonprofit trust or company）；（2）公共利益公司（public interest company）；（3）消费者互助会社（consumer mutual society）；（4）公共管理局（public authority）[如纽约水务局（the New York Water Authority）]。

非营利信托组织的运作方式，与营利性组织有很多相同之处。它们具有同样的从债券市场筹集长期资本的能力。它们也都可以从银行贷到短期资金。通常，对相同或相似的服务，非营利信托组织的收费价格，与投资者所有的公司大体相当，有时还会低一些。像所有企业一样，非营利信托组织必须为未来的开支留存一些盈余。然而，由于低收入是维持其联邦政府给予的非营利性地位的必要条件，所以这些组织的一个重要目标就是避免其收入高于最低限度的利润要求。最后，非营利信托组织还可以发行会员股。因此，其治理具有广泛的社区基础。股份在社区中发行的越多，该模式越类似于互助会社。

公共利益公司在收获公共服务的社会收益的同时，也取得企业家的经济收益。像非营利组织一样，公共利益公司具有公共福利的目标，并将其永久性地镌刻在公共利益公司的章程之中。然而，这种类型的组织也能向其投资者或企业家分配一些收入盈余。公众利益公司的模式有时被用于治理供水与污水处理公用企业。

互助会社或消费者合作社的治理形式

公用事业治理的互助会社形式是一种基本的消费者合作社形式。消费者合作社模式起源于美国西部的农民和农场主协会，它们是为了建设灌溉工程而建立的。许多农业合作社现在仍然在提供和分配农产品以及营销农牧产品方面发挥着重要作用。在美国，几乎所有的早期乡村公用事业组织所采取的合作社模式，都与欧洲私有化浪潮之前普遍存在的那种模式相似，而私有化运动已经进行了 25 年左右。农村电力消费者合作社的治理，遵循着合作社运动的下述七条原则（Basin Electric Power Cooperative 2004）：

1. 自愿、开放会员制
2. 民主的会员控制权
3. 会员的经济参与权（会员平等承担合作社资金）
4. 自主性和独立性
5. 为管理者和员工提供教育、培训和信息
6. 合作社之间的合作
7. 关注所服务的社区的（可持续）发展

专栏 12.2 描述了盆地电力合作社（Basin Electric Power Cooperative，简称 BEPC）的运营状况。盆地电力合作社是一个消费者所有的区域性合作社，它为 124 个其他消费者合作社生产电力、制造煤气，并参与电力的竞争性零售分销。盆地电力合作社是一个由众多合作社组成的合作社。该合作社经营燃煤发电厂，其发电总量达到了 3 373 兆瓦。它将这些电力提供给 124 个乡村电力合作社，服务的 180 万消费者遍布从北达科他州到新墨西哥州共 9 个州。

专栏 12.2   **一个大型区域性电力合作社的治理**

多数电力合作社是小型的、地方性组织，无法享受规模经济的收益。所有决策都由选举产生的董事会成员做出。这种地方控制权一直是合作社体制的优势之一。然而，这种地方控制权现在可能正限制着合作社实现其主要使命的能力，即以尽可能低的价格为客户提供可靠电力。有些人争论说，合作社由于不能缩减和节省管理成本，因而是在浪费客户—所有者的钱。该体制的批评者将北达科他州俾斯麦（Bismarck）的盆地电力合作社作为在合作社治理图景中出现的新合作模式的实例。

与投资者所有的控股公司很相似，盆地电力合作社控制着五个子公司。它们分别是：达科他气化公司（Dakota Gasification Co.），它是一个煤制气公司，通过煤炭气化过程生产化学品和肥料；达科他煤业公司（Dakota Coal Co.），该公司既为其发电厂购买煤炭，又拥有一个石灰加工厂；盆地独立电信公司（Basin Telecommunications, Ind.），它通过盆地电信公司网（BTInet）提供定制的互联网服务；基本合作服务公司（Basic Cooperative Services），它拥有并管理着在北达科他州和怀俄明州的地产，包括对一个过去的煤矿进行改造养护；格拉尼特峰能源股份有限公司（Granite Peak Energy, Inc.），它是位于蒙大拿州的一个营利性电力营销子公司，是根据该州 1997 年的客户选择计划而设立的。

合并肯定是合作社发展的未来潮流。据迈克尔·T·波尔（Michael Burr 2004a）的说法："电力合作社周围的世界正在改变，他们将不得不及时适应这些新的环境。"有两个例子可以说明盆地电力合作社已经卷入这个部门正在发生的变化：盆地电力合作社已经与其他三个公用企业——两个市政公用企业和一个投资者所有的公用企业——一起进行传输研究，以帮助确定一个新的 600 兆瓦燃煤电厂和一个 100 兆瓦的风力发电厂的最佳坐落位置。1998 年，盆地电力合作社还加入了一个拥有 550 个美国合作社的团体，以形成一个全国性的联盟——试金石能源公司（Touchstone Energy），它将为那些试图参与零售业竞争的合作社提供零售营销资源。

资料来源：Michael T. Burr，2004a，"Consolidating co-ops" and BasinElectric. com，accessed 21 June，2004.

互助会社和公共管理局

互助会社（mutual societies）类似于消费者合作社。互助会社虽以企业身份注册，但却只为特定目的服务。互助会社由其客户所有。每个客户都拥有同等的投票权，因此任何单一个人或群体都很难控制其经营。董事由其成员选举产生。收入盈余将分配给成员，或是作为年度分红，或是作为期货购入的百分比折扣。公用事业的客户所得的股息数额，依其为会社所做的业务额而定，而非依其所有权。这一治理模式在美国颇为盛行，有将近1 000个电力合作社和700多个电讯合作社采用这种模式。尽管绝大多数这种合作社都在乡村经营，但是，由于城郊的扩张和工业向乡村的转移，该模式的某些服务区域变得更像城市而非乡村。

公共管理局的公用企业（public authority utilities）是一种准政府机构，它是为了给特定——通常是区域性的——纳税区内的客户提供一种或多种公共服务而组建的。公共管理局像其他层级的政府一样拥有在其服务区内向财产征税的权力。不过，它在其服务区域内的运作，独立于所有其他政府的管辖权。公共管理局也有权采用同地方政府发行债券一样的方式出售债券，为其基础设施的发展筹资，以及用其服务区域内的财产价值作担保来借款。这种模式成为20世纪80年代英国首倡的私有化公用事业模式颇受欢迎的替代者。

直到1996年，英国的多数供水与污水处理服务都还由市政或其他地方政府负责。当英国政府决定重组公用水务产业时，一些供水服务项目便出售给了私人公司，而另一些则采取了灵活的所有制模式。例如，在苏格兰，市政公用供水企业被移交给了三个区域性的公共供水和排污管理局。它们随后被合并为一个国家公共水务管理局，向苏格兰所有地区提供用水与污水处理服务。

公用企业公有制的演变

公用企业的公共所有制的形式，一直以来都备受争议。根据多数历史记载，只有大型的中央政府才有权力和能力来集中、指挥和控制建立与维持大规模的公共服务所需的资源。联邦、州及地方政府对公用事业的控制，可能开始于集体行动需求，如矗立像金字塔这样的公共纪念物，或建设像港口、桥梁、道路、粮食仓库、灌溉系统这样的公共工程。在美索不达米亚、印度、埃及、希腊、罗马以及早期的各民族国家，政府参与这些早期的基础设施工程是很普遍的现象。在殖民地时期和革命时期的北美，这些也很普遍。在那里，需要集体行动来建设最初的道路、水路以及一些市政供水系统。然而，当公共开支开始排挤私有的公用事业的发展时，争论便爆发了。阻止在该行业的公共参与的争议被提交到了法庭上（Farris and Sampson 1973；Bruchley 1990）。

当 1892 年美国最高法院裁决支持一个市政府拥有建设自己的公用煤气照明企业的权利，而不支持一个多年来一直供应该城市燃气需求的私有公司的抗议时，公有制的倡导者占了上风。下一重要案例发生在 1903 年，美国最高法院裁定一个市政当局有权保有并经营自己的公用电力企业。在随后的一年里，类似的裁决又出现在一个公用水企业的案例中。之后不久，法院判决城市有权保有和经营公共燃料场（public fuel yards）。1934 年，法院判定一个城市所有的公用企业有权进行不营利的经营，即使它正在与一个一直向该城市纳税的私有公用企业进行竞争。各州紧接着便获得了建立监管委员会的权利。

直到 20 世纪 30 年代，当法院裁定联邦政府不应比州和地方政府受到更多的宪法限制时，公用企业的联邦所有制成为了一个重要的议题。在判定联邦政府田纳西流域管理局工程的合宪性时，法院认为宪法既没有具体说明联邦政府拥有对公用事业所有权是被许可的，也没有明确说明它是被禁止的。结果，找不到阻止该工程进行的宪法依据。联邦机构发行市政收益债券（municipal revenue bonds）用以集资建立发电厂和电力输送系统的权利也获得了支持。

联邦政府的电力工程开发和电力销售，可以追溯到 1906 年的《拓殖法案》（the Reclamation Act）。该法案规定，无论什么时候，凡为灌溉所需而开发的电力资源，或发展与垦荒工程有关的电力生产，内政部长（Secretary of the Interior）都有权卖出任何富余的电力。在这种情况下，市政当局永远具有购买这种"富余"电力的优先权。

直到 1928 年通过《巨石峡谷工程法案》（the Boulder Canyon Project Act），授权在科罗拉多河上建筑胡佛水坝，联邦政府才开始大规模地介入电力的生产。大坝内存储的水资源被用于灌溉、国内供水及发电。1933 年，组建了作为政府企业的田纳西流域管理局，它有力地促进了区域的发展、土地利用率的提高、重新造林和创造就业机会。其目标还包括防洪和提高通航能力。1937 年的《波纳维尔电力管理局法案》（Bonneville Power Administration Act）积极鼓励尽可能广泛地利用哥伦比亚河上的各座水坝所生产和销售的所有电能。概括来说，倡导公用企业的公共所有制的人们所提出的主要理由包括如下各项：

- 公有制能给消费者提供更低的价格；
- 公有制公用企业通常根据更低的费率基来计算费率（它们不将联邦为蓄水和发电而建筑大坝的费用计入其成本）；
- 公有制的管理薪酬较低；
- 公有制的财务成本较低；
- 公有制的广告宣传和公共关系的支出较低；
- 公有制没有监管费用；
- 公有制不需要分配盈利；
- 还有人认为，公有制通常会有更好的劳资关系。

支持投资者拥有公用企业的人们不赞成公共权力的支持者关于公有企业成本更低的论点，指出私有制能通过税收和工资为社区或地区的经济健康作出贡献。因此，不应该拿公有的公用企业与私有的公用企业作比较。此外，投资者所有的公用企业还被要求缴纳所得税和财产税，在一些情况下，还要缴纳特许经营费。公有的公用企业也要缴纳一些税费，但是很少或根本没有所得税或财产税。另外，较低的财务成本也可能弊大于利，因为它会导致不经济的过度扩张和错误的资源配置（Farris and Sampson 1973）。为发展公用事业而借贷资金，会限制市政当局在其他急需项目上的借贷能力。这种观点常常被用来支持私有化及外包运动，而私有化和外包现在正是公用产业的特征。

私有制倡导者还认为，广告宣传能够促进各项设施的更有效利用，并且也传递了鼓励资源保护的信息。而且，并没有证据表明公有制下的劳资关系会更好。因为投资者所有的公用企业必须服从州公用事业委员会的要求，而公有的公用企业则不然，它们认为，在私有制下，不满意的消费者会比在公有制下有更多的资源提出自己的申诉。私有制倡导者还主张，公有制经常会导致经济决策的政治化，尽管这种观点现在已不像过去那样流行。举例来说，为了避免政治上的对抗，工作效率低的员工在公有制的公用企业中可能不是被解雇，而是被保留。但这种低效的情况在投资者所有的公用企业中是不会出现的。

一个新的治理范式

如果不与其他组织互动并得到其他组织的配合，任何政府组织都难以运转。在过去，这种互动有时是强制性的——遵循法律的规定，或服从"荷包之权"（the power of the purse）。然而，从长远来看，政府治理模式显得比合作的方式更缺乏效率。组织间的合作可以通过几种不同的方式来获得：竞争、合谋、经营领域的交叉，或对其他组织所独有的专业技术的依赖（Bozeman and Straussman 1991）。在公用事业管理和治理的舞台上，这种合作模式只是在最近才出现的。

各级政府经营和监管公用企业的方式演变过程表明，各级政府都正在经历一次治理范式的重大转换（Agranoff and McGuire 2001）。公用事业的管理者们还在努力寻找穿越这一新的竞争环境的出路。例如，与公有的公用企业相比，仍在监管环境下运营的投资者所有的公用企业，往往会面临更专断、更官僚的经营环境，而公有的公用企业则正在将它们的传统业务外包给私营部门的承包商。

从传统意义上说，对公共服务的管理，是根据自上而下（top-down）的治理模式或捐助—受助（donor-recipient）的治理模式来进行的。这两种模式均强调上级对下属行为的控制。这些模式强调对法律、规制、准则和指导方针的执行。这种自上而下的模式是国家治理模式的反映，而国家的治理模式是联邦政府通过州及地方政府来管理其政策和计划的。

像 1935 年《公用事业控股公司法案》的联邦法律规定的那样，公用事业在客户服务层面的业务，应始终由选举或任命的州公共事业专员来管控。同样，地方行政人员被赋予了确保规则、规制和准则被遵守的职责。国会通过了确立这些政策的各项法律；联邦能源监管委员会、美国环境保护署和证券交易委员会对这些政策做出了解释，并制定了各项运营方针。州立法者从这些准则出发，制定了各项具体规则；公用事业委员会批准了由业界建议的执行这些规则的程序。

捐助—受助管理模式解决的是自上而下的权威管理方式的一些固有缺陷。这种模式预设，在各种政府间行为者与私人企业行为者之间存在着相互依赖的关系，他们合作发挥作用，但还要合作努力完成上级组织的目标。这种模式具体体现在下级机构要依据上级机构制定的标准来组织其行为方面。它意味着"只能照我们的方式做"（Do it our way or no way）的模式。

但是，如今两种新的治理模式似乎正在取代传统的管理方式。它们是网络模式和基于辖区的模式。两者都比自上而下模式或捐助—受助模式（donor-recipient model）更具协作性。公用产业的结构调整和放松管制，反映了公用事业治理范式的这种重大转换。

网络模式的特征是：多元的、独立的政府和非政府组织追寻相似的目标。该模式的适用情境是：一群不同的参与者，其中没有任何一个人有权力影响群体内其他人的战略，他们结成一个松散的网络来完成某个特定的目标。在这种情境下，公有的公用企业和私有的公用企业之间的经营边界经常是模糊不清的。举例来说，美国环保署和地方公用水务企业都有一个共同的目标，即只向公众提供干净、安全的饮用水。环保署已发布了大量的标准和法规，要求公用企业检测并清除饮用水中的有毒化学物质和其他污染物。

越来越多的城市正在与环保署谈判，要求修订因联邦水质规定所强加给它们的工作负担和成本负担。根据环保署的要求，即使非常小的公用水务公司，也要定期检测并清除其饮用水中在一连串清单上列出的有毒化学物、矿物质及其他污染物。然而，在一些地方，清单上的某些污染物几乎不可能在当地供应的水中出现。这些社区公用企业向环保署建议，由它们提出自己的水质标准，在其中体现它们自己在滤除物方面的优先排序。环保署已经批准了这些建议。

总之，市政公用企业与环保署之间的网络关系，导致产生了一种模式，它基于这样的假定："既非每个人都遵守，也非每个人都违抗"（Agranoff and McGuire 2001，p. 674）。对于环保署来说，把工作精力集中于那些不遵守规定的人，而对网络中的其他人则只是定期收取报告，这种方式肯定是更有效率的。显然，这种治理方式，比自上而下模式和捐助—受助模式更具灵活性。网络模式是基于参与的组织、机构或个人的相互依存。相互依存意味着：由于所有参与者在某个项目或行动上具有相互的利益，因而他们都将以某种方式受益。它也意味着：除非所有参与者都自愿合作，否则任何问题都不可能解决。

基于辖区的模式的实例

基于辖区的治理模式，最常见于那种需要政府间和组织间进行重要合作的极为复杂的情境，当一个政府的管辖事项要求并吸收其他公共的和私人的参与者组织的贡献时，就可以看到这种模式。由创议辖区提出的计划，包括了其他辖区提出的意见和修改建议。华盛顿的谢尔顿市的乡村社区公用事业扩展计划，就是基于辖区的治理模式的一个实例。这个小城市的公用事业部门，是多辖区规划的一个牵头机构，该规划要将供水和排污服务扩展到该城市之外的其他辖区。

1992 年，谢尔顿市达成了一个临时性的政府间协议，与当地的谢尔顿港（Port of Shelton）、华盛顿州狱政部（Washington State Department of Corrections）及其附近的矫正中心（Correction Center）、州巡警培训学院（State Patrol's Training Academy）、梅森县，以及为其服务的区域提供部分电力的第一公用事业区（Public Utility District No. 1），缔结了伙伴关系。像当地的美洲土著部落、环保署、州及联邦的鱼类和野生动物保护机构等其他组织，也间接地参与了该计划的制定。该协议的内容，包括扩展城市下水道系统和供水管道，扩建该市的污水处理厂，掘挖新井，并安装新的水处理设施。谢尔顿港经营着城外的一个前美国海军辅助机场（auxiliary airport）和一个工业园区；州巡警培训学院和州矫正中心也在城外。所有这些设施都坐落在该州批准的城市发展区域规划的范围之内（该规划要求所有社区都控制城市的扩张并规划其未来的发展）。

谢尔顿市作为这个超过 4 200 万美元的提案的牵头机构，负责进行记录并对其加以保存。该市为此区域性项目建立了两个专门的业务基金，每个基金有四个"客户"：该城市、谢尔顿港、培训学院以及矫正中心。外来的顾问工程师和设计师正在进行环境分析和建设规划。规划会议将在该市新的市民中心大厦（Civic Center Building）举行，该建筑是由先前的一处零售设施改建而成的。

该项目预期将通过基金和贷款的混合形式来获得资助。四个主要的合伙机构都要支付相应比例的建设成本和日常使用费。建设将于 2004 年或

2005 年启动。在经历了被当地媒体描述为一系列代价高昂的延误之后，在 2004 年年初，该集团与一位退休的县公用事业董事签订了一份为期六个月的聘用合同，聘用他来监测内部和外部的项目进展。该合同后来被扩展为无固定期限的合同。

这个基于辖区的活动的实例，遵循着阿格兰诺夫（Robert Agranoff）和麦圭尔（Michael McGuire）所描述的治理模式。他们认为，基于辖区的管理能够为项目的所有参与者带来巨大收益：

> 基于辖区的行动强调，地方管理者应该对来自不同政府和部门的多元行动者和机构采取策略行动……协商和谈判是基于辖区的管理模式的重要工具。来自纵向（州或联邦政府）或横向（中心城市、区域或部门间）的项目中的各地方管理者进行的协商，提供了与单方面的让步不同的问题解决方式，它导致了"互利的解决方案"（Agranoff and McGuire 2001，p. 675）。

在一个典型的多组织协议中，各单位没有高低之分，不存在一个中心参与者来提供指导或控制。在谢尔顿市的组织间协议中，该市承担了牵头机构的角色。不管这是失误还是有意为之，其所经历的项目延迟和成本递增，清楚地表明多组织协议需要某个人来负责。谢尔顿协议可以说是把网络治理模式与管辖权治理模式的某些部分融合在了一起。这可能是其他这类合作性公用企业的性质的一个征兆，不论任何一个或所有的参与者具有怎样的正式所有制或治理模式。

小　结

治理问题再次成为公用事业管理的一个议题。结构调整、拆分、放松管制、私有化、批发和零售业的竞争、外包，这些趋势以及其他一些趋势正对该产业中本来就很复杂的现存治理体制产生着影响。

在美国，对公用事业的治理，可能是所有产业中最为复杂的。电力和天然气部门的所有权分属两种不同的企业形式。在农村地区，公用事业往往是消费者合作社所有。在城市地区，治理是通过州和地方的监管当局来进行的，它们控制着私有或投资者所有的公用企业的运营。投资者所有的公用企业为大约 75％的人口提供服务。供水与污水处理公用企业的所有权直到最近还一直普遍采取市政或互助会社所有的模式。

多数私有公用企业机构采用公司的组织形式。在公司形式下，普通股的持有者有权选举其在公司董事会中的代表。董事会成员负责监督、指导和委任公司高层管理人员。

在该产业发展的早期，其通过兼并和收购将许多小型的竞争性公用企业聚集成了庞大的、联结起来的"自然垄断"组织。最终这些兼并后的垄断组织不断扩大，成为了庞大的并经常是全国性的垄断组织。进步主义年代的改革曾试图控制这些大型企业。

有三个层级的政府涉及公用事业的治理功能：联邦政府、州政府和地方政府。联邦政府拥有并且经营着全国最大的发电厂，并负责对私人公司的经营和欺诈指控的大多数调查。它还监管证券发行，对通航河流上的水电设施建设进行控制并发放许可证，并且负责核电站的选址及建设。州政府行使最直接的费率监管权力。市政府仍然拥有许多公用事业系统，其主要是在该产业的配送环节。市政公用企业很少自行生产电力，而是从公共的或私人的生产商那里购买。但是，它们确实拥有并经营着大量它们自己的供水与污水处理系统，即使污水系统如今更可能在范围上是地域性的。

目前，存在着六种不同的公用事业治理模式，其中的四种介于极端的私有制和公有制之间。这四种介于两极之间的所有制形式是：（1）非营利信托组织或公司；（2）公众利益公司；（3）消费者互助会社；（4）公共管理局。

两种新的治理模式似乎正在取代传统的自上而下的或捐助—受助的管理方式。它们是网络模式和基于辖区的模式。两者都比自上而下模式或捐助—受助模式更具协作性。网络模式的特征是：多元的、独立的政府和非政府组织追寻相似的目标。该模式的适用情境是：一群不同的参与者，其中没有任何一个人有权力影响群体内其他人的战略，他们结成一个松散的网络来完成某个特定的目标。

基于辖区的治理模式，最常见于极为复杂的情境，如那些需要在政府间和组织间进行重要合作的情境。当一个政府的管辖事项要求并吸收其他

公共的和私人的参与组织者的贡献时，就可以看到这种模式。

进一步阅读的文献

Bruchley，Stuart（1990），*Enterprise：The Dynamic Economy of a Free People*，Cambridge，MA：Harvard University Press.

Hampton，Howard（2003），*public power：The Fight for Publicly Owned Electricity*，Toronto：Insomniac Press.

Kettl，Donald F.（2002），*The Transformation of Governance*，Baltimore，MD：Johns Hopkins University Press.

第三编

公用事业系统的挑战

除了所有公用产业的管理者都要面临的广泛的管理挑战之外，该产业的每个部门也有其自己的特殊挑战。这一编将向读者介绍在公用电力、天然气、供水与污水处理产业中的一些更紧迫的挑战。在每一个公用企业中，管理者最关心的是保证其运行的安全——特别是鉴于2001年9月11日的毁灭性恐怖袭击。除了系统的安全之外，管理者们下一个关心的事项就是确定他们有足够的产能来满足不断变化的市场日益增长的需求。这个问题的提出，部分地是由于需要资金来替换陈旧的基础设施，以及需要更新系统来满足新的环境控制的要求，同时还要寻找资金来建设新的产能来满足不断增长的人口的各种需求。

第 *13* 章

经典教材系列
公共行政与公共管理经典译丛

电力产业中的挑战

2003 年 8 月 14 日，东部夏令时间下午 4 时零几分，一场突如其来的大停电袭击了美国东部和加拿大的大部分地区。顷刻间，大约 5 000 万人完全失去了电力供应。半个小时左右，大约 62 000 兆瓦特的电力掉线。遭遇停电袭击的有加拿大的安大略省，以及美国的康涅狄格州、马萨诸塞州、密歇根州、新泽西州、俄亥俄州、宾夕法尼亚州和佛蒙特州。一些地区整整停电两天；在电力供应完全恢复之前，安大略的部分地区忍受了长达一周多的轮流停电之苦（McCann 2004）。

美国和加拿大联合工作组的一份调查报告宣称，停电事件最初可能是由于俄亥俄电网操作工没能充分控制其输电线路上的树木生长而导致的。正是这一原因，被认为导致了三条地方输电线路从东部夏令时间下午 3 时零 5 分开始，停电超过了 36 分钟。这导致该电网的其他输电线路出现了超负荷拥堵的现象。此外，电网的调节器未能及时诊断出症结所在，从而未能避免在 4 时零 6 分，一条主要输电线路由于超负荷输电而崩溃。而这条线路的崩溃，又为其他的输电线路带来了过于沉重的输电负担。为了避免该电网及其相关设备的永久性损坏，整个相互联结的电网依次自动断电。到下午 4 时 13 分，整个电网完全停电。

除了其他原因之外，电流的基本特性也是导致大停电的一个重要原因。人们知道，电流的一个重要特性是回路流（loop flow）。回路流意味着电流将通过所有可以经过的线路从一点到达另一点；在传输网络中的电流并不总是能按照经济的方式被引导沿某一特定线路运行。当一条输电线路由于某种原因关闭时，就像 2003 年在俄亥俄出现的状况，电流还是继续通过其他所有可以经过的输电线路流动。这能够导致其他输电线路超过负荷，于是它们就自动断电，以免破坏电网系统。此外，回路流意味着每一台发电机或每一位电力用户对输电电网的使用，都会对向所有人提供的输电总量产生影响。因此，联邦能源监管委员会要求严密监控输电系统。当电网的所有线路都处于拥堵状态时，监控就变得尤为重要。这种拥堵现象经常发生在炎热夏季的下午空调用电的高峰时段。这正是那个炎热八月的下午发生的事情。

电力的另一个特征，是它不能够以经济的方式储存起来。在电能被生产出来后就必须被使用，并且当它被使用时它还必须被生产。然而，国家电网中所有输电线路的输电容量都有绝对的上限限制。输电网必须具备足够的容量将发出来的电输送到负荷中心或需求中心。容量不足将会导致输电线路超负荷运行。一旦出现超负荷，自动防护装置就会关掉发电机。电网监控人员必须确保输电系统在狭窄的容限内永远保持平衡。

变化中的电力产业

电力产业正经历着剧烈的变化。历史上，受管制的、投资者所有的公用企业根据特许专营权为指定市场服务。州监管机构监督运营并监控费率，只有当它们认为某一费率对用户已经达到可能的最低价格，同时还使公用企业能够给予其投资者"公平"的回报率时，他们才会批准该费率。

受管制的公用企业的服务区域通常被限制为：（1）在给定州内的一个单一地区；或是（2）在州外相邻区域的多个地区；或是（3）两者兼有。反过来，垂直一体化的公用企业被要求在其经营区域内为所有用户提供电力服务，并保持额外的产能，以备不时之需。

多年来，这一体制运行良好。然而，20 世纪 70 年代出现的燃料价格震荡与短缺，引发了一场持续至今的变革。20 世纪 30 年代，为了控制公用控股公司的泛滥而通过的立法，创造了被严格管制的垄断性的公用企业，但它们现在面临着日益严酷的竞争，其中相当部分的竞争来自全球的其他地区。在电力产业的发电部门和电力批发部门尤为如此。同样的压力也正在影响着许多私有的天然气和水务公用企业。1992 年的《国家能源政策法案》（NEPA）甚至带来了更大的变革。这一法案的通过，将该产业的放松管制与结构调整推到了前台。专栏 13.1 显示了这些因素如何改变了一个位于得州的昔日实行垂直一体化的公用企业。

专栏 13.1　　结构调整如何给一个一体化的公用企业带来了变化

2002 年 1 月，得州休斯敦中点能源公司（CenterPoint Energy of Houston）结束了它传统的客户服务方式。120 多年来，中点能源公司一直是一个一体化的公用企业。现在，它被拆分为三部分：电力输送、电力零售和电力生产。中点能源公司变成了一家输电公司，负责将电力从发电厂输送到其服务区内的家庭与企业。未来的业务将集中于输电、变压、配电及路灯系统的建设、保养与维修。

在放松管制的背景下，中点公司将不再销售电力或向其居民、商业或工业用户寄送账单。此后，计价、付款处理和赊购等零售业务将由竞争性的零售公司来完成。客户可以选择他们希望的零售供货商，但中点公司仍负责监督，以确保电力送达用户处。中点公司现在无须再向每个客户收费，而只需向零售供货商结算它们的服务费用。

资料来源：CenterPoint Energy, 2002 *Annual Report*.

2000 年至 2001 年，加利福尼亚州非管制的电力营销和交易领域出现了价格震荡，它导致放松管制的政策止步不前；自 2000 年以来，没有哪个州再启动放松管制的计划（Joskow 2003）。一些产业分析家预料：经过相当长的一段时期后，竞争行为将会复苏。这些产业分析家还认为，该产业的放松管制，将导致电力生产部门逐步合并，并最终只剩下几个大型跨国公司控制绝大部分市场。他们补充说，即使购电者还可以选择从谁那里

购买大宗电力（bulk power），但这种公司合并所导致的市场环境，将远没有政府监管者最初设想的那样具有竞争性（McCann 2004）。

据联邦能源信息署（Energy Information Administration，简称 EIA）的资料显示，截至 2003 年 12 月，美国电力产业的结构调整仍在进行。在已经宣布计划重组其辖区内的电力产业的 24 个州中，有 18 个州表示，尽管加利福尼亚和华盛顿特区出现了问题，但他们仍会将这项改革推行下去。在原先宣布结构调整计划的 24 个州中，州议会或者颁布了授权法，或者发布了实施零售准入（retail access）的监管命令（零售准入是指客户将能够选择由哪家公司为自己的家庭或企业提供电力）。在所有继续推行结构调整的 18 个州中，除了俄勒冈之外，都已使某些或所有客户享受到零售业的竞争所带来的优惠，或将很快这样做。俄勒冈州法律允许非住宅用户参与零售准入项目，但至今尚未有用户参与该项目。加利福尼亚则是竞争供货商的零售准入被完全终止的唯一的一个州。

电力产业的构成要素

电力产业是由一些不同类型的参与者构成的。按照最基本的划分，他们可被分成两大类：购买者与销售者。电力的购买者分为三类：住宅用户（独户住宅和独表的公寓套房单元）、商业用户和工业用户。另一方面，销售者主要有五类机构：投资者所有的公用企业、公有的公用企业、乡村电力合作社、联邦所有的公用企业以及独立的电力生产厂商（也称非公用电厂）。2003 年，投资者所有的公用企业控制了美国 71% 的发电总量，占所有电力零售 74% 的份额。

公有的公用企业占美国发电总量的 14% 和电力销售的 15%。它们包括市政公用企业、公共电力区、灌溉区以及州管理局。乡村电力合作社由农民和社区合作所有的配电系统构成，主要为居民用户配电。乡村合作社也为灌溉泵站配电。在所有的电力提供者中，合作社的发电量是最低的。

联邦所有的公用企业由五家联邦电力批发生产商和四家联邦电力营销管理局构成。这些机构中的绝大多数都经由四个电力管理局中的某一个来销售它们的电力，波纳维尔电力管理局是其中最大的一家。田纳西流域管理局是一个例外，它销售自己发的电。该管理局是联邦拥有的最大的电力生产厂家。最后，独立发电厂拥有 2 000 多个发电站，这些发电站不是由指定的特许专营权服务区域内的某家公用企业直接拥有或经营的，但它们可能为某一公用控股公司的附属公司所拥有。它们总共占据美国发电总量的 19%。

　　不论其治理体制如何或在全球处于何种位置，电力系统包括四个主要的功能要素：（1）发电；（2）高压电由发电地到用电地的传输；（3）面向各种不同类型电力用户的低压电配送；（4）营销功能。营销主要提供一些辅助性服务，例如，零售营销、线路的连接与切断、抄表、设备的维修与更新、收费，以及越来越多的资源保护项目和金融衍生工具的交易。

电力生产的挑战

　　电能是由旋转铜线线圈内的一块磁铁产生出来的。有各种不同的技术与燃料被用来旋转这种磁铁，包括落水、风能、来自地表下的热能（地热）、以矿石燃料（fossil feuls）为动力的蒸汽或燃气涡轮机，以及核反应堆。表 13—1 显示了 2002 年发电燃料使用的分布情况，并对 2010 年发电燃料使用的分布比例进行了预测。燃煤汽轮机电站的发电量，占美国所有投资者所有的电力的一半以上；预计这个数字在未来十年还会上升。天然气发电与核发电紧随其后，各自的发电量均接近总电量的 20%。

表 13—1　　　　美国 2002 年电力生产使用的燃料及 2010 年预测①

燃料来源	2002（%）	2010（%）
煤	50.2	51.9
天然气	17.9	20.9
核能	20.3	17.3
再生资源（水力发电、太阳能、地热、风能，等等）	9.1	9.2
石油	2.3	0.7
其他（氢、硫黄、其他各种能源）	2.0	1.0
总计	**100.0**	**100.0**

　　资料来源：*Standard & Poor's Industry Surveys：Industry Profile*，2004.

　·①　表中数据因四舍五入的原因，稍有不精确之处。

根据布伦南等人的研究（Brennan et al. 2002），一台普通的燃煤汽轮机的发电容量大约为 250 兆瓦，大约相当于为供应一个拥有 6 万户家庭的城镇所需的电量。一般来说，具有多台汽轮机的燃煤发电厂需要具有 300～600 兆瓦的电力产出量，才能把每千瓦时的发电成本降到最低。在 21 世纪初，每千瓦发电容量的建设成本大约是 1 100 美元；运营成本从每千瓦时不足 2 美分到 3 美分多不等，这取决于发电厂的年龄以及要求它具有的环境控制类型。

2002 年，在电力生产厂商所选择的燃料中，天然气居于第二位。有两种发电技术装置使用天然气：一种是标准的燃气涡轮机（类似于喷气式飞机上的那种），另一种是联合循环燃气涡轮机（combined-cycle gas turbines）。在标准燃气涡轮机中，燃烧天然气或石油产生的炽热气体直接通过涡轮机使发电机旋转。这种涡轮机所发的电约占总发电量的 10%。燃气涡轮机经常被用于满足高峰期需求。它们的投资成本相对较低，但运营成本却很高。其平均发电容量是 35 兆瓦。新型的燃气涡轮机的建造成本大约为每千瓦 260 美元，运营成本比典型的燃煤发电设备高出 30% 到 50%。

第二种是联合循环燃气涡轮机，也称为 CCGT 系统。CCGT 发电机使用燃烧式涡轮机和蒸汽涡轮机两种技术装置。炽热的气体驱动涡轮机的方式与燃气涡轮发电机是一样的。然而，CCGT 系统产生的热量不会被浪费掉。相反，它们被收集起来制造蒸汽，这些蒸汽又被用于驱动在同一系统中的蒸汽涡轮机。在 CCGT 系统中，2/3 的电量由燃气涡轮机生产，1/3 的电量由蒸汽涡轮机完成。CCGT 系统紧凑简洁、安全可靠、适用面广，需要的安装时间也不多。它的能效（energy efficiency），或者说每个 CCGT 系统每单位燃料所生产的电量，比典型的燃煤发电设备高 70%，比燃气涡轮机发电设备高 40%。CCGT 电厂现在的发电量占总电量的 8%。根据布伦南等人的研究，新型的 CCGT 发电厂的建造成本为每千瓦 450 美元，而且它们的污染排放程度也很低（Brennan et al. , 2002）。

持续下降

核电站现在的发电量约占全国总电量的 20%。预计到 2010 年，这一百分比将会降低到大约 17%，尽管天然气的高价格和煤价的不断上涨可能会改变这一推测。煤价格低廉且易得，因此，它一直是大多数特大型发电厂所选择的燃料。预计未来的十多年里，煤价将或多或少保持稳定。但由于煤被广泛使用，再加上其他燃料价格的快速上涨，也可能导致煤价涨幅超过预期。原子核裂变产生的热量制造出蒸汽，推动发电涡轮机旋转，其工作方式同燃煤、燃气或燃油发电系统大体一样。自1979年以来，没有再建造新的核电站；它们的建造属于花钱最多的，它们的维修成本也很高。但是，它们的运营成本却相当低，差不多每千瓦时1～2美分。

矿石燃料也被用于驱动内燃发电机。这一系统或是燃烧柴油，或是燃烧天然气，电力就像从一台柴油发电机车里制造出来似的。内燃机驱动发电机（类似汽车的交流发电机）。这种系统紧凑简便，几乎能够随时启动和停止。因此，它们经常在高峰需求超过了正常发电量时，被主要用于短期发电。它们的发电容量在1～3兆瓦之间，在美国和加拿大，其所发的电量仅占全国总电量很少的一部分。

可再生资源所发电量约占美国总发电量的9%多一点。在这些能源中，目前首屈一指的是水电力。在美国，8%的电量来自于水电。大多数水电站位于美国西部和西北部。在该产业部门中占主导地位的是两类水电力：大坝蓄水下落驱动发电，以及河水的流动驱动发电（被称为河床式发电站）。

第三类系统是抽水蓄能（pumped storage）：在低用电需求期，用落水驱动水泵，将水送回位于发电机上方的蓄水处。然后，再次用这些水来发电，以满足用电高峰期的需求。这些类型的水电站的燃料成本为零，但是建造成本很高。除水电力之外，其他用来发电的可再生资源包括风能、太阳能、地热以及生物燃料等。这些技术的发电总量占美国全国总电量的1%左右。

分布式发电的作用

发电产业增速最快的部门之一，是分布式发电（distributed genera-tion），又称分布式能源系统（distributed energy segment）。分布式发电是指坐落在电力用户所在区域内或其附近的小型发电厂，但它们仍在公用配电企业的控制范围之内。这些小型发电厂通常不与输电网连接，而是将电力直接供应给用户。它们通常是在高峰需求期电价飙升时被用于补充电网供电的不足。根据联邦能源信息署的报告，技术的进步使小型发电站的经济性得到了改善。燃料电池和光电系统也逐渐成为可用的替代资源。

直到最近天然气价格飞涨之前，分布式发电一直被视为在强制减少能源使用或建造新的大型集中式发电站之外的另一种可行的替代方案。建造一些小巧、高效、经济的天然气驱动的喷气涡轮发电机（jet-engine turbines），被视为在建造新的矿石燃料驱动的大型蒸汽发电机之外的另一可选的替代方案。然而，经济问题迫使公用企业从另一角度重新审视这一可选的替代方案。一些公用企业正在考虑在未来十年左右的时间补充一些新的燃煤发电厂或核电站。

电力传输的挑战

输电是指将电力从发电地送到较远距离的用电地的移动过程。相互联结的输电线路网络被称为输电网（ERA 2000）。输电网由相互联结的高压线路组成，这些铜质或铝质的高压线或是架在空中，或是埋在地下。电流在发电地被加压成高压电，然后被输送出去，有时要走非常远的距离。然后，变电站的变压器再将高压电降压，变成主要负荷中心的配电线路所需的低压电。电力负荷中心是住宅、商业或工业电力用户的集中地，或是这三类客户共同的集中地。专栏13.2描述的是艾尔帕索电力公司同与其相邻的墨西哥的一个州之间的一个跨边界互连协议。

专栏 13.2　　　　　一个得州公用企业的跨边界互连业务

艾尔帕索电力公司（EPE）是一家投资者所有的公用企业，在得州西部和新墨西哥州南部从事发电、输电和配电业务，它同墨西哥国家电力公司（Comisión Federal de Electricidad, CFE）保持着长期的互利合作关系。艾尔帕索电力公司与该公司签订了一份合约，约定在夏季的几个月份每小时向墨西哥售电150兆瓦。在2002年，这一销售改善了艾尔帕索电力公司的收入状况，使其每股盈利增加了大约三美分。

　　艾尔帕索电力公司与其邻居墨西哥之间的往来并不限于出售电力。例如，在2002年，艾尔帕索电力公司就同与其一河之隔的墨西哥华雷兹市（Juarez）的官员就改善该地区空气质量问题提出了一项联合建议，该建议得到了得州环境质量委员会的批准。艾尔帕索电力公司正在将华雷兹市的那些高污染的旧砖窑，替换为由新墨西哥州立大学一位前教授研发的一座座更干净的新窑。与被替代的旧窑相比，每一座新窑的排放量大约降低了80%。艾尔帕索电力公司从得州获得了减排信用（emission credits）。

　　艾尔帕索电力公司董事会主席兼首席执行官盖里·R·亨德里克（Gary R. Hedrick）在谈到这种友好关系时表示："艾尔帕索电力公司期待与墨西哥共和国就影响边境地区的其他双边事宜建立伙伴关系。"

　　资料来源：Shareholder Statement，EPE 2002 *Annual Report*.

　　投资者所有的公用企业拥有美国现存输电线路的近3/4；联邦公用企业拥有13%，公有公用企业和合作社拥有14%。并非所有的公用企业都拥有输电线路；也没有任何输电线路归任何独立的电力生产商或电力营销商所有（EIA 2000）。但是，上述图景正在发生改变，因为联邦能源监管委员会正在促使输电部门更具竞争性和更有效率。

　　为了确保电力在整个北美得以有效地传输，国家建设了两大相互联结的输电网或**连锁电力网**（*interties*）（在大型的区域性电力系统或电网之间的联结）。一条是东部互联系统（Eastern Interconnected System），它主要服务美国中东部绝大部分地区和加拿大的部分地区；另一条是西部互联电网（Western Interconnected Grid），它主要服务落基山脉（Rokcy Mountain）西侧地区、得州部分地区、加拿大西部部分地区及墨西哥部分地区。还有一条小很多的电网——得州互联系统（Texas Interconnected System），它为不属于西部互联电网范围的那部分得州地区服务。

　　得州电网也部分地联结到其他两大北美电网。西部互联电网和得州互联系统都与墨西哥连接；东部互联系统和西部互联电网则与加拿大绝大部分地区的电网完全联结为一体。在电网内相互联结的公用企业相互协调它们的业务，并互相买卖电力。

国家电网的控制

　　美国联邦能源监管委员会保持着对三条超高压电网的监控。在这三条电网内，大约有 150 个控制区（control areas），其中大多数是由本地区投资者所有的主导公用企业来经营的（Brennan et al. 2002）。所说的这些区域都是电力地理区域，它们配有控制操作人员，它们在保持可靠性的同时平衡电力的负荷。绝大多数控制区都在东部互联系统内，仅有12 个控制区是在得州互联系统内。控制区操作员（Control Area Operators）从中央控制中心调度电力以平衡供需，并维持该系统的安全与可靠。

　　在这三条主要的国家电网之内，北美电力可靠性协会建立了九大分区和一个分支机构。可靠性协会是志愿性的、非营利组织，其成员来自该产业的所有部分，包括公用企业、电力生产商、电力营销商和电力用户。北美电力可靠性协会成立于 1968 年，是在灾难性的东北大停电之后成立的。各个分支协会负责协调那些对其所辖区域的电力服务的可靠性与充分性有影响的大容量电力系统的政策（bulk power policies），同时，它们还共享运营和规划信息。这十个区域性协会是：

- ECAR：东中部地区可靠性协作协议组织
- ERCOT：得克萨斯电力可靠性协会
- FRCC：佛罗里达可靠性协调协会
- MAAC：大西洋中部地区协会
- MAIN：美国中部互联电网
- MAPP：中部大陆地区电力网
- NPCC：东北电力协调协会
- SERC：东南电力可靠性协会
- SPP：西南电力网
- WSCC：西部系统协调协会

　　北美电力可靠性协会这些分区的边界，是根据该区域内公用企业的服务区域划定的，因此，它们并不是严格地依据州界。这个电网也与加拿大和墨西哥的电网相连接，使得该系统真正成为一个国际性的互联电网。

输电网系统的变革

　　直到 20 世纪 90 年代末，绝大多数电力都是由垂直一体化的公用企业向客户提供的。在这些公用企业中，约 75% 的公司为投资者所有；余下的 25% 为公共所有。市政拥有的公用企业服务城市地区用户；作为特别区运营的组织服务乡村地区（例如公用事业区）。投资者所有的大型公用企业多为垂直一体化的组织，它们拥有并运营发电厂、输电线路、地方配电系统，并为自己的用户抄表、收费，以及做其他辅助性的服务活动。

　　从 1978 年通过《公用事业监管政策法案》开始，输电公司的所有者被要求向所有其他的电力生产厂商——包括小水坝发电站、太阳能发电厂和生物燃料发电厂——开放其输电线路。为了促进这些小型发电站的发展，各州对它们免除管制。1992 年的《国家能源政策法案》进一步推动了输电网的开放。根据一项以竞争取代公用企业垄断的规划，垂直一体化的公用企业被"拆分"（unbundle）。拆分是指将发电、输电、配电业务分离开来。它们将成为各自分离的竞争性业务。第一步的规划是在电力批发市场建立起竞争机制。

　　1996 年，联邦能源监管委员会颁布的两项法令，进一步促进了输电网的开放：第 888 号令要求开放输电网；第 889 号令要求建立电子公告系统，共享输电容量信息。第 888 号令有两个目标：(1) 消除输电网所有者的反竞争行为，包括消除在电网准入许可方面的所有者歧视，要求建立一种普遍适用的输电网准入费率；(2) 使建设输电线路的公用企业能够收回所谓的搁置成本（stranded costs）[又称沉没成本（sunk costs）或转制成本（transition costs）]。转制成本是公用企业从垂直一体化的全能服务公用企业转制所消耗的成本；沉没成本是公用企业在过去的年月开发和安装如水坝、输电线路、地方配电装备这样基础设施所花费的资金。公用企业几乎总是要通过借入或出售债券来支付电力基础设施建设的成本。公用企业偿还这些贷款需要 20 年、30 年或更长的时间。一直以来，公用企业被允许将这些偿还成本转移给它们的用户。这种公用体制的一些批评者呼吁，一旦这种资产被剥离，这种"转嫁"就应立即停止。

　　根据联邦能源信息署的说法（EIA 2002，p. 64），"允许回收搁置成本的理由是：在管制体制下，公用企业已经在设备上投资了数十亿美元，而该管制体制允许对所有谨慎投资的成本进行回收"。美国联邦能源监管委员会认同这一观点是基于这样的信念：如果要成功地推进竞争，就需要回收沉没成本。同时，它们也意识到，回收沉没收本，会延迟竞争所预期带来的价格降低。

第 888 号令要求输电线路的所有者将输电业务同其他业务分离开，这种做法被称为"拆分"。这就是要求输电线路的所有者在他们所有的输电线路上使用输电服务时，要与其他输电线路的使用者缴纳同样费用并接受同样的条件——根据所谓的"可比性标准"（comparability standard）。

第 889 号令的颁布，是为了使定价和准入过程更加透明。它要求所有投资者所有的公用企业都加入开放式即时信息系统（Open Access Same-time Information System，简称 OASIS）。这一基于互联网的互动数据库包括各种有关的信息，如可用的传输容量、为一个或多个用户预留的输电容量、其他服务以及输电价格。2003 年，166 家输电线路的所有者为这个数据库提供了有关输电设备的信息。

1999 年颁布的第 2000 号令，鼓励所有公有的和投资者所有的公用电力企业将其输电系统置于地区输电组织（RTO）的独立控制之下。实施地区输电组织的想法，被描述为"联邦能源监管委员会在努力创造更具竞争性、更加高效率的产业的过程中所采取的可以说最有意义并在某种程度上最声势浩大的行动"（EIA 2002，p.66）。

依从关于地区输电组织这一命令的进程是缓慢的，绝大多数的国家电网还没有被置于独立的地区输电组织的控制之下。因此，2002 年 7 月，联邦能源监管委员会提出了其"标准市场设计"的规则，要为整个北美批发市场建立一套单一的规则。考虑到各地区的反对，标准市场设计的建议于 2003 年 4 月被修订，并被更名为"电力批发市场纲要"（the wholesale power market platform）。

修订后的标准市场设计的建议，构成了 2003 年联邦能源法案的一部分，但国会没有通过该法案。该能源法案提出，在联邦能源监管委员会能够要求公用企业加入地区性输电组织之前，或在该委员会能够强制实施标准市场设计之前，将其推迟三年执行。2003 年的法案还要使电网可靠性标准具有强制性，并且还要求对输电线路实行联邦许可制度。这个未获通过的法案的一项关键内容，是要废除 1935 年的《公用事业控股公司法案》。

麦肯（McCann 2004）认为，在联邦能源监管委员会所有关于治理批发电力的传输的提议中，标准市场设计这一法令具有最深远的意义。这种标准市场将建立和监督一套适用于所有参与者的一致的输电规则。联邦能源监管委员会相信，缺乏一套明确的治理电力批发产业的规则，是北美地区无法出现真正竞争性的电力市场的原因。

联邦能源监管委员会关于标准市场设计的主张，在美国西北部和东南部遭遇了州监管机构和公用企业的强烈反对。这一主张的反对者认为，标准市场设计的计划对于处于变革中的东北地区输电市场可能行得通，但是对于他们所在的地区并不适用。例如，位于西北地区的电力服务区域比东部地区大得多。西部的输电线路虽然数目不多，但是距离很长。州监管机构和市场参与者并不认为有必要为电力营销商的交易增加新的输电线路。此外，西北地区主要依靠公有的水力发电，但它的定价通常并不参与市场竞争。

另外，在东南地区，主要的忧虑是：强制施行标准市场设计，将会导致该地区丧失低成本这一优势，因为全国范围的交易可能会迫使该地区的电价上涨。他们感到，失去这一优势，将会限制他们吸引新产业到该地区投资的能力，而这将严重阻碍经济的发展。

在配电部门中的挑战

配电是一个将电力由高压电网输送到低压电网，然后再输送至用户电表中的过程。该产业的这个部门还被认为是一种"自然垄断"，因此仍处于州公用事业委员会的控制之下。配电被视为一种州内工作，甚至当电力供应商为多个州的客户提供服务时也是如此。为终端用户提供电力的过程被称为零售营销或零售。提供配电服务的投资者所有的公用企业将保留该公用产业受管制的部分，并为住宅、商业和工业用户提供服务，有时还要同非管制的公司进行竞争。

在受管制的体制下，州公用事业委员会所批准的电力零售费率，是基于服务成本，再加上"公平的"回报率。当试图使所提出的改变费率的方案得到批准时，公用企业需要在费率听证会上提供信息。总的服务成本包括发电与买电的成本，以及投资建设该公用企业的发电设施的成本，也称搁置成本。"搁置成本"是一种沉没成本，在公司结构调整（强制出售）或捐赠给非营利组织之后，这一成本可能会收回，也可能无法收回。公用企业曾经抱怨，不允许收回它们的投资是不公平的；然而，截至 2005 年 1 月，这一问题尚未得到解决。它们认为，在确定费率时，输电成本、所安装的配电基础设施的成本、运营与维修成本，以及公用事业委员会为保证用户安全、能效和环境保护所要求的各种项目的成本，都应被计入可允许成本。此外，联邦、州及地方的征税，一般也应包括在费率基中。

公用配电公司面临的主要挑战，可能是学会如何在竞争条件下——而非作为受管制的垄断企业——有效且高效率地经营它们的业务。在为数不多的几个实施零售竞争的州中，一些商业电力用户和大型工业电力用户已经抓住机会，在两家或更多的竞争供应商中选择由哪家公司将电力送达自己的工作场所。然而，很少有住宅用户选择去改换供电商。住宅用电的零售竞争的进展远没有像联邦监管机构所期望的那样快。

产业结构调整的挑战

该产业的行业协会——爱迪生电力协会（Edison Electric Institute，简称 EEI）认为，目前，该产业中发生的各种事件，是该产业所经历过的最重要事件。在这些变革中，最重要的当属正在世界许多地方进行的电力产业结构调整。该产业正被迫从一个在所有产业中受到最严格管制的产业，转变成为一个在电力生产和顾客零售部门中形成残酷竞争的产业（EEI 2004）。

反对者则从不同的角度来审视该产业的结构调整。私有化批评者、澳大利亚教授沙龙·贝德尔（Sharon Beder）在她的《电力竞争：控制世界电力之战》（*Power Play: The Fight to Control the World's Electricity*）一书中作出了这样的评论：

　　将"放松管制"一词用于电力，从根本上是一个错误，因为其所涉及的变化实际上并不是脱离管制，而是取消保护公众和环境的监管措施，代之以确保市场与电力系统平稳运行的规则。"私有化"则是一个更为精确的词语，因为在放松管制的情况下，出现的是电力供应控制的私有化。这一词语的使用被美国能源部认可，它说：我们将私有化视为……减少公有制或公共控制，增加私有制和私人控制的任何运动（Beder 2003，p. 2）。

　　电力产业结构调整的启动，始于 1978 年《公用事业监管政策法案》的通过。这一法案的通过，是对 20 世纪 70 年代不稳定的能源环境的回应；它是被欧佩克这一卡特尔组织的行动触发的，当时，欧佩克将公开市场上每桶原油的价格翻了两番。《公用事业监管政策法案》鼓励节约电力。更为重要的是，它在能源供应链上创造出了一种新的组织：非公用发电站。它要求已有的公用企业从这些小型的独立发电厂和合格的热电联产电厂购买电力。《公用事业监管政策法案》还授权联邦能源监管局（Federal Energy Regulatory Agency）要求输电线路的所有者允许独立电厂生产的电力通过私人所有的输电线路。

　　2000 年至 2001 年的能源危机，始于加利福尼亚，并造成了安然这一能源贸易公司的破产。它使结构调整的进程失去了动力。由于国会未能通过能源法案，从而遗留了很多至今尚未解决的问题，包括下列结构调整事项（EIA 2000）：

- 强制参加地区输电组织；
- 大容量电力系统的可靠性；
- 核能设施的退役规定；
- 电网扩展与建造；
- 田纳西流域管理局和联邦能源营销管理的改革；
- 联邦机构监管电力零售、保护零售用户和监管地方电网的相互联结；
- 公用企业的兼并；
- 公共福利基金（该基金专门用来向地方消费者提供非公用事业的福利）；

- 零售净计量电价；
- 发电厂的排放指标与标准；
- 国内税务署对个人使用市政电力系统的限制；
- 州与联邦的管辖权的明确；
- 对联邦机构的电力零售；
- 零售互惠（两个或多个零售竞争者相互协助为地方用户提供电力）；
- 将第 888 号令中有关批发运行规则（联邦政府有关经过其他输电线路传输电力的规定）扩展用于市政、乡村合作社、联邦电力营销管理机构以及田纳西流域管理局的电力传输；
- 可再生资源的配置标准；
- 《公用事业控股公司法案》的废除，以及《公用事业监管政策法案》第 210 款的废除。

结语

电力产业正处于一次全面大检修当中。其中的诸多改变对投资者所有的公用企业影响最大。放松管制、结构调整和竞争，迫使这些公用企业在战略方向上作出大幅调整。结构调整带来了该产业的拆分。昔日垂直一体化的公用企业被迫从自身剥离主要的业务部门。最大的变化是廉价出售发电厂。这种被出售的发电产能大多数被独立电力生产厂商购得。联邦能源监管委员会还致力于让电力公用企业将输电资产置于非营利的地区性组织之中，这些地区性组织的职能是控制给定市场区域内的所有输电业务。最后，在那些允许零售竞争的州，一些公用企业将其营销部门拆分为相互独立且不受管制的抄表和收费结算企业。

尽管出现了这些重大的变化，但垂直一体化仍然是一个可行的战略。大量的兼并造就了一批特大型的垂直一体化的地区性公用企业。风起云涌的兼并收购浪潮导致的一个结果，就是电力生产的所有权被集中在少数几家公司的手中；20 家最大的投资者所有的公用企业现在拥有约 72% 的总发电容量（EIA 2000）。在该产业出现的合并趋势，还表现在一些电力公用企业兼并天然气生产和管道公司，并形成垂直一体化的**能源**公司，这可能成为该产业未来的主导形式。

小　结

电力产业正经历着剧烈的变化。历史上，受管制的、投资者所有的公用企业根据特许专营权为指定市场服务。州监管机构监督运营并监控费率，只有当它们认为某一费率对用户已经达到可能的最低价格，同时还使公用企业能够给予其投资者"公平"的回报率时，他们才会批准该费率。多年来，这一体制运行良好。然而，20 世纪 70 年代出现的燃料价格震荡与短缺，引发了一场持续至今的变革。60 多年前在新政反托拉斯的立法背景下产生的这种被严格管制的垄断性的公用企业，现在面临着日益严酷的竞争，尤其是在发电和电力批发市场上。1992 年的《国家能源政策法案》甚至带来了更大的变革。这一法案的通过，将该产业的放松管制与结构调整推到了前台。

2000 年至 2001 年，加利福尼亚州非管制的电力营销和交易领域出现价格震荡，它导致放松管制的政策陡然止步；自 2000 年以来，没有哪个州再启动放松管制的计划，尽管有证据表明一些州对此有不同的见解。

电力系统包括四个主要的功能要素：（1）发电；（2）高压电由发电地到用电地的传输；（3）面向各种不同类型电力用户的低压电配送；（4）营销功能。

有各种不同的技术与燃料被用来发电，包括落水、风能、来自地表下的热能（地热）、以矿石燃料为动力的蒸汽或燃气涡轮机，以及核反应堆。燃煤汽轮机电站的发电量，占美国所有投资者所有的电力的一半以上。天然气发电与核发电紧随其后，各自的发电量均接近总发电量的 20％。

输电是指较远距离的电力移送过程。相互联结的输电线路网络被称为输电网。输电网由相互联结的高压线路组成，这些铜质或铝质的高压线或是架在空中，或是埋在地下。电流在发电地被加压成高压电，然后被输送出去，有时要走非常远的距离。然后，变电站的变压器再将高压电降压，变成主要负荷中心的配电线路所需的低压电。

为了确保电力在整个北美得以有效地传输，国家建设了三条相互联结的输电网或**连锁电力网**（interties）：东部互联系统、西部互联电网和得州互联系统。在这三条电网中，大约有 150 个控制区来平衡电力负荷并维持其可靠性；大多数控制区由本地区中投资者所有的主导公用企业来经营。

在这三条主要的国家电网之内，北美电力可靠性协会建立了九大分区和一个分支机构。可靠性协会是志愿性的、非营利组织，其成员来自该产业的所有部分，包括公用企业、电力生产商、电力营销商和电力用户。

从 1978 年通过《公用事业监管政策法案》开始，输电公司的所有者被要求向所有其他的电力生产厂商——包括小水坝发电站、太阳能发电厂和生物燃料发电厂——开放其输电线路。1992 年的《国家能源政策法案》进一步推动了输电网的开放。根据一项以竞争取代公用企业垄断的规划，垂直一体化的公用企业被"拆分"。

1996 年，联邦能源监管委员会颁布了要求开放输电网的第 888 号令，以及要求建立发布输电容量信息的电子公告系统的第 889 号令。第 888 号令有两个目标：（1）消除输电网所有者的反竞争行为，包括消除在电网准入许可方面的所有者歧视，要求建立一种普遍适用的输电网准入费率；（2）使建设输电线路的公用企业能够收回所谓的搁置成本（又称沉没成本或转制成本）。1999 年颁布的第 2000 号令，鼓励所有公有的和投资者所有的公用电力企业将其输电系统置于地区输电组织即 RTO 的独立控制之下。

电力产业的诸多改变对投资者所有的公用企业影响最大。放松管制、结构调整和竞争，迫使这些公用企业在战略方向上作出大幅调整。结构调整带来了该产业的拆分。昔日垂直一体化的公用企业被迫从自身剥离其主要的业务部门。最大的变化是廉价出售发电厂。这种被出售的发电产能大多数被独立电力生产厂商购得。

最后，在那些允许零售竞争的州，一些公用企业将其营销部门拆分为相互独立且不受管制的抄表和收费结算企业。在该产业出现的合并趋势，还表现在一些电力公用企业兼并天然气生产和管道公司，并形成垂直一体化的**能源**公司，这可能成为该产业未来的主导形式。

进一步阅读的文献

Brennan，Timothy J.，Karen L. Palmer and Salvador A. Martinez（2002），*Alternating Currents：Electricity Markets and Public Policy*，Washington，DC：Resources for the Future.

Brown，Matthew H. and Richard P. Sedano（2003），*A Comprehensive View of U. S. Electric Restructuring with Policy Options for the Future*，Washington DC：National Council on Electricity Policy.（http：//www. ncouncil. org/restrict. pdf）

Energy Information Administration（2000），*The Changing Structure of the Electric Power Industry 2000：An Update*.（October），Washington，DC：U. S. Department of Energy，Office of Coal，Nuclear，Electric and Alternate Fuels，No. DOE/EIA－0562（00）.

Joskow，Paul L.（2003），*The Difficult Transition to Competitive Electricity Markets in the U.S.*，paper prepared for the Eletricity Deregulation：Where From Here?，Conference at Texas A & M University，4 April，Washington，DC：AIE-Brookings Joint Center for Regulatory Studies，http：//www. aei-brooking. org/admin/authirpdfs/page. php? id＝271.

第 14 章

天然气产业中的挑战

与电力产业有所不同，天然气产业自 20 世纪 90 年代中后期开始，大部分时间都在穿越各种结构与环境变化的雷区，这些变化影响着能源产业的发展。这些结构变化——放松管制、结构调整、在批发与零售业引入竞争——的影响已经被该产业吸收，使得天然气产业变成一个远比过去高效的系统。结构调整——也称为"零售拆分"（retail unbundling）——就是将向客户供气所需的各种服务拆分成各种不同的部分，使它们能够被分别购买。自 1996 年认真地开始结构调整以来，燃气输送费用降低，供给更加充足可靠，而且——到目前为止——终端价格总体下降，燃气分销公司和用户都从中受益（MacAvoy 2000；Mariner-Volpe 2004；Shere 2004）。

部分地由于联邦强制实施污染控制，将天然气作为燃料用于发电和工业加工的需求大幅度增加。尽管天然气需求出现增长态势，但是，由于在俄克拉何马、得克萨斯和墨西哥湾浅水区的传统北美气田的陈化，国内供应量却在下跌［"墨西哥湾浅水区油气田"（shallow Gulf Coast fields）是天然气产业的一个专有名词，它特指靠近墨西哥湾海岸而非深水区的近海天然油气田］。两种因素合在一起，使得供需平衡上的这种紧张关系导致了天然气价格攀升至接近历史高位，而且出现了前所未有的大幅波动。

　　另外，2001 年至 2002 年，受安然公司破产的影响，一些能源贸易公司纷纷破产，这使得在不受管制的业务领域投入大笔资金的很多公司遭遇重创。许多大型控股公司已经放弃或者大规模缩减了它们在能源贸易方面的业务。由于天然气产业不景气，监管机构迫使能源公司增加它们所持的股权。这一行为减慢了新投资的步伐，同时增加了该产业中的合并数量。这些就是天然气产业在新世纪初期的生存环境。在理解这些挑战的性质之前，有必要先了解一下天然气产业的性质和历史。

燃气产业的性质

　　天然气产业的经营活动大致可划分为三类：上游、中游和下游活动。上游活动是由勘探、生产和钻井公司来完成的。这些公司打井钻气，然后把天然气从地下抽上来。中游活动包括收集天然气，把它加工成碳氢化合物——主要是丁烷、丙烷、乙烷、甲烷等（分销给终端用户的天然气主要就是这些）——并储存起来供日后输送或留作他用。利用州际管道批发运输天然气通常也被视为中游活动。下游活动包括将天然气运送给终端用户，负责这项业务的公用燃气公司在该产业中被称为地方分销公司（local distribution companies，简称 LDCs）。地方分销公司或是由普通股股东所有，或是由地方政府所有，如市、县或特别公用事业区。分销公司负责购买、运输、分销和转销天然气给终端用户，包括居民用户、商业用户、工业用户以及越来越多的燃气发电公司。

　　同电力产业的情形一样，一个控股母公司通常拥有一些地方分销公司，它们在不同的市场为用户提供燃气。控股公司也可能拥有公用电力服务公司和（或）不受管制的能源经销商。控股公司对其全资所有的公用分销企业的债务通常不承担责任。而联邦或州的监管机构则要求控股公司分离其多样化经营的资产，以保护受管制的分销公司的信用。到 2003 年年底，北美 10 家最大的地方分销公司为将近 2 830 万的天然气用户提供服务。

同电力控股公司一样，天然气控股公司也接受联邦政府的监管。控制控股公司的最主要立法，是 1935 年颁布的《公用事业控股公司法案》，我们在前文已经对其进行过讨论。美国联邦能源监管委员会对天然气产业的所有州际间业务实施控制。专栏 14.1 介绍了一个典型的大型控股公司——位于得克萨斯州休斯敦市的中点能源公司。中点能源公司的重组活动曾在上一章的专栏 13.1 中有所介绍。

专栏 14.1　　　　中点能源公司：一个多种经营的能源配送公司

2002 年，美国可信能源公司（Reliant Energy）重组为两个相互分离的公司：可信资源公司（Reliant Resources）和中点能源公司。现在，可信资源公司是一个独立的能源服务公司，而中点能源公司则经营传统上受管制的电力与天然气业务。中点能源公司是美国最大的天然气与电力混业经营的公司之一，为阿肯色、路易斯安那、明尼苏达、密西西比、俄克拉何马及得克萨斯等州的将近 500 万客户配送一种或多种形式的能源。公司的管线业务和收集业务（gathering operation）也为上述各州以及亚拉巴马、伊利诺、衣阿华、堪萨斯、肯塔基、密苏里、新墨西哥以及威斯康星等州的客户提供服务。

中点能源公司主要由四个部门构成：天然气分销、输电与配电、管道与气田服务，以及一个发电子公司。发电公司拥有 11 个发电设施，共有 60 个发电机组，并拥有一家核电站 30.8% 的股份。天然气分销部门拥有三家分销公司以及一家商业和工业天然气服务企业。天然气部门主要包括三家公司：中点能源阿克拉公司（CenterPoint Energy Arkla）、中点能源恩特克斯公司（CenterPoint Energy Entex）和中点能源明尼加斯科公司（CenterPoint Energy Minnegasco）。

中点能源公司的天然气分销部门主要为阿肯色、路易斯安那、明尼苏达、密西西比、俄克拉何马及得克萨斯的用户提供服务，它是美国第三大天然气分销系统。商业与工业燃气服务公司（Commercial and Industrial Gas Services）在竞争性市场的背景下为其大部分客户提供服务。中点能源公司的天然气业务将燃气分销给将近 300 万居民用户和 5 200 多家商业和工业用户。它经营着97 000英里的主输气线路和服务线路，通过这些线路将燃气分送到 985 个社区。

资料来源：CenterPoint Energy, 2002 *Annual Report*.

在美国历史发展的绝大部分时期，天然气通过燃气传输和分销系统的物理流程，遵循着一条直接的路径，天然气所有权连同保管权由生产公司传至管道公司，最后传至分销公司。如果天然气终端用户与输气管道直接连通，就可以省去分销公司这一环节（EIA 1996）。然而，天然气产业的结构调整改变了这种直接的系统。今天，这一物理流程仍保留原样，但是所有权模式已有所不同。地方分销公司可以从生产厂家、经销商那里购买燃气，甚至可以从有多余库存的工业终端用户那里购买燃气。所有的这些供气商都可以各自安排燃气的输送。

在天然气产业中，能源批发经销公司（wholesale energy merchants）是一种相对新型的机构。这些组织同时从事着中游和下游的一些活动；在允许零售竞争的市场上，它们在从事中游活动的同时，还履行着受管制的分销公司的一些职能。能源经销公司拥有非管制的资产并（或）提供不受管制的服务。

正如前文提到的那样，天然气产业正经历着广泛的重组，一些公司放弃了经销贸易业务。根据克雷格·舍尔（Craig Shere）所作的标准普尔产业分析（Shere 2004），近几年来，天然气的供过于求，使许多能源经销公司不受管制的能源资产遭遇重创，以至于不得不设法摆脱严酷的财政困境。因此，该产业正在一场新的兼并与收购的浪潮中经历着另一种结构变迁。

天然气的各种市场

天然气在家庭、企业、发电厂和工厂中被用于许多方面。在截至2003 年 10 月底的 12 个月中，天然气在四大主要的细分市场中的消费份额被分割如下：工业消费（包括工厂的燃料和热电联产）占36.5%，居民消费占 23.5%，发电消费占 22.7%，商业消费占14.4%。此外，一个规模虽小但却在不断成长的燃料消费市场是交通运输业，包括管线泵和公共基础设施所用的燃料，该产业消费天然气总量的 2.9%。

工业用户

工业用户将天然气用来进行空间取暖、在加工过程中提供热能、产生蒸汽能源，以及作为机器或加工设备的供应原料。对天然气有高度依赖性的产业包括：糖的生产与加工、化学药品与化肥的制造，以及铝的生产。工业用户对于天然气的需求增加，还由于像低氮氧排放锅炉这样的新天然气技术的发展。与其他所有部门相比，该产业需求的增长更多地受到了偏高的天然气价格的限制。

根据标准普尔公司的蒂娜·维托（Tina Vital）的分析，在 2004 年 3 月底，美国天然气的现货价格为每百万英热单位（MBTUs）5.8 美元以上。2003 年，周平均报价为 5.3 美元，1999 年为 2.27 美元（周报价是现货价格与合同价格的加权合成价；一英热单位是将每磅水升温一华氏度所需要的热量）。专栏 14.2 描述的是一家投资者所有的公用企业对采购用于发电的天然气的管理。

专栏 14.2　　　　艾尔帕索电力公司如何管理其燃气采购

位于得克萨斯州艾尔帕索的艾尔帕索电力公司采用将长期合同与市场现货采购相结合的方式来管理其天然气需求。2002 年，该公司在格兰德河发电站（Rio Grande Power Station）所需要的天然气，就是通过长、短期采购相结合的方式，从一些不同的供应商那里采购的。州际天然气是依据一个不可撤销的运输协议（该协议在 2005 年到期）送货的。该公司相信，公司近期还将继续以市场价格按月采购天然气，来满足格兰德河发电站的部分燃料需求。为了补充每月采购的不足，艾尔帕索电力公司签署了一个长达两年的供气合同，该合同于 2002 年生效。在 2002 年，天然气占该公司所消耗燃料的 25%，同 2001 年的 32% 和 2000 年的 33% 相比，有所下降。2002 年，该公司使用的其他燃料包括占燃料总量 52% 的核能，以及占总量 6% 的煤。公司另外 17% 的能源采购于其他来源。在得克萨斯和新墨西哥，配给的燃料和所采购的能源的成本，被直接转嫁到消费者头上。

资料来源：El Paso Electric Co., 2002 *Annual Report*.

居民用户

就所购买的天然气而言，居民用户是天然气的第二大用户群体。居民用户为公用企业创造了最大的利润份额，构成了最多的客户数量。在居民用户消耗的天然气中，有 2/3 被用于空间取暖。天然气也被用于家庭用具，比如火炉、干衣机、壁炉等。在美国，天然气发电的市场成长得最为迅速，相对于煤或石油，天然气的燃烧更为清洁，因此为政府监管机构和环保主义者所青睐。

天然气发电的短期增长，受到几方面因素的影响。天气以及天然气、煤和石油的相对价格，起着重要的作用；水电的获取条件和核电站的状况也发挥着重要的作用。天然气驱动的热电联产和联合循环涡轮机系统，都是高效的发电技术。这两种技术装备利用了在其他工序中可能浪费掉的热能。联合循环发电机利用废热制造出额外的电量；热电联产系统利用废热进行空间取暖或工艺流程的加热，或满足其他的能源需求。

商业用户

天然气的商业用户市场由多种企业构成，包括饭店、旅馆、公共建筑物以及大型写字楼。与居民用户市场相似，一半以上的商业天然气消费目前被用于空间取暖。与居民用户市场不同的是，在商业市场上的天然气需求对夏季比较敏感，因为许多商业客户使用天然气制冷，就像他们在冬天使用天然气取暖一样。

天然气也被用作汽车燃料，它是燃料电池的一个组成成分。从长远来看，燃气机动车和燃料电池预计将成为一个更大的市场。在美国，机动车的使用量在逐年增长，从 1995 年的每年 69 140 辆，增至 2003 年的每年 140 935 辆；预计 2004 年还会增长 7.5 个百分点（Shere 2004）。

对天然气产业的监管

1978 年以前，天然气产业面临着长期的供应短缺。联邦政府设置了人为的管制性低价，要求生产商以此价格在州际贸易中销售天然气。然而，一系列放松管制的法律，将天然气产业推向了市场定价，并面临日益激烈的竞争。1978 年，国会通过了《天然气政策法案》。该法解除了对天然气井口价格的管制。放松管制使得竞争性的天然气井口市场，包括天然气现货市场，在 20 世纪 80 年代早期得到了发展。

但是，没过多久，这一被放松管制的系统所存在的诸多问题便浮出了水面。当地方分销公司直接在现货市场上从燃气生产商手中买到低成本的天然气之后，州际管道公司却经常拒绝输送它们独立购买的天然气。

因此，1985 年，联邦能源监管委员会颁布了第 436 号令，要求州际管道公司按照先来后到的顺序输送地方分销公司或终端用户拥有的天然气。然而，尽管输气管道被开放使用，但是从 20 世纪 80 年代末到 90 年代初，管道公司依旧保持了自己对生产厂商的竞争优势。因为它们可以将输送、储存以及其他的一些服务结合起来，并且能够提供更为可靠的服务。为了缓解这一问题，联邦能源监管委员会于 1992 年发布了第 636 号令，要求管道公司拆分它们的服务。管道公司向公用企业或终端用户提供的任何一项服务——比如燃气的销售、输送或储存——都必须分别供给、分别定价。

一旦各项服务被分别定价，并可以由多家公司竞争供给，那么消费者就可以货比三家，选择最佳的价格（Shere 2004）。联邦能源监管委员会还将经销业务从管道公司中分离出去；管道公司不能再将天然气直接卖给地方分销公司或其他消费者。自 1993 年开始，营销商和分销公司可以直接同天然气生产厂商协商它们的燃气供应问题，并且同管道公司商谈被拆分的每一项服务的可接受价格。

联邦政府对能源产业的管制始于 1935 年国会通过的《联邦能源法案》。该法在经济大萧条的最低谷时期获得通过，并授权新成立的联邦能源委员会确保能源在全美所有地方充足供应，同时还要切记对自然资源的保护。对燃气产业的管制确切地开始于 1938 年国会通过的《天然气法案》。在此之前，天然气产业基本不受管制，享受着相对的自由（Warkentin 1996）。

《天然气法案》要求那些在州际间为转卖而购买燃气的公司接受联邦监管，因为这些公司关乎公共利益。该法还要求联邦能源委员会确保分销给居民用户和商业用户的燃气批发价格，用该法案的话说，要"公平与合理"（just and reasonable）（MacAvoy 2000）。

从 1985 年起，随着联邦能源监管委员会一系列委员会法令（Commission Orders）的颁布，对该产业的管制开始放松。该委员会打算对存在于生产、运输和分销公司之间的那种传统的交易关系进行结构调整。据称，该产业要在某种形式上联合起来，一道致力于改变天然气输送管道的歧视性准入、改善供给并降低价格。1985 年，联邦能源监管委员会颁布了第 436 号令，旨在消除进入州际管道的歧视性行为。这是放松管制系列行动中的第一个举措。

下一步举措是以联邦能源监管委员会颁布第 451 号令开始的。该法令消除了对已知［也称为优质气（vintage gas）］储量的分层定价结构（tiered pricing structure），该定价方式是在 1978 年的《天然气政策法案》通过之后演化出来的。第 451 号令将优质天然气的价格上限升至市场水平，并鼓励天然气生产商同管道公司重新谈判他们的合约。事实上，这些合约大大减少了天然气的勘探和新井的开钻——导致了全国部分地区天然气的紧缺。这样，第 451 号令所遭遇的法律挑战使其得以修订，并作为第 500 号令被重新发布。第 500 号令也再次被修订，最终在 1992 年作为联邦能源监管委员会的第 636 号令被颁布出来。第 636 号令成为了随后发生的对天然气产业几乎完全放松管制的设计蓝图。

州政府对天然气费率的监管

在大多数州，公用事业委员会负责为其辖区内受管制的分销公司确定合适的费率基准与可允许的运营开支。为地方分销公司客户设定费率，一般是依据服务成本（on a cost-of-service basis）。然而，在一些州，公用事业委员会允许某些服务的价格高于其直接的服务成本，而其他的服务价格低于直接的服务成本。州的监管机构倾向于加大工业服务成本分摊的权重，从而降低小户居民的天然气使用价格。

天然气采购成本和州际运输费用会转嫁到终端用户头上。关于费率分配问题，具体来说，像加利福尼亚和纽约这样的州，费率分配由两部分构成：服务的边际成本，再加上只为特定客户群提供服务的特定设施的总成本。其他州则将总成本中的较少部分分摊给居民用户，而将一些成本转嫁给工业用户（MacAvoy 2000）。

各州公用事业委员会之间的差异

各州公用事业委员会在确定成本和应得回报的比率基准方面经常会有差别。另外，在加利福尼亚出现问题以后，一度活跃的公用产业结构调整势头在一些州出现了逆转。例如，2003 年 3 月，23 个州及哥伦比亚特区就实施了一项方案，允许一些居民用户和商业用户进入一些先前只对工业用户开放的被拆分的服务（MacAvoy 2000）。

到 2003 年年底，全面的零售竞争只在 5 个州和哥伦比亚特区比较活跃。全州范围的拆分依然在 8 个州进行。结构调整试点项目或局部拆分已经在 8 个州开始进行，但在两个其他的州已经中止。另有 17 个州没有进行结构调整（Mariner-Volpe 2004）。由于这些挑战，跨州公用控股公司经常发现，很难将其业务整合成一个统一的战略。

地方分销公司从其受管制的公用事业经营中所得到的收入，在传统上来自于所投资的股权被允许的回报率（rate of reture，简称 ROR）。然而，如果地方分销公司从其他的能源供应公司那里采购天然气或电力，就不涉及所投资的股权。这与那种公用企业用自有的资源来提供产品的情况形成对照。如果没有所投资的股权，也就不存在对股东的相应回报。与此类似，根据传统的公用事业费率制定方式，对为满足环境监管规定而购买的排放额度（emission credits）也不提供任何投资回报。因此，传统的回报率确定方式刺激了公用燃气企业自己建造管道和仓储设施、安装环保控制设备，即使会有第三方以低廉的成本价格来提供这些相同的服务。

对这四类用户的每一类来说，尽管公用企业的单位成本随用量的增加而下降，但费率却随用量的增加而趋于上升。因此，为高用量用户提供服务能够赚取更高的利润。此外，公用企业为了获得更多的回报，还会提供许多附加性服务，比如为低收入用户提供服务，以及资助节能与保温项目（weatherization program）——在用户安装如双层窗、门边密封条、阁楼保温材料以及其他风雨防护材料这样的产品时，为其提供咨询、原材料、信贷，并在某些情况下提供财政援助。一些州已经开始批准鼓励性的费率，允许公用企业通过控制成本和客户服务达标来使其回报率超过规定的回报率（Shere 2004）。

一些投资者所有的燃气公用企业为了增加股东的回报，试图投资该产业中的不受管制的业务部门，如天然气勘探与生产、能源营销和贸易，以及竞争性的零售能源分销（Shere 2004）。位于明尼苏达的中点能源明尼加斯科公司就是这种做法的一个实例。被称为"附加家庭服务"（Home Service Plus®）的这家公司，是明尼苏达州最大的炉灶与厨房用具维修公司，它曾为 235 000 多位客户维修了 100 多万台厨房用具。该公司还为 12 000 多位客户提供安全监测服务，它是明尼苏达州最大的采暖、通风和空调设备的供应者和安装商。

对天然气定价的监控

天然气经营者关注三种定价水平：井口价（wellhead pricing）、城市门站价（citygate pricing）和终端使用价（end-use pricing）。天然气平均井口价格是生产厂商从所有销售中所获得的平均价格，它不包括加工、储存、运输及送达燃气所附加的收费。1978 年以前，生产商主要将天然气卖给管道公司。今天，天然气生产商将大量燃气卖给营销商，或直接卖给天然气终端用户，只向管道公司出售很少的燃气。井口价格接受联邦能源监管委员会的严格监控，能源信息署发行的《天然气月刊》（*Natural Gas Monthly*）上也发布井口价格。

该产业的结构调整对天然气的供应与价格都产生了重要影响。从 1978 年至 1988 年，天然气总产量下降了 1.46%，但井口价格却上涨了 11.6%。相比之下，从 1988 年至 1994 年，天然气总产量上升了 12.28%，而实际井口价格则下降了 8.5%。然而，一旦供需接近平衡，天然气的增长需求就开始更多地依赖天气情况与经济的增长情况。从 1994 年至 1999 年，天然气总产量仅增长了 1.3%，而实际井口价格却增长了 8.3%（Shere 2004）。

在传统意义上，城市门站价格是指地方分销公司在其获得燃气的所有站点的燃气价格。自从该产业的结构调整以来，现在的城市门站价格包括生产商在城市门站销售给地方分销公司或营销商的价格、营销商在城市门站销售给地方分销公司的价格，以及生产商在城市门站销售给营销商和终端用户的价格。总的来说，城市门站价格包括了燃气的井口价、管道输送成本以及营销批发商收取的任何相关费用。

输送成本可以包括一些其他的项目，诸如仓储、税收、预订费，以及其他与运输相关的成本。终端使用价格可以是地方分销公司销售给系统中用户的价格，也可以是批发营销商对系统外客户收取的费用。这些价格通常随用量的变化而变化。最终，零售竞争促成了一个新的定价概念：燃烧器喷嘴价（price at the burnertip）。燃烧器喷嘴价是不受管制的公用企业向居民用户的收费价格。

储气能力的作用

经过净化和加工的天然气经常会从其发现地的储气库（reservoir）转移到其他通常离市场更近的储气库。它们被储存起来，直到需要时被用来满足市场的需求。使用的地下储气设施有三种类型：枯竭气藏盆地（depleted production basins）、含水层储气库（aquifers）和盐穴储气库（salt caverns）（Trapmann 2004）。天然气存储是一种中游资产，对燃气营销商和贸易商具有极其重要的意义。枯竭的气田是地下储气库的最主要形式，占总存储能力的 82%。含水层储气库占 15%，盐穴储气库占了剩下的 3%。伊利诺伊与印第安纳拥有占全美 66% 的含水层储气库；得州和路易斯安那则拥有 69% 的盐穴储气库。

一旦拥有或控制了库存天然气，就使营销商和地方分销公司能够保证未来的配送。它的另外一个好处，是使分销公司可以通过积极地经营库存来应对天然气价格的波动。公用企业在低价时买进并存储天然气，待到价格上涨时售出，以这种方式来经营它的库存。在需要时从储气库购买天然气的权利（即便到时不提取天然气，这一容量的费用也要照付），也可以出售给第三方。储气库所有者也可以把存储空间租赁给天然气供给链上的其他组织。天然气的存储同样减弱了对输气管道容量的依赖，其输送量已达到或接近总容量。

根据能源信息署的报告（Trapmann 2004），2002 年，天然气地下总的存储容量达到了 82 070 亿立方英尺。仅四个州就拥有了总储量的 41%

强：密歇根拥有总储量的 12.6％，伊利诺伊有 11.5％，宾夕法尼亚与得克萨斯分别有 8.7％和 8.5％。

经验表明，在天然气分销部门，存储容量是一个关键性要素。2000—2001 年冬天的天然气短缺，使人们看到了现货市场上价格高涨的戏剧性一幕。如果该产业在此前的夏季充分利用了现有的存储容量，就可能避免某种程度的短缺和价格上涨。当天然气产量的提高满足了需求时，危机很快被化解："当该产业以增产来回应危机时，人们惊奇地看到，现有存储设施的空间迅速被充满，价格应声回落"（Craddock and Hogue 2004，p. 60）。

过去，天然气生产商会在夏季储存天然气，那时对管道的需求压力相对较小，天然气的成本也比较低。储存的天然气将在较冷的冬天取出，来满足高峰期需求。然而，现在天然气越来越多地被用于夏季来满足空调的需求。因此，天然气不再像从前那样在夏季降价。实际上，据一些产业观察家预测，燃气发电站将很快会造成夏季需求高峰，与冬季需求高峰持平。

为了容纳不断增长的燃气使用量并改善供给的可靠性，国家正在规划一些燃气储存工程项目。所增加的存储容量将使得在淡季可以买进更多的燃气，在下一个冬季来临之前填满储气库。然而，新英格兰以及大西洋中部沿海各州的沿岸几乎没有地下储气条件。在这些地区的许多公用企业正在发展液化天然气储存设备，以保证严寒时期的供给。更多的液化天然气港和存储设施的建设也被提上了日程。

未来供给的预测

据美国燃气协会（American Gas Association）提供的资料显示，在美国，有相连的 48 个州拥有充足的天然气资源基础——足够维持到本世纪后半叶。但是，据估计，天然气生产所维持的水平将无法满足可见未来每年的需求，必须通过天然气的补充资源来满足日常需要。补充的天然气包括由管道输送的阿拉斯加和加拿大的天然气，以及从海外进口的液化天然气（Shere 2004；Vital 2004）。

除了北美天然气储备量下降之外，该产业的主要趋势还包括：（1）日益全球化；（2）亚洲天然气需求的增长；（3）世界范围内输气管道容量有限。到 2005 年，美国传统产区预计只能够提供全国燃气需求量的 75％；供需的缺口预计要靠液化天然气的进口和北极的天然气来补足。绝大部分的补充性供应预计来自加拿大的管道输送（Vital 2004）。

尽管墨西哥有着可观的天然气资源基础，但其国内的需求预计会与其天然气基础设施的发展保持同步。2002 年，墨西哥的天然气管道进口翻了一番，达到 2 630 亿立方英尺。国外天然气主要通过位于得克萨斯、亚利桑那和加利福尼亚的 11 个边境通道进入墨西哥境内。

液化天然气：未来的供气来源？

液化天然气是气态天然气冷却到华氏零下 260 度时的存在形式。在这一温度下，气态天然气转化成为液态，这样就能够被装进保温储罐中。液化天然气由海外的生产中心用特殊建造的轮船运输进来。在到达目的港卸船后，液化天然气进入接收终端，在那里储存并被再次气化，并分销给管道公司、营销商或是终端用户（Costello 2003）。

液化天然气的供应链主要由四部分构成：（1）气田的开发；（2）天然气的冷却液化；（3）装罐运输；（4）终端的接收、存储与再次气化。供应链上的所有设施，都是高度资本密集型的。今天，美国的液化天然气进口主要来自特立尼达与多巴哥、卡塔尔、阿尔及利亚、尼日利亚和阿曼。

2003 年，美国仅有四家液化天然气再气化终端（regasification termi-nals），基础负荷容量约为每天 23 亿立方英尺，高峰负荷发货量为 32 亿立方英尺。最早的再气化终端位于马萨诸塞州的埃弗里特（Everett），靠近波士顿，从 1971 年开始经营。现在，该终端正处于扩建过程中，以便为附近一家新建的发电站服务。其他的终端还有：佐治亚州靠近萨凡纳（Savannah）的厄尔巴岛终端（Elba Island Terminal），路易斯安那州的查尔斯湖（Lake Charles Terminal）终端，以及马里兰州的科福波伊特终端（Cove Point Terminal）。查尔斯湖终端竣工于 1982 年，但仅运营了一段时间就关闭了。1999 年，它重新开张。就储气能力而言，它是美国目前最大的液化天然气进口终端。科福波伊特终端竣工于 1978 年，但是在 1980 年就停止运营了。它在 2003 年被重新启用。除了这四家终端之外，阿拉斯加的液化天然气设施为日本市场加工和出口天然气。

由于从海外进口的天然气很少，因此天然气已被提升为实现能源独立的战略性因素。另外，进口天然气约有 70％来自于非欧佩克国家（Shere 2004）。

人们并不期望液化天然气能够迅速缓解北美日益严峻的天然气短缺局面。现有终端稀少和增添新设备成本巨大，很可能会在一段时期内阻碍该产业的发展。下面的这段陈述可以说是总结了目前人们关于液化天然气发展潜能所作出的推测：

> 液化天然气的确可以提供一些天然气，但是并不能指望它提供足够的天然气去弥补［供需之间的］不平衡。但是，它或是可以帮忙回收巨大的基础设施投资，或是随着液化天然气现货市场的发展会在夏季变得更加充裕，因为那时主要来自北半球的全球市场竞争会较弱。但是不论怎样，液化天然气都不会被视为解决市场不平衡的治本之道（Craddock and Hogue 2004，p. 62）。

小　结

自 1996 年以来，燃气输送费用降低，供给更加充足可靠，而且——到目前为止——终端价格总体下降，燃气分销公司和用户都从中受益。天然气作为燃料用于发电和工业加工的需求持续增加。尽管天然气需求出现增长态势，但是，由于在俄克拉何马、得克萨斯和墨西哥湾浅水区的传统北美气田的陈化，国内供应量却在下跌。两种因素合在一起，使得供需平衡上的这种紧张关系导致了天然气价格攀升至接近历史高位。燃气价格的涨落速度远远快于其他能源供给。

2001 年至 2002 年，受安然公司的影响，一些能源贸易公司纷纷破产，这使得在不受管制的业务领域投入大笔资金的很多公司遭遇重创。许多大型控股公司已经放弃或者大规模缩减了它们在能源贸易方面的业务。

天然气产业的经营活动大致可划分为三类：上游、中游和下游活动。上游活动是由勘探、生产和钻井公司来完成的。这些公司打井钻气，然后把天然气从地下抽上来。中游活动包括收集天然气，把它加工成碳氢化合物，并储存起来供日后输送或留作他用。利用州际管道批发运输天然气通常也被视为中游活动。下游活动包括由地方分销公司（燃气公用企业）将天然气运送给终端用户。地方分销公司或是由普通股股东所有，或是地方政府所有，如市、县或特别公用事业区。分销公司负责购买、运输、分销和转销天然气给终端用户，包括居民用户、商业用户、工业用户以及越来越多的燃气发电公司。

在传统上，天然气通过燃气传输和分销系统的物理流程，遵循着一条直接的路径，天然气所有权连同保管权由生产公司传至管道公司，最后传至分销公司。如果天然气终端用户与输气管道直接连通，就可以省去分销公司这一环节（EIA 1996）。天然气产业的结构调整改变了这种直接的系统。今天，这一物理流程仍保留原样，但是所有权模式已有所不同。就像营销商和客户一样，地方分销公司可以从生产厂家那里购买燃气。他们都必须各自安排燃气的输送。地方分销公司或营销者再将天然气转卖给他们的用户。在天然气产业中，能源批发经销公司是一种相对新型的机构。这些组织同时从事着中游和下游的一些活动。

天然气在家庭、企业、发电厂和工厂中被用于许多方面。在截至2003 年 10 月底的 12 个月中，天然气在四大主要的细分市场中的消费份额是：工业消费占 36.5%，居民消费占 23.5%，发电消费占 22.7%，商业消费占 14.4%。包括管道燃料在内的交通运输业消费占 2.9%。工业用户将天然气用来进行空间取暖、在加工过程中提供热能、产生蒸汽能源，以及作为机器或加工设备的原料供应。对天然气有高度依赖性的产业包括：糖的生产与加工、化学药品与化肥的制造，以及铝的生产。居民用户是天然气的第二大用户群体。居民用户为公用企业创造了最大的利润份额，构成了最多的客户数量。

1978 年以前，天然气产业面临着长期的供应短缺。联邦政府设置了人为的管制性低价，要求生产商以此价格在州际贸易中销售天然气。1978年，国会通过了《天然气政策法案》。该法解除了对天然气井口价格的管制。放松管制使得竞争性的天然气井口市场，包括天然气现货市场，在

20 世纪 80 年代早期得到了发展。

1985 年，联邦能源监管委员会颁布了第 436 号令，要求州际管道公司按照先来后到的顺序输送地方分销公司或终端用户拥有的天然气。联邦能源监管委员会于 1992 年发布了第 636 号令，要求管道公司拆分它们的服务。管道公司向公用企业或终端用户提供的任何一项服务——比如燃气的销售、输送或储存——都必须分别供给、分别定价。

天然气经营者关注三种定价水平：井口价、城市门站价和终端使用价。在大多数州，公用事业委员会负责为其辖区内受管制的分销公司确定合适的费率基准与可容许的运营费用。

进一步阅读的文献

MacAvoy，Paul W. （2000），*The Natural Gas Market：Sixty Years of Regulation and Deregulation*，New Haven，CT：Yale University Press.

Shere，Craig （2004），*Natural Gas*，Standard ＆ Poor's Industry Surveys，May 13. www. netadvantage. standardandpoors. com/docs/indsur///ngd.

Trapmann，William （2004），*The Natural Gas Industry and Markets in 2002*. Washington，DC：Energy Information Administration，Department of Energy.

第 15 章

经典教材系列
公共行政与公共管理经典译丛

供水与污水处理产业中的挑战

　　水是生命的绝对必需品之一。如果没有稳定、清洁的淡水供给，城市就永远不可能出现，更不用说得以繁荣了。一旦水源变质，疾病和死亡就会接踵而至。因此，一些最早的土木工程技艺，就是建造引水渠，将清洁的水从遥远的水源处输送到城镇居民那里。这些供水系统的发展使得早期世界文明的发展成为可能。像印度、美索不达米亚和西半球的社会进化，经常被发现是建立在庞大的集水、输水和配水的公用系统之上的，这种公用水务系统被用于灌溉、人用和同样重要的防洪。供水与污水处理系统是所有现代文明必不可少的条件（sine qua non）。

　　美国早期的供水系统之所以得到发展，是因为当时供大多数人汲水的城镇或私人水井或是（1）不足以满足日益增长的人口需求；或是（2）受到周期性的污染，并带有许多水生的致命病菌；或是（3）不能提供充足的水来灭火；或是三者兼有。美国殖民时期第一个供水系统，是 1654 年在波士顿建立的，它兼具防火与民用两大功能（Glaeser 1957）。该供水系统从多处泉眼收集供给水源，但最终无法满足日益增长的城市用水需求。1796 年，波士顿人口已超过 2 万人；一个私有的供水系统获得特许经营权，负责向波士顿供水。水来自于 5 英里外的一个池塘，并通过引水渠被运到城里。

美国第二个供水系统位于宾夕法尼亚州的伯利恒市，于 1762 年投入使用。该系统从井中汲水，将其泵入城市给水干管，再配送到千家万户。首个成功的大型市政供水系统，1978 年始于费城，当时费城的人口已超过了 8 万人。这一供水系统首次使用了大型蒸汽泵来产生水压，并使用了铸铁的水干管进行配水。从 19 世纪开始，市政控制的供水系统成了供水系统建设的主要方式。污水处理系统发展得相对缓慢，但是它也很快采用了市政所有权的模式。

与几个特大型公司主导的电信和能源公用产业不同，水务产业被控制在单个城市的市政供水系统或几个相对小型的公司手中（Crew and Kleindorfer 1986）。但是，近年来的合并浪潮，导致在水务产业出现了一些横向一体化的巨型公司，而且经常是全球性的公司。很多这种大型的供水与污水处理营业公司，或者是法国的，或者是英国的。

水务产业的参与者

构成水务产业的大多数机构大致可分为以下六类。由于这里的很多机构不止服务于一个市场，因此把某一机构只归入某一类型是一种武断的做法。其中有一类——私有系统经营机构——在美国相对较新，而在欧洲已经成功运营一段时间了。这些机构根据私人承包合同，经营一家或多家市政供水系统；合同的有效期可以是 10～20 年，并包含有一次或多次续约的条款。主要的机构类型包括：

- 市政供水机构
- 农业供水机构
- 联邦机构
- 州供水机构和工程项目

- 城市污水收集与处理机构
- 私有的和公有的有毒物质处理机构

这些参与机构的出现，是为了实现广泛多样的各不相同却又相互关联的目标。一些机构的建立是为了降低水资源开发的成本与风险。一些机构的建立是为居民、商业、工业及农业的用户储水和配水；而另一些机构的建立则是为了收集、处理和处置污水。还有一些机构的建立是为了改善包括地下水在内的水资源的管理。另有一些机构的目的是利用水务区和公用水务企业可以获得的一些特殊的法律权力，例如，政府水务局可以利用征用权将私有水权地控制用于公益目的、对地方财产进行征税，以及发行免税债券用来进行水利工程建设（Sax et al. 2000）。专栏 15.1 描述的是一家典型的市政所有并经营的水务区的小型供水系统中的一些水务活动情况。

| 专栏 15.1 | 莱西市民的供水 |

保证充足供水以满足地方的需要，是各地供水系统管理者共同关注的问题。很多供水系统的管理者以及城市行政人员与决策者，都必须不断地采取措施来抓住所需水源的控制权，以便向现存的消费者供水，并应对未来一段时间用水需求的预期增长。位于华盛顿州的莱西（Lacey）小镇预测，到 2008 年，公用水务企业将无法从现有的地下水资源抽取足够的水来满足预计的需求。自 1978 年起，莱西市就开始从附近的奥林匹亚市买水，价格是每 100 英亩尺（acre-feet）23 美分。大批量的水通常以"英亩尺"为计量单位。一英亩尺的水量为一英尺深的一英亩水。家庭或商业机构用水通常以加仑为计量单位。送水管道里的水通常以每分钟多少加仑来计量。这一协议每 10 年重签一次。市政会向州生态部（State Department of Ecology）提出申请，要求批准挖掘新井以提高抽水量，增加供水量。估计通过这项申请至少需要 5 年的时间，甚至会更长。

该镇约有 1.6 万名居民，所用水源都来自当地的水井；其供水量受到固有水权的限制，这些水权被牢牢地掌握在西部各州的手中。该市正竭尽全力在各地寻找新的水源，并尽可能将水权争取到手。争取水权主要有两种办法。一种办法就是买断当地含水层的所有私有水权。举一个最近的例子，一位当地的地产所有人要将她 460 英亩尺的水权出售给该市，要价 41.4 万美元，该公用企业马上就抓住了这个机会。这一昔日的小型家庭农场，现在正在被开发用于工业和商业目的。城市供水管道已经被安装在该物业的附近，这使得该物业的所有者认为已经不再必须依靠小规模的私人供水系统了。得到这一私人水权的补充，意味着该市每年 6 991 英亩尺的原有初始水权增加了 6％以上。

资料来源：Christian Hill (2004)，*The Olympian*，September 15；July 27.

美国环境保护署根据所有制形式，将供水系统划分为三种类型：公有的、私有的和辅助性的（ancillary）供水系统。辅助性供水系统规模很小，通常为私人所有，供水给某些小型企业，如一家企业或一个活动屋园区。辅助性供水系统服务的人口不到美国总人口的 1％；私有供水系统为 13％；公有供水系统为 86％。表 15—1 列举了 1995 年美国供水系统的类型和收入情况。

表 15—1　美国社区供水系统的所有制类型、服务人口和年收入（1995）

所有制	数量（个）	占总数的百分比（％）	占总服务人口的百分比（％）	年收入（10 亿美元）
公有的	21 789	43	86	22.2
私有的	16 540	33	13	3.7
辅助性的	11 960	24	1	无数据

资料来源：Seidenstat et al.，2000，p. 6.

市政供水系统

19 世纪初期，几乎所有的市民用水都取自于公共水井，或来自送水车，它们将水送到每个用户的家中。由于伤寒等疾病的周期性暴发，以及用水需求增长导致的供水短缺，使得一些私有公司的供水系统得到了发展。但是，它们费率昂贵，并且只为城镇中的商业客户和富人区服务，因而招致了批评，这使得一些城市开始控制私有供水系统。

1978 年，大型的**市政**供水系统在费城首次成功运营。当时，费城的发展需要更多、更可靠的清洁淡水供给。于是，市政府主要官员决定筑坝拦截斯库基尔河水（Schuylkill River），并用明渠将水输送到城里。首家大都市供水系统于 1774 年在纽约动工，但是这项工程一直没能完成。1799 年，一家私人公司在纽约启动了一个小规模的供水系统，到了 1823 年，这一供水系统已经具备了超过 25 英里长的供水总干管，服务 2 000 多位用户。纽约市第一家小型的市政供水系统始于 1830 年。到了 1842 年，既有的供水系统已不能满足日益增长的用水需求，于是又建设了一条长达 40 英里的引水渠，将克鲁顿河水（Croton River）引入了城市。其他的大城市也积极效仿，包括波士顿、丹佛、洛杉矶、旧金山以及许多其他城市（Glaeser 1957）。

除了市政供水系统之外，很多县也为乡村和小城镇供水。这些供水系统主要由县公用事业部门经营，同时，这些部门还提供一些其他的服务，包括污水的收集与处理、暴雨排水，以及固体垃圾的收集与处置。

公有与私有的城市供水系统，为国内超过 80％的居民和商业用户供水，并为接近 20％的工业用户供水。尽管私有供水公司数量很多，但是，到目前为止，大多数客户的用水是由公有供水系统提供的，所有供水系统的客户中差不多有 85％的用户是从公有供水系统获得用水的。然而，将市政供水与污水处理系统的经营与管理权以多种形式外包，在美国正在快速成为一种鲜明的趋势。这一趋势将在本章后面谈及竞争和私有化的部分予以更详细的讨论。

美国大多数污水处理系统都是市政所有的，并且从一开始就是如此。2000 年，美国共有 16 255 家市政污水处理系统和 21 167 家市政污水收集系统。在美国，这些污水收集与处理系统为全美国将近 72％的人口服务（Seidenstat et al. 2000）。

农业供水机构

在建设与经营农业灌溉系统方面，发展出了几种不同类型的组织。在干旱的西南各州，农业灌溉有很长的历史。美国西部最早的灌溉水渠，是由美国各土著部落共同建造起来的。18、19 世纪，西班牙人来到美洲大陆，他们继续以共同行动的方式来建造社区的**灌溉水渠**（*acequias*），或灌溉水道（irrigation canals）。这些水渠是由用水者来修护的，并由民选的部落总管（mayordomo）或水渠老板（ditch boss）来指挥。这些组织在新墨西哥也发挥着同样的作用，而且经常是很多乡村社区的关注焦点（Sax et al. 2000）。当摩门教徒进入美国西部之后，该教会接管了发展灌溉系统和分配水资源的任务。

到了 1850 年，摩门教会的灌溉系统共浇灌着 16 000 多英亩的农田。该教会占主导地位的犹他州议会在 1865 年通过了一部法律，允许一个县中的绝大多数市民成立灌溉区（irrigation district），它拥有征地和征税的权力。

美国南北战争以后，新的供水组织发展起来。由于移民的居住地离水源较远，因此，土地的开发者有时就会成立公司，从遥远的水源处把水运来。这些早期的水渠供水公司（carrier ditch company）经常缺乏良好的规划，管理也不完善，因此很快就消失了。今天，私人投资的水渠供水公司已经所剩无几，它们只在加利福尼亚和得克萨斯仍然占有重要地位。

大多数早期的农业灌溉供水组织，已经被互助供水公司（mutual water companies）取代。这些合作性的供水组织同以往西班牙人的灌溉水渠（Spanish *acequias*）以及摩门教的社区工程非常相似。灌溉者们组织起一个非营利性的公司，建造水渠，把水引入农田。每个成员都在公司拥有股份，它与每个成员所获得的水的份额比例相当。在干旱年月，供水分量的削减遵循同一原则。为了筹集资本，公司成员将他们的资源集中在一起，并将他们的土地作为抵押。

在西部各州所有的农业灌溉供水组织中，有将近85％的公司是互助供水公司；它们为大约20％的农田灌溉以及一些社区提供用水。它们在科罗拉多州和犹他州具有特别重要的作用，分别为这两个州70％和90％的农田灌溉提供服务。

水务区

灌溉区是一种地方政府组织，它负责为辖区内的农民提供用水。灌溉区由选举产生的董事会治理，其"股东"就是该区内的所有选民。水务区的主要权力就是能够依法征用岸边的水权（河岸的权利仍归沿水源岸边的牧业所有者拥有）。同时，它们还有权征地，向当地物业征税，以及出售债券，债券是由其征税权来担保的。另外一种类型的水务区是自然资源保护区（conservancy district），它负责协调单一集水区中的用水。还有一些自然资源保护区是为了管理地下水的开采而成立的。

灌溉区为美国西部将近25％的灌溉农田供水，为加利福尼亚和华盛顿一半以上的灌溉农田供水。此外，水务区还为大量住宅、商业和工业用户提供用水服务。南加州大都市水务区（Southern California Metropolitan Water District）是美国最大的水务区之一，它为其经营区域内的更小的水务区和市政运作输入并分配用水。

水务区被授权从事集水，建造水库、水渠和其他灌溉设施，以及向区内的居民分配用水的工作。大多数水务区还被授权提供一些相关的服务，如水电的生产和销售。

政府水务机构

联邦政府涉足水务产业，始于 19 世纪美国陆军工程兵团（U. S. Army Corps of Engineers）计划扩建和改善水路运输工程。联邦政府首次实际参与灌溉工程，是在 1902 年《拓殖法案》（Reclamation Act）颁布之后。根据这部法律，联邦政府开始建设灌溉工程，把水卖给西部的农民。在一段时期，卖水所得收入被用来偿还政府投资灌溉工程的无息成本。

1902 年成立了土地开垦局（the Bureau of Reclamation，简称 BOR），它隶属于美国内政部，负责执行《拓殖法案》的各项规定。100 年后，该局成为国内最大的水务批发者，并且是美国西部的第二大水电生产者。该局的水利工程为美国 3 100 多万人供水，为西部 17 个州的 1/5 的农民提供灌溉用水，灌溉农田面积高达 1 000 万英亩。

土地开垦局开发、经营、保护用水以及相关的资源，它已成为美国西部的第五大公用电力企业，管理着近 350 座水库、58 个水电站、300 多处休养地。到 2000 年，该局已建设了 600 多座水坝、16 000 英里长的水道和灌溉水渠、280 英里长的隧道、50 个水电站和 140 个泵站。目前该局正在进行的项目有环境保护、水资源保护、水的循环与再利用，以及与客户、州政府和美国土著部落建立伙伴关系（BOR 2004）。

各州的水利工程

在开发水资源方面，除了加利福尼亚之外，各州政府发挥的作用都不如联邦政府。在正常的年份，加利福尼亚州调水工程（State Water Project）为城市和农业水务区供水大约 250 万英亩尺。该工程包括大约 30 座水库、5 座水电站、650 英里的水渠与输水管道，以及 20 个泵站。水从北加州穿越蒂哈查皮山脉（Tehachapi Mountains），经由隧道送到南加州，以补充民用水的供给。蒙大拿州、得克萨斯州和犹他州也开发了灌溉工程。

水务产业的立法控制

　　20 世纪 70 年代初期，两部联邦法律的通过，大大加强了对美国人处理污水方式的控制，也加强了联邦政府对保护国内饮用水的参与程度。第一部法律是 1972 年通过的《联邦水污染控制法案》。很快，它就成为人们通常所说的《清洁水法案》。该法授权环境保护署实施控制污染的项目，并针对地表水的污染物设定水质标准——其目的是清洁河流、溪流与湖泊。该法还对污水处理厂的建设提出了日益严苛的规则，同时为建设新的污水处理厂提供大量基金。该法自通过以来，已经历了多次修订。

　　第二部关于水质的法律，是《安全饮用水法案》，它最初是由国会在 1974 年通过的，目的是通过监管国内的饮用水供给（potable water）来保护公民的健康。起初，《安全饮用水法案》专注于专供人类消费的饮用水处理。经过 1986 年和 1996 年两次修订后，该法的专注焦点进一步包括了确保源头饮用水的安全与清洁。

　　《清洁水法案》要求各州监测其水道中的杂质及化学物质的最大日负荷总量。此外，各州必须确保水中最大日负荷总量不得高于《清洁水法案》中设定的标准。并非所有的州都有能力执行这些规定。对那些没有能力这样做的州，就要由环境保护署来提供这种服务。1981 年的变革，改善了由城市基金项目建设的那些污水处理厂的能力。1987 年的改革取消了城市基金项目，代之以州水污染控制循环基金［也被称为州清洁水循环资金］，它利用环境保护署与州政府的合作伙伴关系来资助这些工程。

　　《安全饮用水法案》的目标是通过监管公共饮用水供给来保护公民的健康。该法要求环境保护署为健康饮用水建立全国性的标准，防止自然发生的或人为造成的水污染。该法先后修订过两次，第一次是在 1986 年，第二次是在 1996 年。1996 年的修正案认为，水源保护、操作人员的培训、资助供水系统的改善以及公共信息，是安全饮用水系统的重要构成要素。《安全饮用水法案》适用于全国几乎每一个公用供水系统。唯一不适用该法的是那些少于 15 个连接点，或每年至少有 60 天其每天服务的客户不足 25 位的供水系统。到了 20 世纪末，超过 17 万个公共供水系统都处于《安全饮用水法案》的管辖范围内。

对供水系统的大多数监管工作，都由州饮用水工程负责。各州可以向环境保护署申请"先行权"（primacy），即如果各州能够证明自己的标准起码与联邦的标准同样严格，它们就能被授权在各自的辖区内实施和监控《安全饮用水法案》的项目。它们还必须确保他们的供水系统达到了那些要求。截至 2000 年，仅有怀俄明州和哥伦比亚特区尚未得到这种先行权。

水标准的确立经历了三步过程。首先，环境保护署确认水中包含的各种有害物质。其次，为每种污染物划定一个最高的含量限度，如果水中污染物含量低于这一最高值，便不存在对健康的已知的或预期的危险。最后，明确规定公共供水系统提供给任何用户的饮用水中所允许的最大污染水平。这一水平既应是可执行的标准，又要尽可能接近安全饮用水的目标。环境保护署还推荐合适的处理技术。公用水务公司必须遵循环境保护署的标准，并要每年提交进展报告，其中要包括其供水中所含的在名单上所列的所有污染物质的检测情况（EPA 1999）。

1974 年的《安全饮用水法案》为监管水中的化学及微生物污染物建立了一系列标准。该法还明确了联邦政府与州政府对地方公用供水企业的监管责任。自 1975 年以来，该法几经修订，各种标准与规则逐步确立，它监控的污染物数量越来越多，对污染物含量的限制越来越严，明确指定了各种处理技术，并监督和报告各项要求的执行情况。1996 年的修正案要求环境保护署为该法在各州的执行制定指导方针。

水的收集、储存与配送

淡水来源主要有两个：（1）溪流、河水、湖泊及径流，它们构成地表水系；（2）从地下含水层抽上来的地下水。地下含水层中所含的淡水量比溪流、河水、湖泊总共的淡水量高出 30 倍左右（Glennon 2002）。

地球上约 96% 的水存在于海洋中，这部分水很咸，无法饮用或灌溉农田。剩下的水，大约 1% 为微咸水（brackish）——不如海水那么咸；它能够用来灌溉某些庄稼，但是对于人类消费来说，它还是太咸。另有 2% 的水处于冰冻状态，由于极地冰帽融化的速度持续快于其补充的速度，造成冰冻水的比例正在逐渐下降。剩下不到 1% 的水量是能够采集到的饮用水，存在于湖泊和水库、湿地、河水、溪流、地下含水层或空气中的水分之中。

从总体水量上讲，美国拥有的水量足够满足现有的用水需求（居民、商业、工业及农业用水），并且还保留有绝大部分水流。在通常的年份，降雨或降雪平均每天贡献 13 800 亿加仑流量。这样的水量是现在的采水量的四倍多，是实际消耗水量的 13 倍多。但其中大量的水并不在人们需要的地点或时间。例如，美国的东半部降水充足，那里绝大多数农民不需灌溉就可以使庄稼生长。但是，在美国西半部的大部分地区，情况正好相反。此外，在每个地区内，以及不同的年份之间，情况也会有很大的差异。

很长时间以来，美国西半部的农民、商业和工业用水户以及市政供水机构，都是通过抽取地下水来满足自己日益增长的用水需求。地下水是雨雪渗入地下含水层所形成的水流。每天都会有 600 亿加仑的水返回地下含水层。然而，一些地区地下水的开采量超出了大自然为含水层补水的能力。现在，地下水占公共供给的居民用水的 40% 以上，占所有淡水使用量的 23%。在美国的一些地方——尤其是大平原（Great Plains）和西南地区——地下水位迅速下降；得克萨斯州的地下水位自 1992 年以来平均每年下降 1.35 英尺。地下水位的下降经常导致含水层土层的压缩与地表土壤的下沉。例如，在过去的 50 年里，加利福尼亚中央河谷地区的地表下降了将近 30 英尺。

系统相互联结的困难

在大多数情况下，水无法以经济的方式长途输送，像电力系统那样把供水或污水系统联结成大规模的网络也不现实。正如下文所解释的，供水与污水的长途运输确实没有什么好办法：

在供水与污水处理产业，产品的长距离"运输"不像能源产业那样具备技术上的可行性。通过引力流管道（gravity-flow pipelines）抽水所耗费的能源成本非常高，饮用水的水质会随着时间与距离的加长而下降，不同水源的水混合在一起也会产生不良的反应。同样，长途运输污水，会增加水流变腐的风险(Seidenstat et al.，2000，p. 17)。

针对水资源的收集与运输所面临的诸多挑战，一项成功实施的解决方案，是由成立坦帕湾水务公司来实现的。坦帕湾水务公司是一家单纯进行批发的公用水务企业。1996 年，佛罗里达议会要求该公用企业和地方政府估算地区用水需求，并就如何确保未来各方供水的方式提出建议。

坦帕湾水务公司被授权控制所有供水和输水的基础设施，包括 100 多口采水井，160 英里长的输水总干管，其输水容量高达每天 3.65 亿加仑。这些基础设施包括：（1）水文与生态监测站；（2）井泵；（3）化学药品的储藏；（4）污水处理的输入过程控制设备；（5）储藏罐；（6）大口径水管；（7）水表站；（8）监控与数据采集系统。该系统每年的预算为 1 300 多万美元，管理大约每年 2 500 万美元的设备改建（Rogoff et al. 2002）。

水务产业管理面临的挑战

从新世纪开始，供水与污水处理公用企业的管理者就面临着一些重要的挑战。其中比较突出的挑战涉及私有化与竞争、基础设施的现代化与发展，以及安全挑战，该挑战在 2001 年 9 月 11 日恐怖分子袭击纽约市的世界贸易中心和五角大楼之后受到人们的高度关注。下面将对这些挑战逐一进行细致的讨论。

水务产业的私有化与竞争

尽管竞争进入水务产业的步伐远不及在能源产业中那样迅速，但是在全球供水与污水处理产业的结构中，竞争已经站稳了脚跟（Nadol et al. 2000）。大多数观察家认为，在新世纪之初，我们可以期待私有化和竞争步伐的加快。根据一组水务系统的咨询专家的意见：

> 现在，内部与外部的竞争已经不仅仅是一种现实，而是 21 世纪初叶一股改变整个［水务］产业的力量（Dysard 2001，p. 85）。

起初，为了应对公共健康面临的威胁，市政供水与污水处理系统得到了发展。供水与污水处理系统的建设成本极高，加上政府可以获得低息资金，因而造成供水与污水处理系统基础设施的投资主体是政府，而非投资者所有的公用企业。但到了 20 世纪的最后十年，市政系统不再主导该产业，因为这时要达到环境保护署所强制实施的环境标准，其成本远非老化的国内系统所能够承担。由于国际水务控股公司能够带来外部资金进行所需的改建，因此它们在美国供水与污水处理产业中发挥着越来越重要的作用。这些国际性组织通常是在多个国家经营的，并提供多种层次和（或）多种类型的服务（见专栏 15.2）。

专栏 15.2　　　　巴黎威立雅环境公司：一家跨国水务公司

威立雅环境公司（Veolia Environment）为世界各地的政府、工业、商业以及居民客户提供用水与污水处理的管理服务，并经营一些能源与运输服务。公司于 1853 年在巴黎成立，取名里昂通用水务公司（Compagnie Générale des Eaux），起初是在南特（1854）、尼斯（1864）、巴黎（1860）、君士坦丁堡（1882）和葡萄牙的波尔图（1883）发展与经营市政供水系统。它于 1884 年开始经营水处理厂。到 20 世纪 80 年代，威立雅收购了一家废品管理与运输公司以及一家能源服务公司，至此，公司的经营范围不再局限于单一的水务产业。20 世纪 90 年代，威立雅又相继收购了几家通信与传媒公司。1998 年，这个经营多种业务的公司更名为维旺迪（Vivendi），并将其主要的水务子公司更名为里昂通用水务公司，用以纪念公司最初的成立。1999 年，该公司改名为维旺迪环境公司（Vivendi Environment），2000 年再次更名为维旺迪环球集团（Vivendi Universal）。

威立雅除了其正在进行的业务之外，还在 2002 年签署了一系列的合同，这些合同在其有效期内预计将带来 340 亿美元（300 亿欧元）的收入（1 欧元＝1.12 美元）。新业务的主要内容包括：

● 一份 3.9 亿欧元的合同：为巴黎污水处理的部分系统进行污水处理设备的更新；

● 一份 3.6 亿欧元的合同：为一家包装公司进行工业废水处理；

● 一份 15 亿欧元的合同：为荷兰海牙设计、建设和经营污水处理厂；

- 一份 15 亿美元的合同：在美国印第安纳波利斯承包市政水务系统的管理；
- 一份 46 亿欧元的合同：管理摩洛哥的拉巴特–塞拉（Rabat-Salé）地区的供水、污水处理与电力服务；
- 一份 100 亿欧元的合同：为中国浦东（上海的商业区）提供水务服务管理；
- 一份 7 年的可续合同：为伦敦的威斯敏斯特（Westminster）与坎登（Camden）地区提供居民和商业垃圾的收集与城市清洁服务，其总值超过 3.4 亿欧元；
- 一份 100 万欧元的合同：为澳大利亚 670 处场所管理工业废弃物；
- 与佐治亚州的萨瓦纳（Savannah）和南卡罗来纳州的查尔斯顿（Charleston）签订合同，经营垃圾发电厂；
- 与比利时、智利、捷克共和国以及其他国家签订的其他合同。

资料来源：Veolia Environment，2002 *Annual Report*（Form 20-F）.

20 世纪 80 年代，由私人承包商经营的市政系统不足 200 家。到了 20 世纪 90 年代末，据环境保护署估算，在 44 个州加上波多黎各的大约 1 200 多个系统，是由私人供应商承包经营和管理的。

基础设施管理面临的挑战

在供水与污水处理公用企业的管理者所面临的各种最严峻的挑战中，许多是由系统基础设施所产生的；这些基础设施因使用过度且年久失修而崩溃。服务区人口的增长，要求为系统的扩建争取投资的资源。在系统中必须实施联邦提出的一些强制性改进要求，以便达到日益严苛的公共健康、环境与污染控制的标准，这使基础设施老化的问题更加恶化。

最后一个但肯定不是最小的挑战，是为解决这些问题和其他问题而设法为改建和扩建筹集约 4 700 亿美元的资金。面对诸多挑战，供水与污水处理在今后几十年中必须解决的挑战性问题包括：

- 达到联邦管制的要求，包括安装昂贵的淡水质量检测系统，监督与控制废水排放，如果出现违约的情况，须交纳高昂的罚金；

● 查定因过去的长期使用且年久失修而造成的系统受损;

● 政治上对费率上涨——这种上涨是为达到健康与环保的要求支付巨大的成本——的日益强烈的抵制。由于纳税人的"反叛",社区正面临财政危机,没有能力支付所需要的投资。

1995 年以来,城市水务公用企业——无论其所有制性质如何——的管理者们为了能继续为其社区服务,不得不做出一些痛苦的决定。最容易做出的决定显然是裁员。1998 年对该产业的一项调查显示,很多接受该调查的公用企业都选择这一方式来削减成本。在许多情况下,当管理者试图对其系统进行必要的改进时,裁员这一念头就会反复萦绕在他们的脑海中。现在,公用企业的管理者们认识到,没有对整个系统和所有可能的替代方案进行合理的规划与分析就大规模裁员是不明智的。

更多的公用企业正在采用其他的方法来应对因其收入的降低或开支的加大所带来的挑战。最为流行的方法是私有化部分系统,包括将像抄表、收费、客户服务等这样的支持性服务外包。其他的公用企业则增加了在系统自动化方面的投资,与私人公司、其他的运送系统以及公私合作伙伴(public/private partnership,简称 PPPs)签订设计—建造—经营合同。

在协助供水与污水处理系统的管理者们满足其增长与重建的需求方面,公私合作伙伴具有最大的潜能。公私合作伙伴产业的特点在于,一些大型的跨国工程公司为了争取业务竞相投标,这样便引入了竞争,从而有望使价格保持在低水平。自 20 世纪 90 年代中期以来,这种合作合同的年增长率高于 20%,通过这种两位数的增长,也可以推断出可见未来的情况。R. W. 贝克公司(R. W. Beck Company)在 1998 年的调查发现,在接受调查的市政业务中有 35% 正计划采用公私合作伙伴合同的形式。同时,根据这一调查所总结的报告作出了如下的预测:

供水与污水处理产业面临着严峻的问题。全国各地的社区正在尽全力满足增长与设备更新的需求,同时感受到政治与公众对削减成本与稳定费率的压力。由于更多的社区专注于改善其竞争地位的需求,它们将倾向于采用这样一些选择,如内部重组、私有化、有组织的竞争、公私合作伙伴,以及其他一些方式,来实现它们的目标。只有那

些适应竞争环境并学会积极应对挑战的社区，才可能是下一个千年的
真正赢家（Dysard 2001，p. 90）。

供水系统安全面临的挑战

2002 年 7 月 12 日，乔治·W·布什总统签署了《公共健康安全与防
止和应对生物恐怖主义法案》（Public Health Security and Bioterrorism
Preparedness and Response Act）。该法案的第四章（Title Ⅵ）修订了
《安全饮用水法案》，要求每个拥有 3 300 名以上客户的供水系统进行一项
评估，确定自身在应对恐怖活动方面的薄弱环节。除了这项评估之外，每
个合格的公用供水企业还必须制定一套应急方案，该方案要反映以上评估
的结果。环境保护署提供了最高限额为 11.5 万美元的专项基金，帮助公
用企业支付该项评估的费用。

公用供水企业的应对方案，必须包括应对攻击供水系统的计划与实施
步骤，还要包括在针对公共供水系统的恐怖袭击或其他安全威胁的事件
中，能够被用到的所有设备的清单。新墨西哥州针对公用供水企业在应对
其系统的恐怖主义和其他安全威胁时能够迅速采取的行动，列出了下列清
单（New Mexico Environment Dept. 2003）：

1. 预防对公用设施的意外入侵
- 将所有的门上锁并设置警报。提升对水处理厂的安全警备。
- 限制对供水设施的接近，控制对水库的接近。
- 确保阀门、水表箱以及其他配送系统入口点的安全。控制对计算机
网络的进入。
- 在停车场、净化处理区（treatment bay）以及员工数量有限的区域
增加照明。
- 绝对不能把钥匙留在设备上或机动车中。
- 确保消毒剂（如氯气）随时可及。
2. 使所有员工都将安全置于首位
- 升级雇佣程序；了解你的雇员。

● 制定安全计划与方案；培训员工学会使用这些计划与方案。

● 确保与地方执法机构、公共健康、环境保护以及应急组织的通信协定。训练客户服务人员如何应对恐怖威胁电话。

● 建立邻里监督组织（neighborhood watch groups）。

3. 协调行动以有效应对突发事件

● 检查并改进现存的应急方案。

● 与地方执法部门建立紧密联系。

● 建立应对威胁的明确的指挥链（chain-of-command）。

● 对任何可能与供水有关的客户疾病作出报告，调查所有的客户投诉。

● 对各种威胁与可疑行为立即作出报告。

4. 改善安全与基础设施

● 评估水源地区、水处理厂、配水网络以及其他系统构成部分的薄弱环节。

● 尽快实施成本效益最为明显的设备改进措施，如防窃检修口盖（temper-proof manhole cover）、消火栓和阀箱。

应当注意到，并非每个人都对美国供水系统受到恐怖袭击的潜在威胁具有同样的担忧。贝里那托（Berinato 2002）进行了一次测试，目的是确定应当将"9·11"事件之后的网络恐怖主义（cyberterrorism）威胁视为"真实的"，还是视为"只是制造恐慌"。他描述了自己在这一测试过程中访问马萨诸塞州操作中心的经历。在了解了供水系统的计算机控制装置、整个供水系统的许多消毒的监察与制约措施（disinfection checks and balances）、安全密码，以及独特的系统特性之后，贝里那托得出的结论是：后一种观点更可能是对的。

小　结

美国早期的供水系统之所以得到发展，是因为当时供大多数人汲水的城镇或私人水井或是（1）不足以满足日益增长的人口需求；或是（2）受到周期性的污染，并带有许多水生的致命病菌；或是（3）不能提供充足的水来灭火；或是三者兼有。

与几个特大型公司主导的电信和能源公用产业不同，水务产业被控制在单个城市的市政供水系统或几个相对小型的公司手中。但是，近年来的合并浪潮，导致在水务产业出现了一些横向一体化的巨型公司，而且经常是全球性的公司。

构成水务产业的大多数机构大致可分为以下六类：市政供水机构、农业供水机构、联邦机构、州供水机构与工程项目、城市污水收集与处理机构，以及私有和公有的有毒物质处理机构。还有第七种类型，即私人承包商，它们在该产业中正日益变得重要。

19 世纪初期，几乎所有的市民用水都取自于公共水井，或来自送水车，它们将水送到每个用户的家中。由于伤寒等疾病的周期性暴发，以及用水需求增长导致的供水短缺，使得一些私有公司的供水系统得到了发展。但是，它们费率昂贵，并且只为城镇中的商业客户和富人区服务，因而招致了批评，这使得一些城市开始控制私有供水系统。

美国环境保护署根据所有制形式，将供水系统划分为三种类型：公有的、私有的和辅助性的供水系统。辅助性供水系统规模很小，通常为私人所有，供水给某些小型企业，如一家企业或一个活动屋园区。辅助性供水系统服务的人口不到美国总人口的 1％；私有供水系统为 13％；公有供水系统为 86％。

美国大多数污水处理系统都是市政所有。1996 年，美国共有 16 024 家市政污水处理系统和 20 670 家市政污水收集系统。在美国，这些污水收集与处理系统为全美国将近 72％的人口服务。

在建设与经营农业灌溉系统方面，发展出了几种不同类型的组织。美国南北战争以后，新的供水组织发展起来。由于移民的居住地离水源较远，因此，土地的开发者有时就会成立公司，从遥远的水源处把水运来。大多数早期的农业灌溉供水组织，已经被互助供水公司取代。在西部各州所有的农业灌溉供水组织中，有将近 85％的公司是互助供水公司；它们为大约 20％的农田灌溉以及一些社区提供用水。

1972 年的《清洁水法案》和 1974 年的《安全饮用水法案》，是美国管理饮用水安全各项规定的最主要联邦立法。《清洁水法案》确立了监管污染物排放的各项规则。《清洁水法案》的通过，是由于人们意识到：国家的河流与湖泊正在遭到污染，很多湿地正在干涸，并且随着房地产业的发展，其他一些无可替代的湿地正在消失。

进一步阅读的文献

Glennon，Robert（2002），*Water Follies：Groundwater Pumping and the Fate of America's Fresh Waters*，Washington，DC：Island Press.

Lauer，William C.（ed.）（2001），*Excellence in Action：Water Utility Management in the 21ˢ Century*，Washington，DC：American Water Works Association.

Seidenstat，Paul，Michael Nadol and Simon Hakim（2000），*America's Water and Wastewater Industries*，Washington，DC：Public Utilities Reports.

公用产业管理者面临的未来挑战

公用产业正处在自 19 世纪 30 年代大萧条以来所面临的最艰难的时期。该产业的各个部门所面临的重点问题包括：（1）针对公共基础设施随时随地都有可能发生的恐怖主义攻击的威胁；（2）伴随着资源供给下降而产生的经营成本上升；（3）日益提高的环境安全经营要求；（4）产业的结构调整，它带来了垂直一体化企业的拆分。

自 1935 年以来就存在的安全和有保障的监控体制，使投资回报得到"保证"，但投资者所有的公用企业现在却不得不从这种体制中转变出来。大多数人接受了回归市场定价和全球竞争的现实，而其他人却发现这种转变充满了艰辛。要想找到该产业今天所面临的问题的具体实例，只需回顾一下 2000 年和 2001 年加利福尼亚州的问题在该产业中所造成的破产、倒闭和紧缩开支即可。

公有的公用企业面临着一系列挑战，包括推进建设更小型、更具回应性的政府，以及对紧缺资本的竞争性需求。在这部分公用产业中，大部分市政能源和供水机构被私有化。这些趋势导致了将很多先前的公共职能外包出去。外包正在改变公有的公用企业的性质和经营原则。

在公用产业中，不论是公有的企业还是投资者所有的企业，其大部分基础设施都存在着某种程度的设备老化、低效和（或）过时的问题。很多原有的设备已经到达了其使用寿命的极限，必须被更换。与此同时，法律又要求这些公用企业的管理者必须扩大他们的生产、产出、传输和配送网络中的一个或多个，以满足需求。

为了使飞涨的成本和缩减的产能重新得到控制，公用企业将信息技术作为改善经营和恢复盈利的工具。例如，不久前，公用企业还只能对其广大客户中的极少数实行实时的消费量计量。对大多数的客户来说，抄表员只是每个月来一次，他们记录下表上的读数，再从本次的读数中减去上次的读数。公用企业给客户寄去账单，客户写一张支票付账，月复一月地这样重复进行。以互联网为基础的通信技术，使得这种方式的改变成为可能。这种改变使公用企业可以应用以需求为基础的计量技术，当客户对公用系统的使用出现了过量的要求时，会得到有关价格提升的预先警告。客户于是可以有所选择，或是支出额外的费用，或是改变他们的使用方式。不过，以互联网为基础的系统相当昂贵，较小的公用企业不得不抉择取舍：是投资于技术升级，还是投资于其他新的基础设施。

能源产业的主要问题

英国经济学家 T. W. 贝里（T. W. Berrie）在 20 世纪 90 年代初所撰写的著作中，研究了全球能源部门所面临的相关问题和选择，他发现该产业发生改变的"速度在加快、范围在加宽"。贝里（Berrie 1992）总结出了在下一个十年对公用事业管理者构成最大挑战的五个紧迫问题。各种事件表明，这些挑战已经并且将会持续地对该产业产生决定性的影响。贝里所指明的问题和选择包括：

1. 无论最终是哪种所有权形式占据主导地位（即投资者所有的、公有的、或是二者的某种结合形式），整个产业都必须确认有足够的合理收费来使所有关键部门在技术上、业务上、管理上、经济上和财务上保持良性的结构。

2. 必须在立法机关、地方当局、州和联邦监管机构、公用事业部门（生产者、传输者、配送者和营销团体）、客户以及普通公众的利益与目标之间寻找最优的平衡。

3. 无论所有权的形式如何，电力市场必须提高效率。这可以通过竞争（批发、零售或二者兼有）、动态的或实时的定价、电力期货市场、代理商以及经纪人来实现。

4. 管理者必须确保该产业的决策者对其他经济部门保持适当的关注，尤其是那些与电力产业具有竞争关系的部门，如煤炭、天然气、石油、风力和其他可再生能源的生产厂商。

5. 核能的问题必须被解决。由于天然气供应的急速缩减及其价格的相应大幅上涨，决策者必须寻找其他方式来增加新的发电能力。尽管对核电站有许多争议，但由于火力发电要付出沉重的环境代价，这使得很多公用企业对核能另眼相看。

这些就是电力、天然气、供水与污水处理产业的管理者们以这样或那样的形式所关注的关键性问题。

该产业结构的变化

能源产业的性质正在经历结构改变，其所包括的范围就像 20 世纪 30 年代所发生的变化那样广泛。2003 年在美国东北部发生的大停电，使得一些观察家发问：产业的拆分在多大程度上削弱了北美电力系统的整体性和优势（Connor 2004）。

这时正在进行的两项结构改变是：（1）该产业的全面合并；与（2）该产业中出现的以费率为基础的目标的重新评价。联邦强制要求的结构调整，使得以费率为基础的改变成为必需，它反过来又产生了如何处理前期设备建设中的搁置成本问题。合并与收购被认为是投资者所有的公用部门

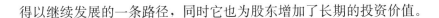

得以继续发展的一条路径，同时它也为股东增加了长期的投资价值。

电力的主要问题

推进泥足深陷的结构调整已经成为持续面临的难题，与此同时，替换、改进和升级老化与低效的发电、输电以及配电基础设施，在今天可能变得更为重要。每个部门都面临着以增加产能来满足快速增长的需求的要求。作为发电机燃料的天然气价格的持续上涨，再一次引发了关于所需的新增产能究竟应当转用煤炭还是核能作燃料的争论。

2001年加州的轮流停电和2003年美国东北部大部分地区与加拿大的断电，凸显了在加速规划新的发电量的同时，还需要加强对现有输电设施的控制。联邦能源监管委员会要求所有的输电线路都接受独立的区域性输电组织的控制，但这一方案与其他的结构调整和放松管制的措施一起止步不前。该产业的一位顾问对这一情况作出了如下描述：

> 自从电力放松管制开闸以来，覆水难收，推进这一运动的良好意愿也可能已付诸东流。由此造成的结果之一，就是市场无法证明将电力输送到终端用户的成本，已经在其可靠性达到可接受水平的前提下降到了最低。使最优市场或真正竞争得以形成所必需的制度和监管框架尚不完备或事与愿违。因此，我们的电力基础设施就像谚语中那条在风暴的海洋中飘摇不定的船，随时有卷入浪底的风险（Felak 2004）。

费拉克（Richard P. Felak）同时呼吁，北美电力系统的计划和运作应当向输电网开放公开竞争进入的机会，以便使所有的资源能够为所有的客户提供最佳的服务。费南等人（Dominique Finon et al. 2004）提出的许多观点，尽管重点谈的是欧洲电力系统的问题，但也同样适用于北美。其观点之一是：广泛开展的放松管制运动所形成的经济环境，似乎导致了扩展产能的投资普遍不足。这种被感知到的投资不足，表明需要加强电网间的相互联结，特别是在有互补性资源或供求关系的地区之间。

公共部门的问题

在这一公共部门，外包和私有化也是公用电力企业的管理者面临的重大问题。市政所有的公用企业受困于更新老化的基础设施以达到现代标准所需的资金。追随水务产业的先导，越来越多的市政公用企业同私人公司签订了长期的系统经营合同。承包人在合同中同意：（1）为此合同而支付一笔预付款；（2）每年缴纳分成收入；（3）投资于为维持和扩建系统所需的改建项目。根据罗斯的观点（Joao-pierre S. Ruth 1999），这通常能够使城市或其他政府辖区减少每年的运作支出，并同时改善所提供服务的质量。

天然气短缺对电力生产的影响

在 20 世纪 90 年代，天然气供应充足，价格通常低廉且稳定。当时的天然气价格为每百万英热单位不到两美元；到 2004 年，其价格接近了每百万英热单位六美元。许多大型的和小型的发电公司都开始安装低成本、低排放的燃气涡轮机，作为主要的或备用的发电设备。一个相对便宜的燃气涡轮发电机可以在不到两年的时间内完成安装和开始发电，相比之下，燃煤发电机的安装和投入运营则需要 7～10 年。从 20 世纪 70 年代以来，美国就没有再建新的核电站。然而，核能可能并不像它曾一度被认为的那样是一个过时的话题。形势的一系列变化改变了人们对核能的态度，而这反过来又降低了公众对于这种发电方式的抵制程度。总之，形势的这些变化使得在美国提出建设新的核电站的想法容易得多了——并且不是在遥远的将来去做，而是现在就做。2005 年 1 月 31 日的《福布斯》杂志的头篇文章对这种新的更有利于核能的环境进行了讨论：

> 美国的核能建设工业曾被推断已经死亡，但其实不然。如果石油价格保持高位，如果人们担心二氧化碳使地球变暖，如果中东持续动乱，那么核能就可能卷土重来，在这个世纪东山再起……在过去的五年里，原子能的支持者们静静地争取联邦和城市政府的支持，并且鼓

动通用电气公司和威斯汀豪斯电气公司（Westinghouse Electric）（现在是英国 BNFL 集团的一部分）开展一项野心勃勃的计划：到 2015 年建造大约 5 个新核反应堆，到 2020 年建造 12 个，到 21 世纪中叶达到 50 个（Helman et al.，p. 86）。

同样，北美也没剩下什么地方可以用来建水利发电站了，而替代性的可再生资源，如风能、太阳能和热能生产，只能为增加发电量作出很小的贡献。

到 2002 年，燃气涡轮发电机几乎构成了全国全部新增发电能力的来源。尽管新的发电机多数是以天然气为燃料，但美国绝大多数电力还是由煤电设施和核电设施生产的。50％的电力仍然靠燃煤产生，20％由核动力发电机产生，19％靠天然气，7％靠水电设施，4％来自其他能源。

从 21 世纪初算起，天然气的价格大约是过去的三倍。2004 年的市场价为每百万英热单位 6 美元多，一些公用企业现在为发电所付的燃气费用大于它们卖电所能获得的收入。随着对环境的监管越来越严格，很多现在正在生产的燃煤发电厂被迫安装大量昂贵的排放控制装置。专栏 16.1 出自一篇 2004 年的文章，它描述了该产业这个部门的发展状况。

专栏 16.1　　　　　　　　　　燃煤东山再起

美国的许多公用企业把退回到较早以前的技术当作摆脱这种困境的一种出路。在 36 个州被计划建设的燃煤发电厂有将近 100 个。如果全部建成，它们将为全国的电力产能增加 620 亿瓦左右的低成本电力。伊利诺伊州充当了回归燃煤的急先锋，它提出要建 10 个新的燃煤发电厂。退回到以煤为燃料，被视为保持电力低价并同时加强能源安全的唯一出路，它提供了替代国外石油和天然气的一种方式。

燃煤生产了美国一半的电力。然而，燃煤发电机也向空气中排放汞和温室气体，如二氧化碳、一氧化氮和二氧化硫。这些新电厂估计会对世界每年二氧化碳的排放量增加大约千分之一。环保组织提起了诉讼以阻止建设新的燃煤电厂。美国拥有超过 250 年的煤炭储备值，被称为"煤炭的沙特阿拉伯"。

资料来源：Mark Clayton, 2004, "The Coal Rush", *Seattle Times*, (February 27), A3.

最近天然气的短缺与价格攀升，迫使一些公用企业开始设计和（或）建造新的燃煤发电厂。然而，如果燃煤要保持它在发电产业中的主导地

位，那么就必须对与燃煤相联系的环境问题制定一种永久性的解决方案。

核能的挑战

怎样来进行核能发电，仍然是电力产业的管理者所面临的最艰难的问题之一。虽然自 1979 年以来没有新的核电站投入使用，但在 2004 年美国还是有 104 座核电站在运转。从全球来看，建设新的核电站的成本急剧增加。成本快速上涨和工期推迟背后的原因之一，是核工业各个部门之间缺乏协调。

从上一个执照申请被提出到现在，已经过了 30 多年了。然而，尽管这些设施中有些"年事已高"，但其性能却出现了重大的提升。根据美国能源部的资料，这种性能的提升，再加上矿物燃料价格的上涨以及对矿物燃料造成空气污染和全球变暖问题的关注，导致人们重新燃起了对建造新的核电站的兴趣。

在 2004 年，亚洲在建的新核电站有四个。该产业的一些人士也在探讨在北美新建一个或多个核设施的可能性。即使建造一个新的核电站的计划获得批准，新的北美核电站也要等到大约 2015 年才能投入运营。

核能发电站的要求

要使一个核能发电站投入运营，必须要有四类不同的组织：（1）建设管理组织；（2）提供工程和建筑设计服务的组织或团体；（3）提供核反应堆的公司［核蒸汽供应系统（Nuclear Steam Supply System）］；以及（4）购买和运营该设施的公用产业参与者。要想使建设的报价切合实际，并避免工程延期，就需要所有各方紧密协调，包括将所有的成本开支纳入预算。

在过去的 10 年中，建造核电设施的成本扶摇直上。与此同时，建造一座核电站所需的时间（生产周期）从平均 8 年延长到了超过 10 年。对 20 世纪 60 年代开始建造的核电站来说，其建设成本大致在每千瓦 1 500 美元的范围；但对 20 世纪 70 年代末开始建造的核电站来说，其建设成本就涨到了每千瓦 4 000 美元以上。这些成本上的难题是由一些不同的原因造成的，其中一些是：

- 监管要求的提高，它导致在建设核电站的过程中改变设计；
- 获得运营执照遇到的各种困难；
- 管理巨型工程遇到的难题；
- 对规模经济收益的错误估计；
- 对增加产能需求的错误估计。

　　到 2004 年，这些难题几乎全都被该产业成功克服了。现在，根据能源信息署（EIA）的估计，新技术（第三代）的核电设施的建设成本已经下降，现在建造一座大型单机核电站的成本大约为每千瓦 1 400～1 600 美元，而双机核电站的成本预计为每千瓦 1 210～1 365 美元。改进型的双机核电站的成本会更少，可能不会超过每千瓦 1 040 美元。

水力发电的挑战

　　北美绝大部分的水力发电都掌握在联邦经营者的手中。在美国，这些设施中的大多数在该国的西半部为消费者生产电能。但对此规律的一个最重要的例外就是田纳西流域管理局。自从 1925 年建成第一座大坝和发电厂以来，它就向美国东南部提供电力。田纳西流域管理局公用公司成立于1933 年，它被要求为田纳西河 4.2 万平方英里流域的自然资源的合理利用、保护和开发制定计划。

　　在 1933 年，西北太平洋地区的哥伦比亚河流域也开始了类似的发展计划。第一个哥伦比亚河的计划是波纳维尔水坝（Bonneville Dam），它位于俄勒冈州的波特兰市以东大约 42 英里处。华盛顿州接近斯波坎市的大古力水坝（Grant Coulee Dam）的建设，作为一项临时救助工程（relief project）开始于 1934 年，完成于 1942 年。该水坝的建设有三重目的：发电、灌溉和水运。为了管理哥伦比亚河大坝的发电系统以及其所生产的电力的销售市场，1940 年成立了波纳维尔电力管理局。直到 20 世纪末，波纳维尔电力管理局一直如期发挥着职能，但西海岸地区的电力短缺导致电压下降和价格陡涨，使情况出现了转变。国会要求波纳维尔电力管理局以优惠的方式向公有的公用企业提供电力。此前，俄勒冈州和华盛顿州的立法机关批准成立公用事业区。这些大部分位于乡村的公用事业区，作为优先的客户，经销波纳维尔电力管理局所生产的廉价水电。

到 20 世纪 90 年代，一些大型的公用企业和工业客户（主要是铝业公司）转向在批发市场上寻找更便宜的能源，并选择解除与波纳维尔电力管理局的合同（Burr 2004b）。当遭遇 2000 年和 2001 年能源短缺的打击时，许多这样的客户转回到波纳维尔电力管理局。由于这些客户有联邦政府给予的优待地位，波纳维尔电力管理局必须依法再一次将它们接受为自己的客户。所签订的合同使得需求增长了 3 000 兆瓦——超过了波纳维尔电力管理局发电能力的 30％。波纳维尔电力管理局不得不购买其他来源的电力，以履行自己的责任。这导致所有客户的电费费率增长了 46％。

一些其他的环境限制也造成了波纳维尔电力管理局在这一时期的困境。其中之一是优惠客户这个基本问题。投资者所有的公用企业游说要求取消优惠条款，以便使它们能够平等地购买波纳维尔电力管理局的电力。此外，波纳维尔电力管理局自愿同意自我拆分，将其覆盖广泛的电力传输系统剥离出来，变成一个独立的地区传输组织，它被称为西部电网（Grid West）。另一些问题包括该地区的持续旱情、受到威胁的鱼类数量，以及预算的严重不足。

然而，气候变化可能对该系统构成了最大的威胁。在 2004 年 2 月发布的最新的计算机气候模型（computer climate model）中，能源部的最佳案例情境（best-case scenario）预测，在接下来的 50 年内，沿海高山的积雪量将减少 70％。这可能导致在春季和夏季的月份水电产量大幅下降。政策制定者和公用事业管理者正越来越多地将风能和资源保护作为克服预期短缺的出路。这些问题及其他问题对联邦水电系统的很多方面具有同样的影响。

振兴电力部门需要做些什么

2003 年 8 月，独立的非营利组织全国能源政策委员会（National Commission on Energy Policy）发布了一项分析，指出了它认为电力产业面临的最主要的挑战（NCEP 2003）。下面是该报告的部分内容，它可以为公用事业管理者在 21 世纪的头十年所要完成的任务提供一个蓝图。该委员会在其研究报告的结尾提出了一系列建议，公用产业的各个部门可以采纳这些建议，使"出轨"的产业回到正道。

在该委员会指出的这些挑战中，首要的就是联邦能源监管委员会在促进有效率和有成效的批发零售的竞争方面所付出努力的失败。实施竞争遇到了以下障碍：（1）各州与联邦监管机构之间的冲突；（2）监管与立法的不确定性；（3）非法的和不道德的行为；（4）不良信誉；以及（5）公司倒闭，安然公司只是其中一个最突出的例子。

联邦能源监管委员会试图通过地区性传输组织（RTOs）来建立一个更有效率的市场，这导致了国内许多部门的困惑与对立。用天然气来生产电力，这曾经一度被认为前景广阔，现在却似乎变成了一柄双刃剑。一方面，最近五年来增加了超过十万兆瓦的相对清洁和低耗的燃气峰值负荷和基础负荷产能。然而，另一方面，许多地区的天然气价格居高不下而且动荡不定，并且没有任何改变这一状况的迹象。

另一个重要的挑战，是对各种类型的电力基础设施的投资大幅度下降。在联邦能源监管委员会澄清如何才能收回成本以及谁可以从投资中获得财政收益之前，预计投资将继续保持在正常值以下。每个州在引入零售电价竞争的意愿方面有极大的差异。在引入零售电价竞争的各州中，由于不能明显地节约成本，许多零售客户没有意愿转向其他参与竞争的供电商。

几乎所有那些早先曾表示愿意尝试引入竞争的州，都搁置了扩大零售业竞争的努力。电力零售营销商损失了数十亿资金却没有生产出可靠和盈利的产品。在该产业人们仍然困惑不解，究竟谁来负责将短期和长期的电力承诺的各种不同组合与其他的风险管理工具结合在一起。许多早先积极尝试建立可行的电力期货市场的公司，在遭受重创之后离开了这个市场。由于担心会被无法收回的沉没资本套牢，许多潜在投资者不再对电力产业的证券追加投资。

电力产业已经并将持续对环境产生长期的巨大的影响。该产业必须应对许多不同的技术，以及各种不同的监管机构和其他的利益相关者。这些只是增加了该产业的管理者所面临的不确定性。最后，它的整个系统极易遭受恐怖袭击，对该产业的保护，需要政府和私人部门的通力合作。

能源政策委员会就如何应对它在初步报告中所指出的那些挑战，提出了一些"原则性的"建议（"prototype" recommendations）（更详细的建议将在稍后发布)。根据在这些建议中的用法，"财务资产经理"（portfo-lio manager）一词是指这样的管理者，他将短期和长期的电力承诺的各种不同组合，与维持经济和可靠的电力服务所需的其他风险管理工具结合在一起。它可以是在该供应链中——包括发电、输电和（或）配电组织——任何一个或一组参与者。该委员会的建议可以根据其所适用的四类利益相关者分成以下四组：

对州监管者和消费者所有的公用企业的管理者：

1. 对居民和小型商业客户的零售电力分销，应当继续由受州和地方辖区监管的公用企业负责。如果任何一位客户决定解除受管制的服务，那么只有在对其他客户和财务资产经理不构成损害的条件下，才能允许他们在今后重续这种服务。在允许零售竞争的各州中，应该允许小客户至少每五年就有一次机会选择其他的供应商。

2. 选择受管制服务的大客户，应当被要求与财务资产经理签署长期的合同。不选择受管制服务的客户，应当在竞争性的零售市场上使自己的需求得到满足。

3. 消费者所有的公用企业的董事会和监管者，应当重视对良好的财务资产管理的激励。这包括建立基于绩效的监管体制，它以客观的标准和对管理者的激励为其基础。应当对受监管的财务资产经理实行问责，但也不应当采取任意和复杂的监管检查程序。

对联邦能源监管委员会：

4. 能源政策委员会虽然支持联邦能源监管委员会为维护对输电网和批发市场的无歧视传输准入所做出的努力，但也建议要考虑那些没有采取零售竞争的各州的需求。此外，该委员会敦促联邦能源监管委员会也考虑各州在确保可靠供给方面所扮演的角色。国会应当授权将这些要求适用于所有的输电系统，而不论其所有者是谁。

5. 国家电力系统应当对具有较长制造前置期（long manufacturing lead times）的关键性设备建立分散且看守严密的储备。除此之外，这样的设备应当尽可能地标准化。这些措施是保证系统的安全和可靠所必需的。应该特别注意维护监控和数据采集系统的安全。

对国会：

6. 联邦政府在长期的环境目标方面的更为确定的具体任务和时间表，以及为此而进行的合作，将会使社会和该产业的电力生产部门同时受益。国会应该建立一种整合性的监管结构，它要确立一种稳定、长期和分步骤的减排时间表，它既要考虑环境，也要考虑系统的可靠性。此外，市场机制应当被尽可能地使用，以便在鼓励创新的同时最大限度地降低服从的成本。

7. 国会应当在考虑成本效益和可行性的前提下，严格实施能源效率标准。

8. 2003 年 8 月美国东北部地区的大停电给出的启示是：对保证电网可靠性的规则的自愿服从体制已不再完全有效了。国会应当批准能够得到广泛支持的各种新计划，以使这些规则能够被强制实施，并使最终的监管责任保留在联邦能源监管委员会的手中。

对所有的决策者：

9. 电力交易的现货市场价格和交易量的更加透明，以及实时的报告，都是迫切的优先事项。实时的、提前一日的和长期销售的批发市场，只有当它们具有流动性和透明性的时候，才能运行得最好。

10. 在输电基础设施上的投资不足，是一个重要且日益严重的全国性问题。任何一种单一的解决方法都是不够的，需要新的技术和新的观念。联邦能源监管委员会也应该明确由谁来负责确定和从事对新的输电线路的投资。

11. 国会、联邦能源监管委员会和各州的监管机构应当推动各电力系统更大程度的相互联结，鼓励更多地进行区域性资源和输电网改善的规划。

12. 最后，迫切需要重振电力产业的研究和开发。在过去 20 年中，研发（R&D）规模缩小了超过 3/4。该委员会建议采取联邦税收鼓励措施和各州批准的公用事业投资，并用对电力分销的小额收费来弥补其成本。

联邦能源监管委员会的计划、目标和关键性创议

在联邦能源监管委员会 2002—2007 年的战略规划中，针对全国能源

政策委员会提出的大多数政策建议，制定了四个主要目标。每一个目标都包含着该监管委员会希望完成的几个关键性举措。下面便是这些目标和方案举措的样本：

目标 1：通过各种协调一致的政策，使基础设施安全、高质量并对环境负责。关键性的举措包括能源基础设施项目、电力生产的相互联结，以及改进水力发电许可证的相关规制。

目标 2：鼓励全国范围的竞争性能源市场，用其来替代传统的管制。关键性举措包括实现标准的市场设计，以及形成区域性的输电组织体系。

目标 3：通过对过渡中的能源市场的警觉和公平的监督，保护客户和市场参与者。关键性举措包括市场监督，以及处理申诉的替代性争议解决程序。

目标 4：战略管理机构资源。关键性举措包括开发联邦能源监管委员会在线项目、网上图书馆，以及建立绩效测评系统。

天然气的主要问题

天然气产业现在面临的最大挑战之一，就是保证天然气对所有用户的长期、稳定、安全和支付得起的供给。天然气已经变成了住宅、工业和发电市场的一项主要商品。因为它是一种相对便宜、清洁的高热效燃料，美国已经把天然气列为新发电机优先使用的燃料。20 世纪 70 年代石油危机后的能源自足运动，使得天然气需求开始超常增长。

美国天然气使用量预计将会从 2004 年的每年 22.14 万亿立方英尺（tcf），增加到 2010 年的每年 25.1 万亿立方英尺，到 2025 年将增加到每年 30.90 万亿立方英尺。在 2004 年，工业部门的消费占了最大份额，为 7.41 万亿立方英尺；居第二位的是电力生产部门（5.30 万亿立方英尺）。预计到 2025 年这两个产业的相对排位将会颠倒，电力生产部门的天然气使用量预计将达到 9.44 万亿立方英尺，而工业部门的使用量将达到 9.13 万亿立方英尺，其他部门的天然气消费量见表 16—1。

表 16—1　　美国 2004—2025 年天然气使用量的预期增长　　　每年万亿立方英尺

消费部门	2004	2025
电力生产	5.25	9.44
工业	7.07	9.13
居民	4.96	5.99
商业	3.09	4.11
运输	0.03	0.11
其他	1.78	2.12
总计	22.14①	30.90

　　　　资料来源：U. S. Department of Energy. Natural Gas Supply and Disposition, 2005.

　　电力生产厂家对天然气的需求占最终使用总量的比重，预计将会从 2002 年的 27% 微升至 2025 年的 29%。增幅最大的将是工业部门，其需求将会从 2002 年的 7.3 万亿立方英尺，上升到 2010 年的 8.4 万亿立方英尺，并在 2025 年达到 10.3 万亿立方英尺。住宅用户对天然气需求的增加幅度预计不到 1%（0.9%），而商业部门的用气需求从 2002 年到 2025 年只会增加 1.1%（EIA，June 2004b）。

　　尽管已探明的天然气储量在降低，但美国国内天然气的生产量预计在未来几十年却会增长。根据能源部的资料（EIA，2004a），这种增长将大多来自非传统气源。非传统气源（unconventional sources）包括致密沙岩（tight sands）[又称低渗透沙岩（low-permeability sandstone）]、页岩（shale）和煤层气（coalbed methane）。在 2002 年内陆 48 州（不包括阿拉斯加和夏威夷）生产的 18.6 万亿立方英尺的天然气中，42% 来自于传统的内陆气源，32% 来自于非传统气源，26% 来自于近海气源。到 2025 年，美国 48 个州的总产量预计将会增长到 21.3 万亿立方英尺。其中 43%——9.2 万亿立方英尺——预计来自于非传统气源。在美国洛基山脉地区，煤层气和致密沙岩的已探明储量是最高的；而在东北部地区，页岩层的已探明储量是最高的。

　　加拿大曾经是美国天然气主要的进口国。然而，加拿大原有气田产量在降低，而加拿大的国内需求在增加。液化天然气的进口，预计将会弥补

────────────

　　① 此处数据应为 22.18，原书如此，疑有误。

加拿大天然气进口量的减少；到 2015 年，液化天然气的进口量预计将会超过来自加拿大的天然气进口量。

美国液化天然气的进口量从 2002 年到 2003 年翻了一番，并且预计会长期强劲增长。在 2007 年至 2010 年之间，预计将会在大西洋和墨西哥湾沿岸开放 4 个新的进口接收港，其总数几乎翻了一番。在 2004 年，在这个地区有 4 个接收站在运作，第五个接收站在波多黎各，第六个接收站在阿拉斯加，液化天然气从这些接收站被加工并运送到日本。在 2003 年 12 月 1 日，能源部报告了关于建立另外 32 个新接收站的主动建议：8 个是在加利福尼亚的西海岸或者墨西哥，3 个在佛罗里达或者巴哈马群岛，14 个在墨西哥湾沿岸，7 个在美国东海岸或加拿大。

美国天然气产业预计仍然会受到联邦政府、州政府以及地方政府的广泛管制（Calpine 2002）。对公用事业管理者的挑战，是如何调整他们的经营来符合许多不同的甚至是相互矛盾的机构监管。每个监管机构都有自己的办法，可以用来实施联邦、州和地方的规则、规制和程序。这些办法包括罚款、处罚、吊销许可证和营业执照、影响其资产价值的措施，以及直接中止生产。一些环境规制在这一时期对该产业的影响最大，这些将在下面来讨论。

环境的挑战

联邦、州和地方政府已经建立了一些规制来保护环境、控制空气和水污染，并且监管公用产业的各个部门。这些规制涉及对地热资源和石油、液化气和天然气供应的探索和开发。其他的规制涉及气井、气田、管道和各种其他的中游设施和设备以及发电设施和输电线路的建设与运营。

还有一些规制限制排放物向空气和水中的排放。它们还包括湿地保护、濒危物种的保护、危险材料的处理与处置、废物处理，以及噪声的控制。根据这些法律和规制，建设和经营执照、许可证或其他批准证书，通常要经历相当长的时间和复杂的程序。不遵守任何一项规则都会付出极大的代价，并且可能导致失去经营许可。

与公用事业特别相关一些法律包括：1970 年的《联邦清洁空气法案》（Federal Clean Air Act）、《清洁水法案》，1990 年的《石油污染法案》

(Oil Pollution Act)、《安全饮用水法案》、《资源保护和恢复法案》(Resource Conservation and Recovery Act)，1980 年的《全面环境回应、补偿和责任法案》(Comprehensive Environment Response, Compensation, and Liability Act)。除了这些特定的事项之外，实施国家环境政策的基本方式也正在发生变化。公用事业管理者必须与体制的变化步伐——结构调整、规模缩减、外包和私有化——保持步调一致，这些变化导致该产业在范围和结构上出现重大动荡。

与此同时，政府的角色正在收缩，许多服务现在都是用户付费的，或者由私人部门的承包者提供。结果，私人部门被赋予了更为广泛的责任。此外，许多非政府组织承担了外部服务承包者的角色，这使非政府组织成为了政策制定的重要参与者 (Chertow and Esty 1997)。

减少温室气体

2002 年 2 月，联邦政府宣布了《总统关于全球气候变迁的行动计划》(the President's Global Climate Change Initiative)，该方案要在 2012 年将美国的温室气体密集度减少 18%。"温室气体密集度"(Greenhouse gas intensity) 被定义为美国温室气体的排放总量与经济产出之比 (EIA 2004a)。温室气体密集度的测量，是每 10 亿 1996 年美元的国内生产总值千公吨的二氧化碳当量。由燃烧矿物燃料产生的二氧化碳是温室气体的最主要贡献者，2002 年占温室气体总排放量的近 83%。

达成减少二氧化碳排放目标的最重要步骤，似乎是从用煤发电转变为用天然气发电。然而，天然气供应的下降、天然气其他用途需求的增加及其所导致的天然气价格的不断上涨，使得该产业对更传统的燃料来源刮目相看，其中包括煤和核能。

1990 年通过的《清洁空气法案》的修正案，减少了二氧化硫和一氧化氮的被允许排放水平，这导致更多的电力生产将天然气作为发电的燃料，同时也加速了旧有的燃煤发电设备的消失。《清洁空气法案》的修正案也将汞排放作为一种有毒的空气污染；据环境保护署的估计，全美汞排放量的 32.7% 来自燃煤发电厂。

2003 年，环境保护署对汞、二氧化硫和一氧化氮的排放提出了新的

296

规则。2004 年 4 月，10 个州和 45 名参议员向环境保护署提出请愿，希望环境保护署放弃它的提案，因为这些限制还不够严格。看到这些规则改变没有一个可以在 2005 年或者 2006 年前生效，马萨诸塞州、新罕布什尔州、俄勒冈州以及纽约州的萨福克县（Suffolk County）已经实施了它们自己对发电厂排放的温室气体的强制性削减。康涅狄格州已经通过了限制汞排放的法律。公用水务企业欢迎这些对排放的限制，因为它们不仅有助于减少空气污染，而且有助于净化供水。

最后，在 2003 年 8 月末，环境保护署开始修改有关发电机"例行维修"的规则和操作规程。这些规则对那些陈旧、强污染而又没有安装污染控制设备的发电设备的升级进行了限制，但并没有包括对不遵守这些规定采取法律行动的威慑性条款。这些改变在法庭上受到了 14 个州和哥伦比亚特区联合提出的质疑。

水务经营中的主要问题

在美国水务协会（American Water Works Association，简称 AWWA）的会员通讯《E-主流》（E-Mainstream）中，指出了供水与污水处理产业面临的十个重要趋势。2004 年，为解决当前公用水务经营中的问题，AWWA 举行了一次视频会议，上述这些"大趋势"被列在该会议的总结报告中（AWWA 2004）。它们包括下列危机主题：

1. 执行危机

越来越严格的规制，包括更多被确认的污染物，迫使公用企业制定代价高昂的方案以应对日益复杂的执行要求。

2. 基础设施危机

迫切需要增加和改善公用水厂和设施——预计到 2020 年的花费将会超过 1 万亿美元。

3. 财政危机

一些付费者已经为用水付出了他们收入的 4%，但公用企业还在继续提高费率。

4. 供给危机

人口增长、经济发展以及用水量的增加，导致了需求的增长，但水资源却仍然是有限的。在许多地区，若干管区为获得一处水源而展开竞争。

5. 信任危机

关于水源性疾病爆发的各种消息，使公众对公共饮用水的信任和信心大打折扣。此外，虽然消费者愿意花高价购买瓶装水，但他们仍然会对公共供水的高价格心存恐惧。

6. 规模危机

小型供水系统无法独立生存。一些与其他供水系统合并，其他的则形成各式各样的区域性供水系统。

7. 系统结构危机

当市政供水系统正在为供水系统的经营和发展寻找所需的资金时，私有化、设计—建造—运营的外包，以及其他服务提供商参与供水的其他各种方式层出不穷。

8. 人力资源危机

大量的熟练员工在接下来的十年将会退休，这将改变公用企业劳动力的性质和特点。在员工的多样性、招聘和挽留方面的挑战，将在未来几年显现出来。

9. 生产率的危机

在过去通常是受管制的自然垄断产业中引入竞争，要求发展高效率和高成本效益的支持性服务。

10. 技术的危机

计算机技术使用的不断增长、自动化系统的更广泛应用，以及其他各种创新，促使了公用企业修改其业务流程。

对供水与污水处理管理人员来说，这些趋势很容易被作为战略规划的主题。在上述关于重要管理挑战的清单中，还缺少的一个事项是安全问题。自从 2001 年 9 月 11 日之后，对恐怖分子袭击美国本土的担忧，已经变得非常现实。

保护国家的供水

保护国家的供水已经成为供水产业每个人都关心的首要问题。《安全饮用水法案》的第三章要求采用深井注入的方式处置各种废水，如盐水、工艺水以及石油和天然气生产所产生的废水。然而，深井注入并不能完全消除水井污染的阴影；水流不仅会通过多孔的地下蓄水层横向和向下渗透，而且会向上渗透。美国大部分饮用水是从相对较浅的水井中抽取的，废水注入会间接地导致浅水井受到污染的潜在威胁。

2002 年的《公共健康安全与防止和应对生物恐怖主义法案》要求每个服务超过 3 300 人的社区供水系统，都要对其整个运营过程进行薄弱环节评估（EPA 2004）。被认证的评估报告要按照下列时间安排呈交环境保护署：服务人口达到或超过 10 万人的系统的提交时间为 2003 年 3 月 31 日；服务人口在 50 000 人到 99 999 人之间的系统的提交时间为 2003 年 12 月 31 日；服务人口在 3 301 人到 49 999 人之间的系统的提交时间为 2004 年 6 月 30 日。

公用企业还被要求在呈交薄弱环节评估六个月之后，再呈交被认证的"应急方案"。到 2004 年年底，国土安全部（DHS）计划公布其应对恐怖主义和其他与安全有关的威胁的国家安全方位灾害计划。国土安全部计划中的大部分内容都是关于水安全问题的。

薄弱环节评估（vulnerability assessment）的目的，是帮助供水系统的管理者评估其对潜在威胁的敏感性，并确认旨在降低或消除意外行动的风险的正确行动。这些意外行动的范围，从简单的破坏行为，到内部的阴谋破坏和外部的恐怖袭击。这些评估检查了水的供给、输送、处理和配送系统的薄弱环节。环境保护署建议公用企业在其评估中考虑下列共同的因素：

- 详细描述供水系统及其管理组织，包括其使命和目标；
- 确认和排序破坏安全机制的负面结果；
- 确认哪些关键设备更容易遭受恐怖袭击；
- 评估来自政治反对派的破坏行为的可能性；

● 确认和评估现存的应对措施；

● 分析当前的和长远的风险，以及降低和消除来自内部和外部的各种风险的优先计划。

地下水供应的问题

地下水已经成为北美饮用水的至关重要的来源。在 2003 年，美国和加拿大总人口的 48%，以及乡村人口的 95%，其供水源自水井（AWWA 2004）。总体来说，2/3 的地下水汲取发生在美国西部。在 1995 年，像佛罗里达、新墨西哥、密西西比和夏威夷这样的州，地下水占所有饮用水的比例超过 90%（Glennon 2004）。

抽取地下水存在着这样的问题，即在很多地方，其损耗远远超过自然补充地下蓄水层的能力。特别薄弱的是美国的高原地区（High Plain region）。这一地区包括 7 个州。奥加拉拉蓄水层（Ogallala Aquifer）就在这一地区。在 1 万到 2.5 万年前，水从融化的冰川渗入这个蓄水层。

今天，这个地区只有很少的降雨量。因此，对于这个蓄水层几乎没有自然的补充。泵出的水得不到替代补充。大马力电泵的技术，使得整个地区的农民抽取地下水来灌溉庄稼，使当地成为苜蓿和小麦的主要产区。因为这种大马力电泵抽水，到 1977 年，在一些地方，奥加拉拉蓄水层的水位下降了超过 150 英尺。而消耗仍持续不停。

没有对奥加拉拉蓄水层进行某种形式的补给，这些州的农民们会很快发现，他们要重新使用旱田耕作技术。在美国，并非只有这一地区存在抽取地下水灌溉造成该地区出现严重问题的情况。例如，在加利福尼亚中央谷地的部分地区，抽取地下水造成地面沉降超过 30 英尺。在亚利桑那西南部，地下水的抽取和自然生态环境的破坏，造成了圣克鲁斯河（Santa Cruz River）完全消失。在佛罗里达，几乎所有的饮用水和农业用水都取自地下，河流湖泊干涸了，湿地消失了，在地面出现了巨大的陷洞。

小　结

　　公用产业正处在其服务一个多世纪以来所面临的最艰难的时期。经济学家 T. W. 贝里研究了全球能源部门所面临的问题和选择，并总结出在下一个十年对公用事业管理者构成最大挑战的五个紧迫问题：（1）获得足够的合理收费来使所有关键部门在技术上、业务上、管理上、经济上和财务上保持良性的结构；（2）在立法机关、地方当局、州和联邦监管机构、公用事业部门、客户以及普通公众的利益与目标之间构造平衡；（3）解决电力市场无效率的问题；（4）对其他部门保持适当的关注，尤其是煤炭、天然气、石油、风力和其他可再生能源的生产厂商；（5）解决有关核能的争议。

　　由于天然气供应的快速缩减以及由此导致的价格的大幅上涨，使决策者必须寻找其他方法来增加新的发电产能。在美国，核发电仍然没有被作为一个可行的选择。虽然大多数燃煤发电设施已经大幅度减少了它们向空气中排放的污染物总量，来自环境团体的压力已经使得几乎没有什么公用企业会考虑建设燃煤发电厂。然而，在加利福尼亚和美国西部其他的州，在 2000—2001 年间发生电力短缺问题之后，这一情况发生了戏剧性的改变。现在，公用企业认为燃煤的问题要比核燃料小得多。因此，在 2004 年，许多新的大型燃煤发电厂在美国的中西部被计划或已经在建，在这些地区，有大量的煤可以供应，并且相对容易采用表层采矿流程进行燃煤开采。

　　电力产业的重大问题包括：推进停滞不前的结构调整；替换陈旧的发电、输电和配电设施；天然气成本的提高以及是否转用煤或核能来增加新的电力产能；补充新技术。

　　天然气产业现在面临的最大挑战之一，就是保证天然气对所有用户的长期、稳定、安全和支付得起的供给。天然气已经变成了住宅、工业和发电市场的一项主要商品。因为它是一种清洁的高热效燃料，并且直到最近仍然是相对便宜的。该产业及其决策者也必须决定他们究竟要继续推动批发和零售能源、燃气和水的竞争，还是要放弃该方案。在电力产业目前正在出现对结构调整的倒行逆施。

直到此前不久，加拿大都是美国天然气主要的进口国。然而，加拿大原有气田的产量在降低，而加拿大的国内需求在增加。大比例的天然气供应短缺预计将会被液化天然气的进口所弥补。

联邦、州和地方政府已经建立了一些规制来保护环境，并监管能源产业对土地的使用。这些规制涉及对地热资源、石油、液化气和天然气供应的探索和开发。

美国水务协会指出了供水与污水处理产业面临的十个重要趋势。2002年的《公共健康安全与防止和应对生物恐怖主义法案》要求每个服务超过3 300人的社区供水系统，都要对其整个运营过程进行薄弱环节评估（EPA 2004），并制定一个计划来说明它们将如何解决预案中的矛盾。

进一步阅读的文献

Chertow，Marian R. and Daniel C. Esty（eds.）（1997），*Thinking Ecologically：The Next Generation of Environmental Policy*，New Haven，CT：Yale University Press.

Energy Information Administration（2004），*Annual Energy Outlook：Issues in Focus*，Washington，DC：Department of Energy. www. eia. doe. gov/oiaf/ael/download. html.

Glennon，Robert（2002），*Water Follies：Groundwater Pumping and the Fate of America's Fresh Waters*，Washington，DC：Island Press.

Institute for Energy，Law and Enterprise（2003），*Introduction to LNG*，Houston，TX：University of Houston Law Center. www. energy. uh. edu/LNG/documents/IELE.

参考文献

Abbot, Arlene M. (2003), 'Leadership from within: a succession management leadership development program,' *NPPA Bulletin*, **57** (December), 13–14.

ABS Energy Research (2004), *Gas Deregulation*, accessed March 10, 2004, http://www.researchandmarkets.com/reportinfo.asp?cat id=44&report id=9953

Agranoff, Robert and Michael McGuire (2001), 'American federalism and the search for models of management,' *Public Administration Review*, **61** (November/December), 671–81.

AICPA (1999), 'Statement of Governmental accounting standards No. 34 – basic financial statements – and management's discussion and analysis – for state and local government,' *Journal of Accountancy*, **188** (October), 112–31.

Allen, Frederick L. (1940), *Since Yesterday*, New York: Bantam Books.

Alvarado, Fernando (2003), 'The 2003 blackout: did the system operator have enough power?,' accessed 18 August 2003, http://www.ksg.harvard.edu/resp/

Alvey, Jennifer (2002), 'IT weathers the storm,' *Public Utilities Fortnightly*, **140** (November 1), 12–24.

Alvey, Jennifer (2003), 'The CIO forum: budgets byte back,' *Public Utilities Fortnightly*, **141** (October 1), 24–28.

Anonymous (1999), 'Statement of governmental accounting standards No. 34 – and management's discussion and analysis – for state and local governments',

Journal of Accountancy, **188** (October), 112–31.

Arnold, Terence and Lewis Evans (2001), 'Governance in the New Zealand electricity market: a law and economics perspective on enforcing obligations in markets based on a multilateral contract,' *Antitrust Bulletin*, **46** (Fall), 611–41.

American Water Works Association (AWWA) (1995), *Water Utility Accounting*, Denver, CO: American Water Works Association.

American Water Works Association (AWWA) (2004), 'Trends to have significant impact on utility management, operations', *E-Mainstream* (AWWA electronic membership newsletter), **1** (30 March), 1–2.

Barnes, Irston R. (1938), *Cases on Public Utility Regulation*, New York: F.S. Crofts.

Barnes, Irston R. (1942), *The Economics of Public Utility Regulation*, New York: F.S. Crofts.

Barzelay, Michael (2001), *The New Public Management*, Berkeley: University of California Press.

Basin Eleric Power Cooperative (2004), 'What we do,' 'Subsidiaries,' and 'The 7 cooperative principles.' accessed June 6, 2004. www.basinelectric.com

Batrkovick, Barbara R. (1989), *Regulatory Interventionism in the Utility Industry*, New York: Quorum Books.

Bauer, John H. (1925), *Effective Regulation of Public Utilities*, New York: Macmillan.

Beecher, Janice A. (2003), 'The role of utility regulation in water and wastewater privatization,' in Paul Seidenstat, Michael Nadol and Simon Hakim (eds), *America's Water and Wastewater Industries*, Vienna, VA: Public Utilities Reports, pp. 255–75.

Beder, Sharon (2003), *Power Play: The Fight to Control the World's Electricity*, New York: New Press.

Bellenger, Gail (2002), *What is the Clean Water Act?*, accessed 21 February 2004, http://www.pa.essortment.com/cleanwateract_rgrl.htm

Berinato, Scott (2002), 'Debunking the thread to water utilities,' *CIO Magazine*, 15 March, accessed 17 October, 2003, at www.cio.com/archive/0315/02truth_sidelor 2.html.

Berrie, Tom W. (1992), *Electricity Economics and Planning*, London: Peter Peregrinus.

Bezdek, Roger H. and Robert M. Wendling (2004), 'The case against gas dependence: greater reliance on gas-fired power implies serious economic, technical, and national security risks,' *Public Utilities Fortnightly*, **142** (April), 43–7.

Birchall, Johnston (2002), 'Mutual, non-profit or public interest company? An evaluation of options for the ownership and control of water utilities,' *Annals of Public and Cooperative Economics*, **72** (2), 181–213.

Bird, Caroline (1966), *The Invisible Scar*, New York: Donald McKay.

Blackford, Mansel G. (1988), *The Rise of Modern Business in Great Britain, the United States, and Japan*, Chapel Hill: University of North Carolina Press.

Blackford, Mansel G. and K. Austin Kerr (1990), *Business Enterprise in American History*, 2nd edn, Boston: Houghton Mifflin.

Bolet, Adela Maria (ed.) (1985), *Forecasting U.S. Electricity Demand: Trends and Methodologies*, Boulder, CO: Westview Press.

Boone, Louis E. and David L. Kurtz (1996), *Contemporary Business*, 8th edn, Fort Worth, TX: Dryden Press.

Booth, Ron, Doug Herbst and Robert Ainslie (2004), 'Securing water utilities: beyond the vulnerability assessment,' *Opflow*, **30** (June), 1–7.

Bozeman, Barry and Jeffrey D. Straussman (1991), *Public Management Strategies*, San Francisco: Jossey-Bass.

Braeman, John, Robert H. Bremner and Everett Walters (1940), *Change and Continuity in Twentieth-Century America*, Washington, DC: American Council on Public Affairs.

Brennan, Timothy J., Karen L. Palmer and Salvador A. Martinez (2002), *Alternating Currents: Electricity Markets and Public Policy*, Washington, DC: Resources for the Future.

Brown, Ashley C. (2002), 'The power-line problem starts with the states,' (August 18), accessed February 1, 2004, http://www.newsday.com/news/opinion

Brown, Gilbert (1937), *The Romance of City Light*, Seattle: Star Publishing Co.

Brown, Matthew H. and Richard P. Sedano (2003), *A Comprehensive View of U.S. Electric Restructuring with Policy Options for the Future*, Washington, DC: National Council on Electricity Policy.

Bruchley, Stuart (1990), *Enterprise: The Dynamic Economy of a Free People*, Cambridge, MA: Harvard University Press.

Bryant, Keith L. Jr. and Henry C. Dethloff (1990), *A History of American Business*, 2nd edn, Englewood Cliffs, NJ: Prentice Hall.

Bryson, John M. (1988), *Strategic Planning for Public and Nonprofit Organizations*, San Francisco: Jossey-Bass.

Burgelman, Robert A., Clayton M. Christensen, and Steven C. Wheelwright (2004), *Strategic Management of Technology and Innovation*, 4th edn, Boston: McGraw-Hill Irwin.

Burkhart, Lori A. (2004), 'CIS: the new profit machine,' *Public Utilities Fortnightly*, **142** (May), 31–7.

Burr, Michael T. (2003), 'Corporate governance: embracing Sarbanes-Oxley,' *Public Utilities Fortnightly*, **141** (October), 20–2.

Burr, Michael T. (2004a), 'Consolidating co-ops,' *Public Utilities Fortnightly*, **142** (June), 71–6.

Burr, Michael T. (2004b), 'Northwest Passage: BPA's changing role,' *Public Utilities Fortnightly*, **142** (July), 31–5.

Boulder, CO: Westview Press.

Chandler, Alfred D. Jr. (1977), The *Visible Hand: The Managerial Revolution in American Business*, Cambridge, MA: Harvard University Press.

Chandler, Alfred D. Jr. (1988), 'Government versus business: an American phenomenon,' in *The Essential Alfred Chandler*, edited by Thomas K. McGraw, Boston, MA: Harvard Business School Press, pp. 425–31.

Chandler, Alfred D. Jr. (1990), *Scale and Scope: The Dynamics of Industrial Capitalism*, Cambridge, MA: Harvard Universtiy Press.

Chandler, Alfred D. Jr. and Richard S. Tedlow (1985), *The Coming of Managerial Capitalism*, Homewood, IL: Richard D. Irwin.

Chertow, Marian R. and Daniel C. Esty (eds) (1997), *Thinking Ecologically: The Next Generation of Environmental Policy*, New Haven, CT: Yale University Press.

Christensen, Tom and Per Lægreid (eds) (2002), *New Public Management*, Aldershot: Ashgate Publishing.

Ciolik, Mark, Wallace Jones and William Wilson (2003), 'Utility ratemaking and ROE: thinking the tools of the trade', *Public Utilities Fortnightly*, **141** (October 15), 24–9.

City Lighting Department (1929–1939), *The Annual Report(s) of the Seattle Lighting Department*, Seattle: City of Seattle.

Clayton, Mark (2004), 'The coal rush,' *Seattle Times*, (February 27), A3.

Clough, Shepard B. and Theodore F. Marburg (1968), *The Economic Basis of American Civilization*, New York: Thomas Y. Corwell.

Cochran, Clark E., Lawrence C. Mayer, T.R. Carr, and N. Joseph Cayer (1996), *American Public Policy*, 5th edn, New York: St. Martin's Press.

Cochran, Thomas C. (1972), *American Business in the Twentieth Century*, Cambridge, MA: Harvard University Press.

Cohen, Tom (2000), 'E-coli inquiry reveals problems in Ontario water,' *Seattle Post Intelligencer*, (December 8), accessed 16 March 2004, http://seattlepi.nwsource.com/national/1081.shtml

Colburn, David R. and George E. Pozzetta (eds) (1983), *Reform and Reformers in the Progressive Era*, Westport, CT: Greenwood Press.

Connor, Ian (2004), 'The back-to-basics valuation squeeze,' *Public Utilities Fortnightly*, **142** (July), 24–9.

Cooper, Terry L. (1998), *The Responsible Administrator: An Approach to Ethics for the Administrative Role*, 4th edn, San Francisco: Jossey-Bass.

Corporate Governance (2004), 'Corporate governance update,' **12** (July), 408–14.

Costello, Kenneth W. (2003), 'Exploratory questions and issues pertaining to the future role of liquefied natural gas in the U.S. market,' unpublished monograph, National Regulatory Research Institute, Columbus, Ohio.

Costello, Kenneth W. and Robert Burns (2003), 'Era of low gas prices may be behind us,' *NRRI Networker*, (Summer), 1.

Costello, Kenneth W. and Daniel J. Duann (1996), 'Turning up the heat in the natural gas industry,' *Regulation: The Cato Review of Business and Government*, **19** (1), accessed 1 January 2004, http://www.cato.org/pubs/regulation/reg19n1c. html

Craddock, Jamie and Bill Hogue (2004), 'Natural gas storage: now more than ever,' *Public Utilities Fortnightly*, **142** (July), 60–6.

Crew, Michael A. (ed.) (1985), *Analyzing the Impact of Regulatory Change in Public Utilities*, Lexington, MA: Lexington Books.

Crew, Michael and Paul R. Kleindorfer (1986), *The Economics of Public Utility Regulation*, Cambridge, MA: MIT Press.

Cross, Phillip S. (2003), 'A survey of recent PUC hearings,' *Public Utilities Fortnightly*, **141** (November 15), 32–6.

Cummings, Charles M. and David A. Chase (1992), 'Survival for utilities: a question of people,' *Public Utilities Fortnightly*, **129** (June 1), 24–7.

Danielsen, Albert L. and David R. Kamerswchen (1983), *Current Issues in Public-Utility Economics*, Lexington, MA: Lexington Books.

Davis, Esterine (2002), 'The status of deregulation in North Carolina,' *ElectricCities & Deregulation*, (February), accessed October 17, 2003, www.electricities.com/Deregulation.htm

Denhart, Katherin G. (1989), 'The management of ideals: a political perspective on ethics', Public Administration Review, **49** (January), 187–93.

Department of Energy (2000), 'Resource planning approval criteria,' *Federal Register*, **65** (March 20). Rules and Regulations, 16788–17802.

Dick, Wesley A. (1965), 'The Genesis of Seattle City Light,' unpublished master's degree thesis, University of Washington, Seattle.

Dimock, Marshall E. (1935), *Business and Government*, New York: Henry Holt.

Dixit, Avinash (2002), 'Incentives and organizations in the public sector: an interpretive review,' *Journal of Human Resources*, **37** (Fall), 697–727.

Donaldson, Thomas and Thomas W. Dunfee (1999), *Ties That Bind: A Social Contracts Approach to Business Ethics*, Boston, MA: Harvard Business School Press.

Douglass, Elizabeth (2004), 'PUC promises to keep power plants in check,' *Los Angeles Times*, (May 7), C2.

Dulles, Eleanor L. (1936), *Depression and Reconstruction: A Study of Causes and Controls*, Philadelphia: University of Pennsylvania Press.

Dysard, Joe A., II (2001), 'How competition is changing the face of the public water resources industry – trends in privatization, management competition, and other alternative delivery systems,' in William C. Lauer (ed.), *Excellence in Action: Water Utility Management in the 21st Century*, Washington, DC: American Water Works Association, pp. 85–90.

Eadie, Douglas C. (1999), 'Putting a powerful tool to practical use,' in Richard C. Kearney and Evan M. Berman (eds), *Public Sector Performance: Management,*

Motivation, and Measurement, Boulder, CO: Westview Press, pp. 133–47.

Edison Electric Institute (2004), 'Key facts about the electric power industry', accessed 15 November at www.eei.org

EIA (Energy Information Administration) (1997), *US Electric Utility Demand-Side Management 1996*, Washington, DC: US Department of Energy, Office of Coal, Nuclear, Electric and Alternative Fuels, www.eia.doe.gov/eneaf/electricity/dsm/dsm96/pdf

EIA (Energy Information Administration) (2000), *The Changing Structure of the Electric Power Industry 2000: An Update*, (October), Washington, DC: U.S. Department of Energy, Office of Coal, Nuclear, Electric and Alternate Fuels, No. DOE/EIA-0562(00).

EIA (Energy Information Administration) (2003), 'Status of State Electric Industry Restructuring Activity as of February 2003.' Page modified December 2, 2003, accessed 5 May 2004. http://www.eia.doe.gov/cheaf/electricity/chg_str/regmap.html

EIA (Energy Information Administration) (2004a), *Annual Energy Outlook: Issues in Focus*, Washington, DC: Department of Energy, accessed 12 June 2004, www.eia.doe.gov/oiaf/aeo/download.html

EIA (Energy Information Administration) (2004b), *Annual Energy Outlook 2004 with Projections to 2025*, Washington, DC: DOE. Report No. DOE/ EIA-0383 (January), accessed 12 June 2004, www.eia.doe.gov/oiaf/aio/ gas

Ely, Richard T. (1910), *Monopolies and Trusts*, New York: Macmillan.

Emerson, Edwin (1932), *Hoover and his Times*, Garden City: Garden City Publishing.

Emerson, Sandra M. (2002), 'California's electric deregulation and its implications,' *Public Works Management and Policy*, **7** (July), 19–31.

EPA (Environmental Protection Agency) (1999), *Understanding the Safe Drinking Water Act*, accessed 21 February 2004, http://www.epa.gov/safewater/

EPA (Environmental Protection Agency) (2002), *Vulnerability Assessment Factsheet*, accessed 7 June 2004, http://www.epa.gov/ogwdw000/security/va_fact_sheet_12-19.pdf

EPA (Environmental Protection Agency) (2003), *Laws and Regulations: Clean Water Act History*, accessed 21 February 2004, http://www.epa.gov/region5/water/cwa.htm

EPA (Environmental Protection Agency) (2004), *Community Drinking Water Systems – Requirements Under the Public Health Security and Bioterrorism Preparedness and Response Act of 2002*, accessed 7 June, 2004, http://www.epa.gov/cgi-bin/epaprintonly.cgi

Estes, Mark (1997), 'Adversaries find common ground,' *Personnel Journal*, **76** (March), 97–101.

Exelon Corporation (2002), 'About Exelon,' accessed 15 January 2005, at www.exelon.rp.com/corporate/about/a_overview.shtml

Farris, Martin T. and Roy J. Sampson (1973), *Public Utilities: Regulation, Management, and Ownership*, Boston, MA: Houghton Mifflin.

Felak, Richard P. (2004), 'Letter to the editor,' *Public Utilities Fortnightly*, **142** (July), 10.

Ferlie, Ewan, Lynn Ashburner, Louise Fitzgerald and Andrew Pettigrew (1996), *The New Public Management in Action*, Oxford: Oxford University Press.

Finon, Dominique, Tor Arnt Johnsen and Atle Midttun (2004), 'Challenges when electricity markets face the investment phase,' *Energy Policy*, **32** (12), 1355–62.

Fox, Mary F. and John M. Braxton (1994), 'Misconduct and social control in science issues, problems, solutions', *Journal of Higher Education*, **65** (May/June), 373–83.

Fox-Penner, Peter and Greg Basheda (2001), 'A short honeymoon for utility deregulation,' *Issues in Science and Technology*, **17** (Spring), 51–7.

Frankena, Mark W. (2001), 'Geographic market delineation for electric utility mergers,' *Antitrust Bulletin*, **46** (Summer), 357–402.

Frenzel, Carroll W. (1999), *Management of Information Technology*, Cambridge, MA: Course Technology (ITP).

Frohock, Fred M. (1979), *Public Policy: Scope and Logic*, Englewood Cliffs, NJ: Prentice-Hall.

Governmental Accounting Standards Board (GASB) (2004), 'Economic condition reporting: the statistical section', news release, 7 June, accessed 30 December, 2004 at www.gasb.org/news/hr060704.html

Garofalo, Charles and Dean Geuras (1999), *Ethics in the Public Service*, Washington, DC: Georgetown University Press.

Gaul, Damien and Lillian W. Young (2003), *U.S. LNG Markets and Uses*, Washington, DC: Energy Information Administration, Office of Oil and Gas.

Genieser, Kevin (2004), 'Boardroom revolution,' *Public Utilities Fortnightly*, **142** (June), 67–70.

Gent, Chris (2004), 'KUA manager of corporate communications,' Personal e-mail correspondence with the author, April 19/20.

Ghahramani, Bahador (2003), 'A telecommunication's lean management information system for the utility industry,' *International Journal of Information Technology & Decision Making*, **2** (4), 693–715.

Glaeser, Martin G. (1957), *Public Utilities in American Capitalism*, New York: Macmillan.

Glennon, Robert (2004), *Water Follies: Groundwater Pumping and the Fate of America's Fresh Waters*, Washington, DC: Island Press.

Gomez-Mejia, Louis R., David B. Balkin and Robert L. Cardy (2001), *Managing Human Resources*, 3rd edn, Upper Saddle River, NJ: Prentice Hall.

Gordon, Richard L. (2001), 'Don't restructure electricity; deregulate,' *CATO Journal*, **20** (Winter), 327–59.

Goss, Robert P. (1996), 'A distinct public administration ethics?', *Journal of Public Administration Research and Theory*, **6** (October), 573–98.

Gormley, William T. (1983), *The Politics of Public Utility Regulation*, Pittsburgh, PA: University of Pittsburgh.

Gruening, Ernest (1931), *The Public Pays: A Study of Power Propaganda*, New York: Vanguard Press.

Grunewald, Donald and Henry L. Bass (eds) (1966), *Public Policy and the Modern Corporation*, New York: Meredith Publishing.

Gurko, Leo (1947), *The Angry Decade*, New York: Dodd, Mead.

Haber, Samuel (1964), *Efficiency and Uplift: Scientific Management in the Progressive Era, 1890–1920*, Chicago: University of Chicago Press.

Hain, Peter (2003), 'Why bigger is better,' *New Economy: Journal of the Institute for Public Policy Research*, **10** (June), 95–100.

Hampton, Howard (2003), *Public Power: The Fight for Publicly Owned Electricity*, Toronto: Insomniac Press.

Hawley, Ellis W. (1966), *The New Deal and the Problem of Monopoly*, Princeton: Princeton University Press.

Hays, Steven W. and Richard C. Kearney (2001), 'Anticipated changes in human resource management: views from the field,' *Public Administration Review*, **61** (September), 585–96.

Helgesson, Claes-Fredrik (1999), *Making a Natural Monopoly*, Stockholm, Sweden: Economic Research Institute of the Stockholm School of Economics.

Helman, Christopher, Chana R. Schoenberger and Rob Wherry (2005), 'The silence of the nuke protesters,' *Forbes*, **175** (31 January), 84–92.

Heller, Mariam, Eric W. Von Sacken and Richard L. Gerstberger (2001), 'Water utilities as integrated businesses,' in William C. Lauer (ed.) *Excellence in Action: Water Utility Management in the 21st Century*, Denver, CO: American Water Works Association, pp. 275–300.

Hicks, John D. (1960), *Normalcy and Reaction, 1921–1933*, Washington, DC: Service Center for Teachers of History.

Hill, Christin (2003), 'Property owner offers water to Lacey,' *The Olympian*, (September 15), B1.

Hodgkinson, Christopher (1983), *The Philosophy of Leadership*, New York: St. Martin's Press.

Hogan, William W. (2003), 'Electricity is a federal issue,' *The Wall Street Journal*, accessed August 18, http://online.wsj.com/article

Hughes, Owen E. (2003), *Public Management & Administration*, Basingstoke: Palgrave Macmillan.

Hull, William J. and Robert W. Hull (1967), *The Development of the Waterways Policy of the United States*, Washington, DC: National Waterways Conference.

Hyman, Drew, Jeffrey Bridger, John Shingler and Mollie Van Loon (2001), 'Paradigms, policies, and people exploring the linkages between normative beliefs, public policies and utility consumer payment problems,' *Policy Studies Review*, **18** (Summer), 89–122.

Ilic, Marija (2001), 'Understanding demand: the missing link in efficient electricity markets,' unpublished working paper No. MIT EL 01-014WP, Cambridge: MIT Energy Laboratory.

Institute for Energy, Law and Enterprise (2003), *Introduction to LNG*, Houston, TX: University of Houston Law Center, www.energy.uh.edu/ LNG/documents/IELE

Jacobson, Charles D. (2000), *Ties that Bind: Economic and Political Dilemmas of Urban Utility Networks, 1800–1990*, Pittsburgh: University of Pittsburgh Press.

Johnson, Michael D. and Fred Seines (2004), 'Customer portfolio management: toward a dynamic theory of exchange relationships,' *Journal of Marketing*, **68** (April), 1–18.

Jones, Charles O. (1977), *An Introduction to the Study of Public Policy*, 2nd edn, Belmont, CA: Wadsworth Publishing Co.

Joseph, Sarah, Jenny Schultz and Melissa Castan (2000), *The International Convenant on Civil and Political Rights*, Oxford: Oxford University Press.

Joskow, Paul L. and Richard Schmalensee (1983), *Markets for Power*, Cambridge, MA: MIT Press.

Joskow, Paul L. (2003), 'The difficult transition to competitive electricity markets in the U.S', paper presented at the April 4, 2003 'Electricity Deregulation: Where Does it go From Here?,' Conference at Texas A&M University, AEI-Brookings Institute Joint Center for Regulatory Studies working papers, accessed March 4, 2004, http://www.aei-brookings.org/ admin/authorpdfs/page/ php?id=271

Kamarck, Elaine (2004), 'Government innovation around the world,' (February 26), KSG Working Paper No. RWP04-010, http://ssrn.com/abstract=517666

Kaschub, William (1997), 'PECO energy redesigns HR,' *HR Focus*, **74** (March), 3.

Katz, Sara M. (2002), 'Don't confuse marketing with public participation,' *American Water Works Association Journal*, **94** (7), 38–9.

Kearney, Richard C. and Evan M. Berman (eds) (1999), *Public Sector Performance: Management, Motivation, and Measurement*, Boulder, CO: Westview Press.

Kearns, Grover S. and Albert L. Lederer (2003), 'The impact of industry contextual factors on IT focus and the use of IT for competitive advantage,' *Information and Management*, **41** (2004), 899–919.

Kennedy, Michael E. (2004), 'Using customer relationship management to increase profits,' *Strategic Finance*, **85** (9), 37–42.

Kent, Calvin A. (1993), *Utility Holding Company Act of 1935: 1935–1992*, Washington, DC: Energy Information Administration.

Keohane, Robert O. and Joseph Nye (2000), 'Governance,' in Robert O. Keohane and John D. Donahue (eds), *Governance in a Globalizing World*, Washington, DC: Brookings Institution Press, p. 12. (Cited in Donald F. Kettl (2002), *The Transformation of Governance*, p. 119.)

Kettl, Donald F. (2002), *The Transformation of Governance*, Baltimore, MD: Johns Hopkins University Press.

Kettl, Donald F. and H. Brinton Milward (1996), *The State of Public Management*, Baltimore, MD: Johns Hopkins University Press.

Klass, Donald L. (1991), 'Human resources and the gas industry,' *Public Utilities Fortnightly*, **128** (July 1), 19–24.

Koontz, Harold D. (1941), *Government Control of Business*, Boston, MA: Houghton-Mifflin.

Korzeniowski, Paul (2002), 'Bridging IT application islands,' *Utility Business*, **5** (January), 50–1.

Koteen, Jack (1997), *Strategic Management in Public and Nonprofit Organizations*, 2nd edn, Wesport, CT: Praeger.

Kwoka, John E. Jr. (2002), 'Governance alternatives and pricing in the U.S. electric power industry,' *Journal of Law, Economics, & Organization*, **18** (April), 278–94.

La Follette, Marcel C. (1994), 'The politics of research misconduct: Congressional oversight, universities and science', *Journal of Higher Education*, **65** (May/June), 261–5.

Landers, Jay (2002), 'Law requires water security assessments', *Civil Engineering*, **72** (8), 12–13.

Lane, Jan-Erik (2000), *New Public Management*, London: Routledge.

Lashgari, Malek (2004), 'Corporate governance: theory and practice,' *Journal of American Academy of Business*, **5** (September), 46–51.

Lasswell, Harold D., Daniel Lerner and Hans Speier (eds) (1980), *Propaganda and Communication in World History, Vol, II: Emergence of Public Opinion in the West* (3 volumes), Honolulu: University Press of Hawaii.

Laudon, Kenneth C. and Jane P. Laudon (2001), *Essentials of Management Information Systems: Organization and Technology in the Networked Enterprise*, 4th edn, Upper Saddle River, NJ: Prentice Hall.

Lauer, William C. (ed.) (2001), *Excellence in Action: Water Utility Management in the 21st Century*, Denver, CO: American Water Works Association.

Lester, Lisa Y. (2002), 'Quality pays,' *Target Marketing Philadelphia*, **25** (12), 14, accessed April 10, 2004, Proquest.

Lesueur, Jeay-Yves and Patrick Plane (1994), 'Human resource management and the restrucuting of public utilities: water and electricity in Africa,' *International Labour Review*, **133** (3), 369–85.

Leuchtenburg, William E. (1963), *Franklin D. Roosevelt and the New Deal*, New York: Harper & Row.

Lewis, Pamela S., Stephen H. Goodman and Patricia M. Fandt (2001), *Management Challenges in the 21st Century*, 3rd edn, Cincinnati: South-Western College Publishing.

Lewis, Peter (2003), 'Texas utility-billing company told to quit doing business in state,' *Seattle Times* (September 4), B3.

Lillenthal, David E. (1944), *TVA: Democracy on the March*, Chicago: Quadrangle Books.

MacAvoy, Paul W. (2000), *The Natural Gas Market: Sixty Years of Regulation and Deregulation*, New Haven, CT: Yale University Press.

Malhotra, Naresh K. (1999), *Marketing Research*, 3rd edn, Upper Saddle River, NJ: Prentice-Hall.

Mann, Arthur (1963), *The Progressive Era: Liberal Renaissance or Liberal Failure?*, New York: Holt, Rinehart and Winston.

Manning, Alan W. (2003), 'The changing workforce – the latest information (What's going to happen and what to do about it),' address given before the AMSA Winter Conference, February 4–7. Santa Fe, New Mexico.

Mariner-Volpe, Barbara (2004), *Status of Natural Gas Residential Choice Programs by State as of December 2003*, Washington, DC: U.S. Department of Energy, http://www/eoa.doe.gov/oil_gas/natural_gas/restructure/restructure.html

Marple, Elliott (1931), 'The movement for public ownership of power in Washington,' *Journal of Land and Public Utility Economics*, **11** (February), 61–6.

Mattoon, Richard (2002), 'The electricity system at the crossroads – policy choices and pitfalls,' *Economic Perspectives*, **26** (first quarter), 2–18.

McCann, Justin C. (2004), *Industry Profiles: Electric Utilities,* Standard & Poor's Industry Surveys, accessed 13 May 2004, www.netadvantage. standardandpoors.com/docs/indusr////elu_0204/elu30204.htm

McCarten, James (2002), 'Official says Walkcrton water system typical,' *CANOE* (Netgraphe, Inc), (October 18), accessed 16 March 2004, http://www.canoe.com/EcoliTragedy/001018_ecoli.html

McDonald, Forrest (1962), *Insull*, Chicago: University of Chicago Press.

McElvaine, Robert S. (1984), *The Great Depression*, New York: Times Books.

McLeod, Raymond Jr. and George Schell (2001), *Management Information Systems*, 8th edn, Upper Saddle River, NJ: Prentice Hall.

McNabb, David E. (1969), 'The private versus public power fight in Seattle, 1930–1934s,' unpublished master's degree thesis, University of Washington, Seattle.

Melton, George T. (1954), 'The state grange and the development of water power resources in Washington,' unpublished master's degree thesis, University of Washington, Seattle.

Miller, Zane L. (1968), *Boss Cox's Cincinnati: Urban Politics in the Progressive Era*, New York: Oxford University Press.

Morison, Samuel Eliot (1965), *The Oxford History of the American People*, New York: Oxford University Press.

Mosher, William E. and Finla G. Crawford (1929), *Electrical Utilities, the Crisis in Public Control*, New York: Harper & Bros.

Mosher, William E. and Finla G. Crawford (eds) (1933), *Public Utility Regulation*, New York: Harper & Bros.

Mowry, George E. (1972), *The Progressive Era, 1900–1920: The Reform Persuasion*, Washington, DC: American Historical Society.

Nadol, Michael, Paul Seidenstat and Simon Hakim (2000), 'Competition and privatization in the water and wastewater industries,' in Paul Seidenstat, Michael Nadol and Simon Hakim (eds), *America's Water and Wastewater Industries*, Washington, DC: Public Utilities Reports, Inc. pp. 3–21.

Nanus, Burt (1996), *Leading the Way to Organization Renewal*, Portland, OR: Productivity Press.

Napolitano, Frank A. (2004), 'Banking on predictability,' *Public Utilities Fortnightly*, **142** (April), 53–6.

National Commission on Energy Policy (NCEP) (2003), 'Reviving the electricity sector: findings of the National Commission on Energy Policy', Washington, DC: NCEP, accessed at www.energycommission.org/ewebeditpro/items/082F2989.pdf

New Mexico Environment Department (2003), 'What drinking water can do now to guard against terrorist and security threats', accessed 15 October, 2004, www.nmenv.state.nm.us/dwb/security.html

NORESCO (2004), *Industry Updates: Natural Gas Deregulation*, http://www.noresco.com/sit/content/info_industry_updates.asp

Nowotny, Kenneth, David B. Smith and Harry M. Tebing (eds) (1989), *Public Utility Regulation*, Boston: Kluwer Academic Publishers.

NRRI (2003a), 'A policy spotlight illuminates the grid,' *Networker*, (Summer), 1–3.

NRRI (2003b), 'The state of regulation: a preview of the big issues facing commissions in 2003', unpublished monograph, National Regulatory Research Institute, Columbus, OH.

NRRI (2003c), 'Twenty-Sixth Annual Report', unpublished monograph, National Regulatory Research Institute, Columbus, OH.

Numark, Neil J. and Michael O. Terry (2003), 'New nuclear construction: still on hold,' *Public Utilities Fortnightly*, **141** (December), 32–8.

Orlans, Harold (1967), 'Ethical problems in the relations of research sponsors and investigators,' in Gideon Sjoberg (ed.), *Ethics, Politics and Social Research*,

Cambridge, MA: Schenkmar Publishing, pp. 3–24.

Osborne, David and Peter Plastrik (1992), *Banishing Bureaucracy*, Reading, MA: Addison-Wesley.

Owens, Brandon (2003), 'Combined-cycle profitability as a market barometer,' *Public Utilities Fortnightly*, **141** (November 1), 13.

Parkin, Rebecca T., Martha A. Embray and Paul R. Hunter (2003), 'Communicating water-related health risks: lessons learned and emerging issues,' *Journal of American Water Works Association*, **95** (July), 58–66.

Parrington, Vernon L. (1963), 'The progressive era: a liberal renaissance,' in Arthur Mann (ed.), *The Progressive Era*, New York: Holt, Rinehart and Winston, pp. 6–12.

Pearce, John A. and Richard B. Robinson (1994), *Strategic Management*, 5th edn, Burr Ridge, IL: Irwin.

Pearson, Christine M. and Judith A. Clair (1998), 'Reframing crisis management,' *The Adacemy of Management Review*, **22** (January), 59–76.

Perrault, William D. and E. Jerome McCarthy (1999), *Basic Marketing*, 13th edn, Boston: McGraw-Hill.

Pelast, Greg, Jerrold Oppenheim and Theo MacGregor (2003), *Democracy and Regulation*, London: Pluto Press.

Pendergast, William A. (1933), *Public Utilities and the People*, New York: D. Appleton-Century.

Perloff, Richard M. (1998), *Political Communication: Politics, Press and Public Opinion in America*, Mahway, NJ: Lawrence Erlbaum Associates.

Perreault, William D. Jr. and E. Jerome McCarthy (1999), *Basic Marketing*, 13th edn, Boston, MA: Irwin McGraw-Hill.

Pesce, Bill (2002), 'What's in a brand?,' *Public Utilities Fortnightly*, **140** (March/April), 24–6.

Peterson, Karen S. (2001), 'Would I lie to you?,' *USA Today*, 5 July, 8D.

Petrick, Joseph A. and John F. Quinn (1997), *Management Ethics: Integrity at Work*, Newbury Park, CA: Sage.

Platt, Harold L. (1991), *The Electric City: Energy and the Growth of the Chicago Area, 1880–1930*, Chicago: University of Chicago Press.

Platts Global Energy (2004), *History of US Natural Gas Market Deregulation*, accessed February 10, 2004, http://www.platts.com/features/diversification/gasdereg.shtml

Portney, Paul R. (1990), *Public Policies for Environmental Protection*, Washington, DC: Resources for the Future.

Post, Gerald V. and David L. Anderson (1997), *Management Information Systems: Solving Business Problems with Information Technology*, Burr Ridge, IL: Irwin.

Qualter, Terence H. (1965), *Propaganda and Psychological Warfare*, New York:

Random House.

Rachman, David J., Michael H. Mescon, Courtland L. Bovée and John V. Thill (1993), *Business Today*, 7th edn, New York: McGraw-Hill.

Raloff, Janet (2000), 'Liquid assets,' *Science News*, **157** (January 29), 72–5.

Reed, William L. (2003), 'Competitive electricity markets and innovative technologies: hourly pricing can pave the way for the introduction of technology and innovation,' Rand Corporation working papers, accessed February 20, 2004, http://www/rand.org/scitech/stpi/Evision/Supplement/reed.pdf

Reinhardt, Mark (1991), 'Attacking utility fraud,' *Public Utilities Fortnightly*, **128** (August), 20–2.

Riggins, Frederick J. and Hyen-Suk (Sue) Rhee (1998), 'Toward a unified view of electronic commerce,' *Communications of the ACM*, **41** (October), 88–95.

Robinson, Colin (ed.) (2002), *Utility Regulation and Competitive Policy*, Cheltenham, UK and Northampton, MA, USA: Edward Elgar.

Rogoff, Mark J., Jon Kennedy, Augusto Rodriguez and Ralph Lassiter (2002), 'Optimizing public utility operations with performance evaluation and business planning,' *OpFlow* (AWWA), accessed March 16, 2004, http://www.hdrinc.com/architecture/consulting/EngArticles/OptimizingPublicUtilityOps(7).html

Rohr, John A (1998), *Public Service, Ethics and Constitutional Practice*, Lawrence, Ks: University Press of Kansas.

Rosenberg, Rober G. (2003), 'The dividend bust?,' *Public Utilities Fortnightly*, **141** (October 15), 45–8.

Rothard, Murray N. (1963), *America's Great Depression*, Princeton, NJ: C. Van Nostrand.

Roumasset, James (1999), 'Rapporteur's report on privatizing water and wastewater systems,' Proceedings of the UCOWR Annual Conference, accessed 1 January, 2004, http://uwin.siu.edu/ucour/update/pdf/v117_A7.pdf

Rubin, Scott J. (1998), 'The effects of electric and gas deregulation on water industry competition issues,' accessed 1 January 2004, http://www.publicutility/home.com/ speeches/PBI-water98.pdf

Russo, Thomas N. (2004) 'Making hydro sustainable,' *Public Utilities Fortnightly*, **142** (January 1), 14–20.

Ruth, Joao-Pierre S. (1999), 'The new wave of public–private partnerships,' *Business News New Jersey*, **12** (27), 18.

Said, Carolyn (2004), 'Utility lawyer's tenacity leads to smoking gun in Enron case,' *Seattle Post-Intelligencer*, (June 26), 1+.

Sax, John L., Barton H. Thompson Jr., John D. Leshy and Robert H. Abrams (2000), *Legal Control of Water Resources*, 3rd edn, St. Paul, MN: West Group.

Scalingi, Paul L. and Matt Morrison (2003), 'Power to the people,' *Security Management*, **47** (December), 93–101.

Schiller, Timothy (2001), 'Rewiring the system: the changing structure of the electric power industry,' *Business Review*, 1st Quarter, 26–34.

Schneider, Gary P. (2003), *Electronic Commerce*, 4th edn, Boston, MA: Course Technology.

Schuler, Joseph F. (1999), 'Workforce management: human resources VPs speak for the trenches,' *Public Utilities Fortnightly*, **137** (June 15), 56–62.

Schwartz, David S. (1975), 'Recent developments in the natural gas industry – a new perspective,' in Werner Sichel and Thomas G. Gies (eds), *Public Utility Regulation: Change and Scope*, Lexington, MA: Lexington Books, pp. 21–51.

Seidenstat, Paul, Michael Nadol and Simon Hakim (2000), *America's Water and Wastewater Industries: Competition and Privatization*, Washington, DC: Public Utilities Reports.

Seines, Fred (2004), 'Customer portfolio management: toward a dynamic theory of exchange relationships,' *Journal of Marketing*, **68** (April), 1–18.

Seldon, Sally Coleman, Patricia Wallace Ingrahm and Willow Jacobson (2001), 'Human resource practices in state government: findings from a national survey,' *Public Administration Review*, **61** (September/October), 598–607.

Senn, James A. (1995), *Information Technology in Business*, Englewood Cliffs, NJ: Prentice Hall.

Sevel, Francine and Ling Bei Xu (2003), 'Consumer utility benchmark survey: A comparison of consumer perceptions of customer service,' unpublished monograph, National Regulatory Research Institute, Columbus, OH.

Shaw, John (2003), 'Keep on running,' *Utility Week*, **19** (May 2), 19.

Shere, Craig (2004), *Natural Gas*, Standard & Poors Industry Surveys, accessed May 13, http://www.netadvantage.standardandpoors.com/docs/indsur///ngd_0504/ngd4054.htm

Showman, Jeffrey (2004), Personal correspondence with the author, accessed September 21, jshowman@wutc.wa.gov

Smeloff, Ed and Peter Asmus (1997), *Reinventing Electric Utilities*, Washington, DC: Island Press.

Sparks, William O. (1964), 'J.D. Ross and Seattle City Light, 1917–1932,' unpublished master's degree thesis, University of Washington, Seattle.

Starling, Grover (1998), *Managing the Public Sector*, FL. Worth, TX: Harcourt Brace.

Standard & Poor's (2004), 'Industry surveys: industry profile: electric utilities: how the industry operates,' accessed 13 May www.netadvantage.standardandpoors.com/docs/indsur///elu_2004/elu30204.htm

State of Washington (1933–1937), *The Annual Report(s) of the Washington Public Service Commission*, Olympia, WA: Washington State Printing Office.

State of Washington (1935), *Washington: Products, Peoples and Resources*, Olympia, WA: Washington State Printing Office.

State of Washington (1998), *Washington State Electricity System Study*, Olympia,

WA: Washington Utilities and Transportation Commission.

Stavros, Richard (2003), 'Is the recovery here,' *Public Utilities Fortnightly*, **141** (October 15), 31–8.

Stillman, Richard J. II (2003), 'Twenty-first century United States governance: statecraft and the peculiar governing paradox it perpetuates,' *Public Administration*, **81** (1), 19–40.

Stoft, Steven (2002), *Power System Economics*, Piscataway, NJ: IEEE Press.

Tam, Katherine (2004), 'Water safe despite taste, smell,' *The Olympian*, (July 27), B1+.

Teske, Paul (2003), 'State regulation: captured Victorian-era anachronism or "reinforcing" autonomous structure?,' *Perspectives on Politics*, **1** (June), 291–306.

Thompson, Arthur A. Jr. and A.J. Strickland III (1996), *Strategic Management*, 9th edn, Chicago: Irwin.

Thompson, Carl D. (1932), *Confessions of the Power Trust*, New York: E.P. Dutton.

Trapmann, William (2004), *The Natural Gas Industry and Markets in 2002*, Washington, DC: Energy Information Administration, Dept. of Energy.

Turban, Efraim, Ephraim R. Mclean and James Wetherbe (1999), *Information Technology for Management: Making Connections for Strategic Advantage*, New York: John Wiley.

Turner, Charles M. (1930), 'Regulation of public utility rates in Washington,' unpublished master's degree thesis, University of Washington, Seattle.

Twentieth Century Fund (1948), *Electric Power and Government Policy*, New York: TCF.

United States Department of Energy (2005), 'Annual energy outlook 2005, natural gas supply and disposition,' accessed 20 January at www.eia.doe.gov/oiafaeo/pdf/aeicftab_13.pdf

Utility Busines (2002), 'Insiders on utility IT,' **5** (June), 55–91.

Velansquez, Manuel (1998), *Business Ethics: Concepts and Cases*, 4th edn, Upper Saddle River, NJ: Prentice-Hall.

Verschoor, Curtis C. (1999), 'Corporate performance is closely linked to a strong ethical commitment,' *Business and Society*, **104** (Winter), 407–15.

Vital, Tina (2004), *Oil & Gas: Production and Marketing*, Standard & Poor's Industry Surveys, accessed April 22, http://www.netavantage.standardandpoors.com/docs/indsur///ogp_0404/ogp50404.htm

Walker, Frank D. (1999), 'Corporate character and ethics – a competitive difference?,' *Business and Society*, **104** (Winter), 439–58.

Warkentin, Denise (1996), *Energy Marketing Handbook*, Tulsa, OK: PennWell Books.

Warren, Charles (1928), *The Supreme Court in United States History*, Boston: Little, Brown.

Warren, Harris G. (1959), *Herbert Hoover and the Great Depression*, New York: Oxford University Press.

Washington State Public Utility District Association (1961), *Twenty-Fifth Anniversary, 1936–1961*, Seattle: WSPUDA.

Watkins, Sherron (2003), 'Former Enron vice president Sherron Watkins on the Enron collapse,' *Academy of Management Executive*, **17** (November), 119–25.

Watkins, T.H. (1999), *The Hungry Years*, New York: Henry Holt.

Watson, Douglas J. and Wendy L. Hassett (2002), 'Capital-intensive privatization: return to public ownership,' *Public Works Management and Policy*, **7** (October), 115–23.

Weiss, Carol H. (1998), *Evaluation*, 2nd edn, Upper Saddle River, NJ: Prentice Hall.

Western Energy Services (2003), *Integrated Resource Planning (RIP)*, accessed November 20, http://www.es.wapa.gov/irp/what_is.cfm

Whalen, Jennifer J. (1991), 'The utility industry's changing face,' *Public Utilities Fortnightly*, **128** (November 1), 22–3.

Whellen, Thomas L. and J. David Hunger (2002), *Strategic Management and Business Policy*, 8th edn, Upper Saddle River, NJ: Prentice Hall.

Wickwar, W. Hardy (1938), *The Public Services: A Historical Survey*, London: Cobden-Sanderson.

Wilson, James Q. (1980), *Politics of Regulation*, New York: Basic Books.

Wipro Technologies (2004), 'Tuning CIS to "customer service" and regulatory compliance for an electricity company in the Northwest US,' accessed 5 December, 2004 at www.wipro.com/itservices/industries/ utilities/utilcasestudy16.html

Woller, G.M. and K.D. Patterson (1997), 'Public administration ethics: a postmodern perspective,' *American Behavioral Scientist*, **41** (1), 103–8.

Wood, Donna J. (1986), *Strategic Uses of Public Policy: Business and Government in the Progressive Era*, Marshfield, MA: Pitman Publishing.

Investor-Owned Utility Annual Reports

AES Corporation (2002), Arlington, VA.

Artesian Resources Corporation (2002), Newark, DE.

Calpine Corporation (2002), San Jose, CA.

Canadian Hydro Developers, Inc. (2002), Calgary, Alberta, Canada.

Catalytica Energy Systems, Inc. (2002), Mountain View, CA.

CenterPoint Energy (2002), Houston, TX.

CH Energy Group, Inc. (2002), Poughkeepsie, New York.

Dominion Resources, Inc. (2002), Richmond, VA.

El Paso Electric Company (2002), El Paso, TX.

Energy South, Inc. (2002), Mobile, AL.

Entergy Corporation (2002), New Orleans, LA.

Maine Public Service Company (2002), Presque Isle, ME.

NW Natural Gas Company (2002), Portland, OR.
ONEOK, Inc. (2002), Tulsa, OK.
Pinnacle West Capita Corporation (2002), Phoenix, AR.
South Jersey Industries (2002), Folsom, NJ.
Veolia Environment (2002), Paris, France.
Westar Energy (2002), Topeka, KS.
WGL Holdings, Inc. (2002), Washington, DC.
Xcel Energy, Inc. (2002), Minneapolis, MN.

Publicly Owned Utility Annual Reports

Public Utility District No.1 of Chelan County (2001), Wenatchee, WA.
Public Utility District No.1 of Douglas County (2000), East Wenatchee, WA.
Public Utility District No.3 of Mason County (2002), Shelton, WA.
Shelton, Washington (2002 and 2003), *Annual Report*.
Tacoma, Washington (2002), *Annual Report*.

译后记

经典教材系列
公共行政与公共管理经典译丛

本译作是集体合作的结晶。翻译的分工如下：

导言：常健

第1~4章：常健

第5~8章：符晓薇

第9~12章：郭薇

第13~15章：翟秋阳

第16章：陈斌

人名索引：张冯玉

主题索引：常健

校对：常健

在本书的翻译过程中，所有译校者都付出了辛勤的努力，对译稿进行了反复的校对和修改，希望能够达到翻译者所追求的"信、达、雅"的境界。但限于时间和译校者的能力，译稿中仍可能存在许多不尽完美之处，敬请读者指正，以便在再版时予以修正。

本书得到了中国人民大学出版社曹沁颖编辑的热情支持和鼓励,在此一并表示感谢!

译者

2009 年 10 月 4 日

于南开大学周恩来政府管理学院

中国人民大学出版社
《公共行政与公共管理经典译丛》

经典教材系列
（第一批书目）

1.《公共行政学：管理、政治和法律的途径》（第五版）　58.00 元
　　[美] 戴维·H·罗森布鲁姆　著，张成福等　译

2.《公共政策分析导论》（第二版）　49.00 元
　　[美] 威廉·N·邓恩　著，谢明等　译

3.《公共预算中的政治：收入与支出，借贷与平衡》（第四版）　39.00 元
　　[美] 爱伦·鲁宾　著，叶娟丽、马俊等　译

4.《公共部门人力资源管理：系统与战略》（第四版）　65.00 元
　　[美] 唐纳德·克林格勒　著，孙柏瑛　主译

5.《公共管理导论》（第二版）　39.00 元
　　[澳] 欧文·E·休斯　著，彭和平等　译

6.《公共行政与公共事务》（第八版）　58.00 元
　　[美] 尼古拉斯·亨利　著，张昕等　译

7.《公共管理案例教学指南》　26.00 元
　　[美] 小劳伦斯·E·列恩　著，郄少健等　译

8.《行政过程的政治：公共行政学新论》（第二版）　49.00 元
　　[美] 詹姆斯·W·费斯勒等　著，陈振明　主译

9.《行政伦理学：实现行政责任的途径》（第四版）　29.00 元
　　[美] 特里·L·库珀　著，张秀琴、音正权　译校

10.《公共和第三部门组织的战略管理：领导手册》　43.00 元
　　[美] 保罗·C·纳特等　著，陈振明　主译

11.《非营利组织的战略营销》（第五版）　58.00 元
　　[美] 菲利普·科特勒等　著，孟延春等　译

经典教材系列

经典教材系列

（第三批书目）

1. 《行政学》（新版）　35.00 元
   [日] 西尾胜　著，毛桂荣等　译
2. 《政治学》（第二版）　49.80 元
   [英] 安德鲁·海伍德　著，张立鹏　译，欧阳景根　校
3. 《官僚政治》（第五版）　39.80 元
   [美] B·盖伊·彼得斯　著，聂露等　译
4. 《政治学理论与方法》（第二版）
   [美] 戴维·马什等　著，景跃进、张小劲等　译
5. 《比较政府与政治》（第五版）（待出）
   [英] 罗德·黑格、马丁·哈罗普　著，张小劲　译
6. 《公共管理导论》（第三版）（待出）
   [澳] 欧文·E·休斯　著，张成福等　校译
7. 《公共政策分析导论》（第三版）（待出）
   [美] 威廉·N·邓恩　著，谢明　译
8. 《比较公共行政》（第六版）（待出）
   [美] 费勒尔·海迪　著，刘俊生　译
9. 《公共管理的艺术》（第九版）（待出）
   [美] 乔治·伯克利　著，丁煌　译
10. 《公共关系：职业与实践》（第四版）
    [美] 奥帝斯·贝斯金等　著，郭惠民等　译
11. 《民治政府》（第二十版）
    [美] 詹姆斯·麦克雷戈·伯恩斯等　著，吴爱明　译
12. 《公共行政学经典》（第五版）
    [美] 杰伊·M·沙夫里茨等　编，陈振明等　译
13. 《组织理论经典》（第五版）
    [美] 杰伊·M·沙夫里茨等　编，陈振明等　译
14. 《领导学》（亚洲版）　59.80 元
    [新加坡] 林志颂等　著，顾朋兰等　译
15. 《领导学：个人发展与职场成功》（第二版）　69.00 元

[美] 克利夫·里科特斯　著，戴卫东等　译

16.《公共组织行为学》　49.8 元

　　[美] 登哈特等　著，赵丽江　译

17. 公共部门人力资源管理（第二版）　49.00 元

　　[美] 埃文·M·伯曼等　著，萧鸣政等　译

公共管理实务系列

1.《新有效公共管理者：在变革的政府中追求成功》（第二版）　28.00 元

　　[美] 史蒂文·科恩等　著，王巧玲等　译

2.《驾御变革的浪潮：开发动荡时代的管理潜能》　22.00 元

　　[加] 加里斯·摩根　著，孙晓莉　刘霞　译校

3.《政府全面质量管理：实践指南》　25.00 元

　　[美] 史蒂文·科恩等　著，孔宪遂等　译

4.《无缝隙政府：公共部门再造指南》　30.00 元

　　[美] 拉塞尔·M·林登　著，汪大海等　译

5.《公共部门标杆管理：突破政府绩效的瓶颈》　28.00 元

　　[美] 帕特里夏·基利等　著，张定淮　译

6.《创建高绩效的政府组织：公共管理者实用指南》　23.00 元

　　[美] 马克·G·波波维奇　主编，孔宪遂等　译

7.《自上而下的政策制定》　23.00 元

　　[美] 托马斯·R·戴伊　著，鞠方安　译

8.《21 世纪非营利组织管理》　28.00 元

　　[美] 詹姆斯·P·盖拉特　著，邓国胜等　译

9.《职业优势：公共服务中的技能三角》　19.00 元

　　[美] 詹姆斯·S·鲍曼等　著，张秀琴　译

10.《全球筹款手册：NGO 及社区组织资源动员指南》　39.80 元

　　[美] 米歇尔·诺顿　著，张秀琴　译

政府治理与改革系列
（第一批书目）

1. 《政府未来的治理模式》 26.00 元
   〔美〕B·盖伊·彼得斯 著，吴爱明等 译
2. 《摒弃官僚制：政府再造的五项战略》 45.00 元
   〔美〕戴维·奥斯本等 著，谭功荣等 译
3. 《突破官僚制：政府管理的新愿景》 25.00 元
   〔美〕麦克尔·巴泽雷 著，孔宪遂等 译
4. 《民营化与公私部门的伙伴关系》 39.00 元
   〔美〕E.S. 萨瓦斯 著，周志忍等 译

政府治理与改革系列
（第二批书目）

1. 《政府改革手册：战略与工具》 59.00 元
   〔美〕戴维·奥斯本等 著，谭功荣等 译
2. 《新公共服务：服务，而不是掌舵》 25.00 元
   〔美〕珍妮特·登哈特 罗伯特·登哈特 著，丁煌 方兴 译校
3. 《持续创新：打造自发创新的政府和非营利组织》 28.00 元
   〔美〕保罗·C·莱特 著，张秀琴 音正权 译校
4. 《构建虚拟政府：信息技术和制度革新》 28.00 元
   〔美〕简·E·芳玎 著，邵国松 译
5. 《公共决策中的公民参与：公共管理者的新技能与新策略》 25.00 元
   〔美〕约翰·克莱顿·托马斯 著，孙柏瑛等 译
6. 《公民治理：引领 21 世纪的美国社区》 19.00 元
   〔美〕理查德·C·博克斯 著，孙柏英等 译
7. 《公共部门的社会问责：理念探讨及模式分析》 28.00 元
   世界银行专家组 著，宋涛 译校
8. 《非政府组织问责：政治、原则与创新》 32.00 元
   〔美〕丽莎·约旦等 主编，唐晓光等 译
9. 《公私合作伙伴关系：基础设施供给和项目融资的全球革命》 29.80 元

〔英〕达霖·格里姆塞等 著，济邦咨询公司 译

学术前沿系列

1.《公共行政的精神》 29.00 元
   〔美〕乔治·弗雷德里克森 著，张成福 译校
2.《重建民主行政——现代的困境和后现代的挑战》（待出）
   〔美〕盖里·L·威斯利等 著，刘霞等 译
3.《后现代公共行政——话语指向》 22.00 元
   〔美〕查尔斯·福克斯等 著，吴琼等 译
4.《公共行政的合法性——一种话语分析》 33.00 元
   〔美〕O.C. 麦克斯怀特 著，吴琼 译
5.《组织意像》（待出）
   〔加〕加里斯·摩根 著，刘霞等 译
6.《行政哲学》（待出）
   〔美〕乔恩·S·朱安 著，张成福等 译校
7.《官僚制内幕》 38.00 元
   〔美〕安东尼·唐斯 著，郭小聪等 译校
8.《公共行政的语言：官僚制、现代性和后现代性》 39.00 元
   〔美〕戴维·约翰·法默尔 著，吴琼 译

案例系列

1.《公共管理案例》 28.00 元
   〔美〕罗伯特·T·戈伦比威斯基等 主编，汪大海等 译
2.《组织发展案例：环境、行为与组织变革》 29.00 元
   〔美〕罗伯特·T·戈伦比威斯基等 主编，杨爱华等 译
3.《公共部门人力资源管理案例》 22.00 元
   〔美〕T·赞恩·里夫斯 主编，句华 孙柏瑛 译校
4.《公共管理的法律案例分析》 33.00 元
   〔美〕戴维·H·罗森布鲁姆等 著，王丛虎 主译
5.《非营利组织管理案例与应用》 21.00 元
   〔美〕罗伯特·T·戈伦比威斯基等 主编，邓国胜等 译

图书在版编目(CIP)数据

公用事业管理:面对21世纪的挑战/[美]麦克纳博著;常健等译.
北京:中国人民大学出版社,2009
(公共行政与公共管理经典译丛.经典教材系列)
ISBN 978-7-300-11618-1

Ⅰ.①公…
Ⅱ.①麦…②常…
Ⅲ.①公用事业-行政管理-教材
Ⅳ.①D035②F294

中国版本图书馆 CIP 数据核字(2010)第 002949 号

公共行政与公共管理经典译丛
经典教材系列
公用事业管理:面对 21 世纪的挑战
[美]戴维·E·麦克纳博　著
常健　符晓薇　郭薇　翟秋阳　等　译
常健　校
Gongyong Shiye Guanli:Miandui 21 Shiji de Tiaozhan

出版发行	中国人民大学出版社			
社　　址	北京中关村大街 31 号	**邮政编码**	100080	
电　　话	010－62511242(总编室)	010－62511398(质管部)		
	010－82501766(邮购部)	010－62514148(门市部)		
	010－62515195(发行公司)	010－62515275(盗版举报)		
网　　址	http://www.crup.com.cn			
	http://www.ttrnet.com(人大教研网)			
经　　销	新华书店			
印　　刷	涿州星河印刷有限公司			
规　　格	170 mm×228 mm　16 开本	**版　　次**	2010 年 4 第 1 版	
印　　张	21.75 插页 2	**印　　次**	2010 年 4 月第 1 次印刷	
字　　数	333 000	**定　　价**	39.00 元	

版权所有　侵权必究　　印装差错　负责调换